BIBLIOTHECA
SCRIPTORVM GRAECORVM ET ROMANORVM
TEVBNERIANA

L. CAELIVS FIRMIANVS LACTANTIVS

DIVINARVM INSTITVTIONVM LIBRI SEPTEM

FASC. 2
LIBRI III ET IV

EDIDERVNT

EBERHARD HECK
ET
ANTONIE WLOSOK

BEROLINI ET NOVI EBORACI
WALTER DE GRUYTER MMVII

∞ Gedruckt auf säurefreiem Papier,
das die US-ANSI-Norm über Haltbarkeit erfüllt.

ISBN 978-3-11-019506-4
ISSN 1864-399X

Bibliografische Information der Deutschen Nationalbibliothek

Die Deutsche Nationalbibliothek verzeichnet diese Publikation in
der Deutschen Nationalbibliografie; detaillierte bibliografische Daten
sind im Internet über http://dnb.d-nb.de abrufbar.

© Copyright 2007 by Walter de Gruyter GmbH & Co. KG, 10785 Berlin
Dieses Werk einschließlich aller seiner Teile ist urheberrechtlich geschützt. Jede Verwertung außerhalb der engen Grenzen des Urheberrechtsgesetzes ist ohne Zustimmung des Verlages unzulässig und strafbar. Das gilt insbesondere für Vervielfältigungen, Übersetzungen, Mikroverfilmungen und die Einspeicherung und Verarbeitung in elektronischen Systemen.
Printed in Germany
Satzaufbereitung: Eberhard Heck
Satz: pagina GmbH, Tübingen
Druck und Bindung: Druckhaus „Thomas Müntzer" GmbH, 99947 Bad Langensalza

PRAEFATIONIS SVPPLEMENTVM

Primum Lactantii Diuinarum institutionum editionis fasciculum, qui a. 2005 publici iuris factus continet libros I *De falsa religione* et II *De origine erroris*, hic sequitur alter, qui praebet libros III *De falsa sapientia* et IV *De uera sapientia et religione*. Iam pridem indicauimus[161] his libris praefationis supplementum praemissum iri, cuius paginae per numeros q. d. Romanos numeratae continuent praefationem prioris fasciculi, i. e. ab LVII incipiant (similiter notarum numeri ab 161), quo modo etiam paginae textus per numeros q. d. Arabicos inde a p. 201 numerentur. In hoc suppelemento 1. addentur quaedam de codicibus, 2. agetur de locis Sacrae scripturae in libro IV laudatis, 3. addentur uel corrigentur alia. Conspectus siglorum (p. LVI) nonnullis mutatis p. LXX repetetur.

1. De Institutionum codicibus addenda

B (u. p. XIV sq.): Fol. 55 (3, 3, 6 | *mare id* ... 4, 7 *quam suam*) pro pristino folio, quod damna cepisse (ut et fol. 56) uidetur, a manu paulo recentiore saec. VI[162] litteris uncialibus suppletum est. – In Graecis inde a 4, 6, 5 (u. adn. ad p. 327, 6: δ pro α) B pro litt. Δ nonnumquam habet rhombum ◊, e. g. 4, 7, 7 in δεμωιαι, 16, 17 bis in ελπιδα δωcει, 18, 15 bis in δωcουcι δε.

B

---

[161] V. primi fasc. p. VII. Cum paginarum numeri continuentur, et in praefationis supplemento et in notis textui subiectis abhinc lectores nonnisi ad hos numeros relegamus nusquam fasciculo primo uel altero ipso appellato. – De commentationibus laudandis u. p. VIII n. 1 et XLIX n. 158; cf. infra p. LXIX.

[162] Cf. Lowe, CLA III 280, etiam de manibus praeter B³ eadem fere aetate marginalia addentibus.

LVIII   PRAEFATIONIS SVPPLEMENTVM

G   G (u. p. XV sq.): In hoc fasciculo extant 15 + 12 folia his locis in apparatus sectione 'Codd.' indicata[163]: 3, 1, 1–8. 2, 6 – 3, 6. [6, 15 / 8, 4 sqq.] (2 foll.). 9, 1–13. [9, 13 sqq. / 10, 1 sqq.]. 12, 33 / 13, 3 sqq. 14, 10–21. 15, 18 – 16, 3 sqq. 17, 31–42. 18, 17 – 19, 6 sqq. [27, 6 sqq.]. 28, 1–6 sqq. 29, 3 – 30, 5 (2 foll.). 4, 1, 1–10. [1, 10 sqq.]. 10, 1–14. 11, 15 – 12, 19 (2 foll.). 13, 19 – 14, 3. [fere 18, 14 – 24. 20, 4–13 in 2 foll.; u. ad 4, 20, 10]. 24, 9 – 25, 9 (2 foll.). 26, 22 – 27, 3 (2 foll.).

A   A (u. p. XIX et n. 56): De his fragmentis maximam partem ad librum V pertinentibus fusius agemus in praefationis tertii fasciculi supplemento, sed de iis, quae in codice Auerbodensi (*Scherpenheuvel–Zichem, Abdij van Averbode, archief IV*) 44 seruata ad librum IV attinent, haec[164]: Supersunt codicis Lactantii 4 folia interiora quaternionis (uel similis fasciculi), sed primi et quarti supremae tantum partes. Ergo in fol. 1 ex libro IV non 4, 29, 12 – 30, 15[165], sed quattuor frustula locorum 4, 29, 11/12. 30,2. 6. 12 extant a nobis in sectione 'Codd.' indicata. Subscriptio libri IV et inscriptio libri V, quas fuisse uerisimile est, cum maxima parte fol. 1^V col. dextr. perierunt.

---

[163] Uncis [ ] inclusimus folia bis rescripta fere nusquam legibilia; nota 'sqq.' indicamus paginam non usque ad finem legi, ergo ubi desinat dici non posse.

[164] Imagines foliorum, quae 1–4 numerauit Cappuyns, 1964, 40, eximia comitate nobis cursu q. d. electronico miserunt P. Herman Janssens O. Praem. et P. Filip Noël O. Praem. ex monasterio Belgico *Norbertinenabdij Averbode* (prope Leodium [*Luik / Liège*] sito), quas in chartas comiter transtulit Miriam Bräuer Tubingensis.

[165] Bischoff, 1998, 40 nr. 172 dixit folia Auerbodensia inst. 4, 29, 12 – 5, 2, 6 continere, at codicem non ipse uidit, sed rem descripsit Cappuyns 40 sq. secutus, qui uarias lectiones a 4, 29, 12 ad 5, 2, 6 attulit; quod nos comiter docuerunt Birgit Ebersperger catalogo edendo in Academia Monacensi dedita et Monika Köstlin schedarum a Bernhard Bischoff Bibliothecae publicae Bauaricae legatarum curatrix. In foliis 2 et 3 exhibentur inst. 5, 1, 1 – 2, 8 columnis exterioribus resectis, in folii 4 parte suprema frustula inst. 5, 2, 8. 13. 3, 1. 6.

PRAEFATIONIS SVPPLEMENTVM   LIX

H et M (u. p. XX): In libro IV HM a 4, 6, 4 ad 4, 7, 3 Graeca   HM
quoad exhibent Graecis litt. reddunt, sed inde a 4, 7, 7 rursus (ut
iam a 1, 8, 3) Latinis litt. perperam dant, ergo a 4, 13, 11 noniam
notantur; plerumque Graeca omnino omittunt, quod indicamus.
R (u. p. XXIII sq.): In R fol. 83 (3, 19, 20 *praedita* ... 20, 12   R
habebat) in margine exteriore resectum est ita, ut nonnumquam
singulae litterae perirent, sed quid habuerit dubium non est nisi
3, 20, 7 *o* in uar. l. *opinibus*.

2. De locis Sacrae scripturae in libro IV laudatis
   (pp. LX–LXIII et nn. 169–195 scripsit E. Heck)

In libro IV Lactantius 71 locos[166] Sacrae scripturae uerbo tenus
laudat fonte, i. e. libro uel auctore indicato. Unde hos sumpserit,
adhuc certum non est, praesertim, quatenus Cypriani *Testimoniis ad Quirinum* usus sit. Qui cum diu unicus uel praecipuus
Lactantii in laudanda Sacra scriptura fons habitus esset, quod
quidem 1961 A. Wlosok[167] correxisset monendo eam magna ex
parte aliunde Lactantio innotuisse, acerrime 1982 contradixit
P. Monat[168] in commentatione, qua librum 'Lactance et la Bible'
inscriptum comitatus est, et Cypriano nisum esse Lactantium
omnino negauit. Quamquam nostrum est Lactantii constituere

---

[166] Huc referimus etiam 4, 12, 3 (Od. Sal. 19, 6–7) et 4, 8, 1 (locum
apocr. Ieremiae) et 4, 18, 22 (locum apocr. Esdrae), sed non
4, 21, 2–4 ex 'praedicatione Petri et Pauli'. Accedunt 5 loci 4, 12, 17.
15, 3. 18, 4. 26, 31. 30, 1, ubi Sacra scriptura laudatur fonte non
dicto, ex quibus Cyprianus habet Ioh. 10, 18 testim. 2, 24 l. 9–10 et
Ier. 2, 13 testim. 1, 3 l. 15–16. Numerus 71 + 5 locorum efficitur
app. nostri sectionem 'Auct.' recolendo; alii aliter computauerunt.
De locis librorum I–VII ad Sacram scripturam referendis in tabulam
redactis u. infra n. 177.

[167] Wlosok, 1990 (1961), passim; u. infra p. LXI sq.

[168] P. Monat, Étude sur le texte des citations bibliques dans les Institu-
tions divines: la place de Lactance parmi les témoins des 'Vieilles
Latines', REAug 28, 1982, 19–32. Hoc hic breuiando laudamus
'Monat, Étude', cum 'Monat, 1982' magnum eius opus indicet.

textum huiusque testes ad unumquemque locum exponere, tamen, quia aliqua ratio inter Cyprianum et Lactantium intercedere uidetur, illam controuersiam breuiter recolemus.

Primus rem amplissime tractauit 1871 H. Rönsch[169], Veteris q. d. Latinae (quae tum 'Itala' nuncupabatur) indagator, nisus Cypriani editione recens a W. Hartel (CSEL 3, 1, 1868), Lactantii a J. L. Bünemann 1739 curata. Eum non fugit 20 fere locos a Lactantio laudatos omnino non uel breuiores apud Cyprianum esse, sed eos aut ex Cypriani codice extantibus ampliore aut ex alia collectione testimoniorum Latina sumpsisse Lactantium putauit[170]; praeterea saepius opinatus est eum ipsum elocutionem quam inuenisset expoliuisse.

Deinde 1890 Brandt cum Institutiones ederet, diligentissime de Sacrae scripturae locis egit[171]. Rönsch quidem laude ornauit, sed monuit unoquoque loco uariis rationibus perpendendum esse, quid Lactantius scripsisset, quid ex aliis Veteris Latinae testibus et ex Vulgata in codices inrepsisset. Nonnumquam Cypriano nimium confisus tradita mutauit, e. g. 4, 11, 12 *generaui*. 17, 3 *deteget*, quod Monat[172] recte uituperat, sed saepe indicauit Lactantii textum a Cypriani alienum, e. g. 4, 12, 12 Dan. 7, 13–14. 18 Is. 45, 1. 20, 12 Is. 42, 6–7. Unde ea uenerint quae Cypriano desunt, incertum esse dixit[173].

---

[169] H. Rönsch, Beiträge zur patristischen Bezeugung der biblischen Textgestalt und Latinität II. Aus Lactantius, ZHTh 41, 1871, 531–629. Brandt eum fere ad omnes Sacrae scripturae locos laudat, nonnumquam et Eund., Itala und Vulgata, Marburgi 1869. 1875².

[170] Rönsch l. c. 618–620. Rönsch et Brandt, Ed. I, XCIX n. 2 illi non adsensus non de codice Cypr. 'interpolato' (Monat, Étude 19 n. 3, falsius 25 n. 32; u. infra n. 180) loquuntur, sed de codice extantibus postea breuiatis ampliore, qui Lactantio praesto fuerit.

[171] Brandt, Ed. I, XCVII–CII.

[172] Cf. Heck, 2000, 601. Monat, Étude 19 sq. nihil fere refert nisi hoc tamquam temeritatis testimonium neque commemorat, quantis cum scrupulis Brandt l. c. hanc quaestionem tractauerit.

[173] Brandt, Ed. I, XCIX n. 2; paulo aliter Pichon (infra n. 175).

Aliter rem tractauit Pichon 1901[174]: Lactantii ut hominis eruditi fuisse non Sacram scripturam ipsam adire, sed quae laudaret ex collectionibus sumere, plurima ex Cypriano, sed quae ille non haberet ex libro aliquo 'aduersus Iudaeos' scripto[175]; ex Cypriano Lactantium sibi apta elegisse et nonnulla pro sua elocutione Tulliana et legentibus placendi causa expoliuisse[176].

Adhuc in quaerendis Lactantii biblicis fontibus Africa sola spectabatur, cum 1961 Wlosok[177] latius de re egit: Statuit Lactantium nonnullis locis Cypriano usum esse[178], sed plures aut textum a Cypriano alienum praebere aut illi omnino deesse[179]. Quaerendo, quomodo Lactantius Cypriani *Testimonia* excesserit, primum singulos locos inuenit, praesertim in enarrandis Christi uita miraculis passione resurrectione, Sibyllinis adiunctos, quos Lactantius, cum apud Cyprianum non inuenisset, aliunde petierit[180]; ueri simile esse eum haec Iudaeos refellendi causa colle-

---

[174] Pichon, 1901, 199–207. Monat, Étude 21 ei minus iudicii proprii tribuit eumque hic omnino e Brandt pendentem facit; cf. infra n. 175.

[175] Pichon l. c. 202 sq. Ergo fontis a Cypriano alieni, unde Lactantius quae ille non haberet cognouisset, iam genus indicauit, quod a posteris, praesertim Monat, Étude 21 neglegitur.

[176] Pichon l. c. 205 sq. Monat, Étude 25–31 haec refutauit diligenter, sed quaedam restare uidentur; u. infra p. LXVI–LXVIII.

[177] Wlosok, 1961 = 1990, 201–216 passim. Monat, Étude 25 n. 32 unicam mentionem eius facit falsam; u. infra n. 180. Nihili aestimandus J. P. McGuckin, The non-Cyprianic scripture texts in Lactantius' Divine institutes, VChr 36, 1982, 145–163, qui quae reprehendit a Wlosok scripta (cf. infra n. 186) 'manu secunda', i. e. non ipsa lecta, sed ex aliis libris Anglice scriptis sumpta et distorta profert; commemoramus tamen eum fere omnia, quae in libris I–VII ad Sacram scripturam referri possunt, in tabulam redegisse (l. c. 161–163).

[178] Wlosok, l. c. 201 n. 3 cum exemplis; cf. infra p. LXIV sq.

[179] Ibid. 204 cum n. 13 (loci non in Cypr.) et 14 (loci textu a Cypr. alieni, praeterea de leuigatis testibus).

[180] Ibid. 204 sq. – Monat, Étude 25 n. 32 Wlosok l. c. 205 (= 1961, 238) non intellegens scribit eam existimasse „que Lactance pouvait disposer d'un exemplaire interpolé des *Testimonia*"! Cf. infra n. 183.

LXII PRAEFATIONIS SVPPLEMENTVM

gisse fontibusque Graecis usum esse non solum in recipiendis locis apocryphis, sed etiam in enarrandis rebus ad Christi historiam pertinentibus[181]. Deinde duas locorum Sacrae scripturae inter se coniunctorum series examinat[182]: 4, 20 de electis gentilibus et 4, 12 de secunda Christi natiuitate. In hoc capite enarrationem praecipue niti loco *Odarum Salomonis* 4, 12, 3 laudato ostendit[183]. Ea Wlosok non ex Africana collectione, sed ex fontibus e regione ad orientem spectante sumpta confirmat[184].

1967 F. Gloning enarrationem libri IV potius theologi quam philologi more confecit publici iuris non factam[185], in qua de Sacrae scripturae locis egit plerumque Rönsch secutus Lactantium Cyprianum nonnumquam leuigatum reddere ratus, sed in enarrando cap. 12[186] respexit quae Wlosok de alio fonte Graeco quaerendo dixerat.

---

[181] Ibid. 205 sq., e. g. 4, 7, 4–7 (*Christus*). 4, 14, 12 (*Iesus*; de fontibus cf. l. c. 206 n. 23).

[182] Ibid. 207 sq. (de 4, 20); 208–210 et 213–216 (de 4, 12).

[183] Ibid. 208–210 (= 1961, 242–244). Monat, 1982, 117 cum n. 69 ea, quae Wlosok n. 32 (= 1961, 242 n. 3) contra eos disputat, qui de fonte Lactantii et Cypriani communi egerunt, pro eius ipsius sententia habet, unde ei et hic fabulam de 'Cypriani codice interpolato' (cf. supra n. 180) attribuit.

[184] Ibid. 210–213, etiam de fontibus, unde fidem Christianam Lactantius adeptus sit; cf. Wlosok, 1960, 191 n. 28 et Eand., Fondation Hardt, Entretiens 51, 2005, 243.

[185] F. Gloning, De vera sapientia et religione. Kommentar und Untersuchungen zum vierten Buch der 'Divinae institutiones' des Laktanz, diss. phil. Salzaburgiensis 1967 (dactylogr.; ex bibliotheca uniuersitatis Eichstetensis nobis commodauit Stefan Freund). Eum in editione laudare nonnisi ad 4, 26, 42 opus est.

[186] Ibid. 116–120. Sed ibid. 260 sq. ad inst. 4, 20, 12 sq., ubi Is. 42, 6 sq. laudatur, Wlosok 1990, 207 sq. (= 1961, 141 sq.) quasi reformidat, ne Lactantius e cogitationibus q. d. gnosticis pendens minus recta fide fuisse uideatur. Eadem de causa, sed ineptius illam insectatur McGuckin (supra n. 177), 148 sq. cum nn. 22–33.

1972 prodiit noua Cypriani *Testimoniorum* editio, quam curauit R. Weber[187]. Qui recensionem ab Hartel propositam correxit codicibus aliter aestimatis pluribusque adlatis, unde illius textum fere irritum faceret[188]. Varias lectiones solius Cypriani codicum notauit, sed unicuique Sacrae scripturae loco in apparatu proprio testes adiunxit, qui quolibet modo cum Cypriano coniungi possent, i. e. Lactantium aliosque posteriores, quibuscum nunc et Cypriani et Lactantii textus comparari potest[189].

Hac editione nisus 1982 de Lactantii Sacrae scripturae usu egit Monat et in opere maiore et in commentatione iam laudata[190]. Acriter reprehensis antecessoribus primum[191] demonstrat in laudanda Sacra scriptura Cypriano Lactantium Euagrium alios adfines esse, sed deinde[192] contendit Lactantium etiam in locis, quos Cyprianus habet, ex illo omnino non pendere: Textum eius et saepius et grauius a Cypriani decedere quam ut solummodo uariis lectionibus mutatum Cyprianum praebeat[193], atque errare eos, qui Lactantium Cypriani textum elocutionis causa leuigasse putauerint, praesertim cum Lactantius saepissime elocutionem minime Tullianam retinuerit uel etiam rudiora uerba exhibuerit quam Cyprianus[194]. Concludit ergo Lactantium non Cypriano, sed alio et unico fonte Africano usum esse[195].

---

[187] Cypriani Ad Quirinum ed. R. Weber, CCL 3, Turnholti 1972, 1–179.

[188] Weber LIV sq. LIX (cf. iam Wlosok, 1961, 237 n. 5, fere = 1990, 204 n. 14). Cypr. testim. laudantes addimus numeros lin. Weber.

[189] Inde inspeximus, quomodo quosdam locos laudauissent saec. V Euagrius Gallus, *Altercatio inter Simonem et Theophilum*, ed. E. Bratke, CSEL 45, 1904, 1–54, et *Consultationes Zacchaei et Apollonii*, ed. (sub nomine Firmici Materni) G. Morin, Florilegium Patristicum 39, Bonnae 1935.

[190] V. supra n. 168; cf. quae reprehendimus n. 170. 180. 183.

[191] Monat, Étude 21 sq.

[192] Ibid. 23–32.

[193] Ibid. 23–25.

[194] Ibid. 25–31; haec diligenter recolenda, quaedam redarguenda.

[195] Ibid. 31 sq. In Ed. libri IV, 22 Monat eum fontem inducit Aristonis

Cui sententiae quamuis firmissime dictae quia repugnari potest, 'adhuc sub iudice lis est', neque nos existere uolumus litis iudices. Sed forsitan posteris, qui de locis Sacrae scripturae a Lactantio laudatis iudicaturi sint, auxilio esse possimus, si protulerimus, quae uidimus textum Lactantii a nobis ex nostris testibus quoad fieri posset constitutum cum Cypriani textu a Weber ex suis testibus edito conferendo aliis fontibus qui Lactantio praesto esse potuerunt respectis. Quod ut hic quam breuissime fiat et ut lectores rem diligentius inuestigaturos ad adnotationem nostram criticam relegare possimus, in eam recepimus, siquidem alicuius momenti sunt, lectiones quibus siue uariis siue unanimis Cyprianus a Lactantio differat. Sed praemonemus quibusdam locis adhuc incertum esse et quod Cyprianus scripserit et quod Lactantius legerit uel scripserit[196]. Notamus haec:

1. Ut est certum Cyprianum non esse unicum uel etiam praecipuum Lactantii fontem, ita non potest omnino negari hunc illo usum esse. Saepe enim Lactantius siue singulis locis eundem fere textum exhibet quem Cyprianus siue etiam locorum series uel totas uel breuiatas ex *Testimoniis*, etiam cum titulo, recipit[197]. Qui hoc excludere uult, quia pluribus locis et a Cypriano et a Lactantio laudatis uterque proprium textum exhibet (u. infra 2.), non potest non opinari, ubi Cyprianus et Lactantius eundem uel paulo differentem textum praebent, utrumque ex fonte communi

---

Pellaei *Dialogum Iasonis et Papisci* in Latinam linguam translatum, quem Lactantius in Africa cognoscere potuerit. Hic nec Graece nec Latine extat, sed praefatio tantum, sc. Celsi cuiusdam *Epistula ad Vigilium episcopum de Iudaica incredulitate* Cypriani operibus adiuncta (ed. Hartel, CSEL 3, 3, 119–132), in qua Sacrae scripturae 17 loci laudantur, ex quibus Is. 1, 3 etiam Lact. inst. 4, 11, 12 habet, sed ex recensione aliena; cf. Heck, 2000, 602 et n. 14.

[196] De Cypriano u. Weber (n. 187) LIV (cf. H. Gülzow, HLL 4 [1997], 539 = § 478 Lit. 23), de Lactantio infra p. LXIX cum n. 219.

[197] Cf. Wlosok, 1990, 201 n. 1. Huiusmodi series sunt e. g. 4, 13, 7–9. 17, 8–10. 19, 3–4.

pendere, i. e. ex collectione iam ante Cyprianum in Africa confecta, quod quomodo confirmari possit non habemus[198].

2. Si in locis ab utroque laudatis Lactantius, quantum possumus uidere, textum a Cypriano alienum praebet, hoc fere duabus de causis fieri potuit: Aut Lactantius Cypriano usus est, sed, quod per quinquaginta annos inde ab a. 250 facile fieri potuit, textu siue erroribus librariorum siue lectoribus se interponentibus mutato[199], aut Lactantius non Cypriano, sed alio fonte uel aliis fontibus (u. infra 3.) usus est, quod non solum pro certo habendum est iis in locis, quos Cyprianus omnino non laudat[200] uel breuius quam Lactantius[201], sed etiam in nonnullis, quos eadem quidem mensura laudant, sed textu magis discrepante quam ut causa prior dicta intercedere possit[202].

3. Priusquam quis unicum tantum extra Cyprianum fontem quaerat uel se inuenisse putet, non solum Africa, sed etiam imperii ad orientem sitae partes spectandae sunt, praesertim cum Lactantius plus quam decem annos Nicomediae uixerit[203] ibique Institutiones primum composuerit. Et quamquam uerisimile est eum magnam locorum duodeuiginti non a Cypriano laudatorum partem ex alia Latina testimoniorum collectione sumpsisse[204],

[198] Cf. Wlosok, 1990, 208 n. 32 (cf. supra n. 183); Gülzow l. c.

[199] Cf. Weber (n. 187) LIV. E. g. 4, 11, 10 inter *audierunt* et *gloriam* om. Lact. *nomen . . . uiderunt*, quae iam antea excidisse uidentur; similisne error leuigatus 4, 18, 25 *traditus . . . mortem*? Expoliendi textus causa inter Cypr. et Lact. mutata uidentur e. g. 4, 13, 10 *cognouit*. 18, 16 *immolandum*; cf. 4, 8, 16 adn. crit.

[200] Hi sunt ex 71 (u. n. 166) locis 18, sc. 4, 8, 1. 12, 3. 7 al., ubi in app. sectione 'Auct.' Cypr. non apparet; cf. Wlosok, 1990, 204 n. 13.

[201] E. g. 4, 14, 6–10 (Zach. 3, 1–8) Lact. plura habet quam Cypr. De Lact. nonnumquam Cypr. breuiante u. infra n. 217.

[202] Cf. Wlosok l. c. 204 n. 14 et e. g. 4, 12, 12 (Dan. 7, 13–14). 4, 20, 12 (Is. 42, 6–7).

[203] 303–313 et aliquot annos antea; cf. Heck, Fondation Hardt, Entretiens 51, 2005, 209 sq.

[204] Fortasse et locos Sacrae scripturae in fontibus Graecis inuentos cum Vetere Latina quam ipse habebat contulit; cf. Wlosok l. c. 206 n. 20.

tamen cum Graecae linguae satis compos esset, ut Hermetica Sybillina aliaque ad res diuinas pertinentia Graece et legeret et laudaret necnon Latine transferret, fieri potuit, ut etiam locos Sacrae scripturae a se Graece lectos ipse in Latinam linguam conuerteret. Quod praesertim in locis extra canonem laudatis 4, 8, 1. 4, 12, 3. 4, 18, 22 putare licet[205]. Opinamur Lactantium fonte Graeco usum esse similem iis, quos Eusebius in operibus ad Sacram scripturam pertinentibus adhibuit (dicimus *Eclogas prophetarum, Demonstrationem euangelicam, Praeparationem euangelicam*, quibus cum operibus Institutiones, praesertim libri IV et VII diligenter comparentur necesse est)[206].

4. Denique subicimus quaedam de Lactantio ipso a Cypriano discrepantium lectionum auctore. Quod cum et Rönsch et Pichon abundanter contendissent, Monat[207] maximam partem recte refutauit, immo hic illic Lactantium magis e Cypriano pendentem fecit quam priores[208], sed de quibusdam locis haud recte iudicauit. Nam etsi nusquam pro certo habendum est Lactantium ipsum textum Cypriani uel alterius collectionis mutasse, quia ante eum alius lector se interponere potuit, tamen his paucis locis licet putemus fieri potuisse, ut Lactantius ipse textum leui-

---

[205] Cf. Wlosok l. c. 206 n. 20. Loci 4, 8, 1 et 4, 12, 3 laudati Graece non extant, ergo de Lactantii textu Latino iudicari uix potest. Esdrae locus 4, 18, 22 cum Iustino comparari potest, unde apparet Lactantium Graeca fere uerbo tenus reddere elocutione Sacrae scripturae obseruata; e. g. *habemus humiliare eum* respondet μέλλομεν αὐτὸν ταπεινοῦν ut futurum compositum (omisit hunc locum Brandt, Ed. II 2, 398 et 445, ergo et V. Bulhart, Thes. VI 2455, 75 – 2456, 11; aliter Monat, Étude 27 n. 40 sec. Hofmann–Szantyr 314 sq.).

[206] Cf. iam Wlosok l. c. 206; extra Sacram scripturam cf. e. g. app. sectionem 'Auct.' ad 4, 14, 12. Cf. et quae disputauimus Fondation Hardt, Entretiens 51, 2005, 243 sq.

[207] Monat, Étude 25–31, quae conferenda sunt cum adnotatione nostra, quia Monat in Ed. nonnumquam errat. Tamen quae collegit recolere operae pretium est.

[208] E. g. l. c. 26 n. 34 ad 4, 11, 10 (u. supra n. 199).

garet[209]: 4, 11, 4 = Ier. 25, 4 / 5 *cum dicerem uobis*; Cypr. testim. 1, 2 habet *dicens* pendens ex *misi . . . mittebam* sec. LXX λέγων pendens ex ἀπέστελλον . . . ἀποστέλλων. Lact. unicus suae lectionis testis est, ergo opinari licet eum, cum intercederet parenthesis q. d. *et non audiebatis . . . uestris*, pro participio *dicens* longius a *mittebam* remoto posuisse enuntiatum secundarium, quo clarius redderet, quis cui quid diceret[210]. – 4, 14, 5 = I reg. 2, 35 *in conspectu meo*; Cypr. testim. 1, 17 habet *in conspectu christorum meorum*, LXX ἐνώπιον χριστοῦ μου, nisi quod Origenis *Hexapla* pro LXX habent ἐνώπιον τῶν χριστῶν μου[211]. Cyprianus ergo uel fons eius ex singulari LXX recensione pendere uidetur, unde textus fortasse corruptior ad Lactantium peruenit, qui, cum sit lectio eius unica, fortasse locum breuiando leuigauit[212]. – 4, 14, 6 = Zach. 3, 1 *ut contradiceret ei*; Cypr. testim. 2, 13 (ut posteriores uelut Consult. Zach. 2, 6) habet *aduersari ei* sec. LXX ἀντικεῖσθαι αὐτῷ. Lact. primus, sed non unicus testis est, et quia Vulg. seruato uerbo priore exhibet *ut aduersaretur ei*, conici potest Lact. textu iam antea

---

[209] Horum locorum (et Ioh. 1, 3 = inst. 4, 8, 16 necnon aliorum minoris momenti) testimonia inspexit Heck in Instituto Veteri Latinae edendae destinato Beuronensi comiter adiuuante Eva Schulz–Flügel; ibidem uidit editiones n. 211 laudatas.

[210] Monat, Étude 26 n. 38 hic concedit elocutionem magis Tullianam effici *dicens* pro anacolutho q. d. habito. Etiam Vulg. post *misit . . . mittens* et parenthesim similem exhibet *cum diceret*.

[211] Cf. Origenis Hexaplorum quae supersunt ed. F. Field, Oxonii 1875. Monat, Étude 29, falso profert eam lectionem exhibere LXX cod. Alexandrinum, sed hic habet ενωπιον χ̄ῡ μου (imagines ed. F. G. Kenyon, 1890). Habent Aquila εἰς πρόσωπον ἠλειμμένου μου (cf. n. 212), Symmachus ἔμπροσθεν τοῦ χριστοῦ μου.

[212] Lact. 4, 7, 7 cum egit de Graecis interpretibus ἠλειμμένος pro χριστός ponentibus, non habuit, quod Aquilam I reg. 2, 35 laudaret (aliter Monat l. c. 25 n. 33a), ergo de fonte quo usus est iudicare non possumus. Extat in *Hexaplis* uox Aquilae etiam psalm. 83, 10. 88, 39 (et Dan. 9, 26, ubi LXX habet χρῖσμα, solus Symmachus χριστός).

leuigato nisum esse²¹³. – 4, 14, 8 = Zach. 3, 4 *tunicam talarem*²¹⁴; Cypr. habet *poderem* ex LXX ποδήρη, quod et Hier. in Zach. 3, 4 l. 31–34 Adriaen refert adiungens *quam nos tunicam talarem possumus dicere, eo quod usque ad talos et pedes defluat*. Cum etiam paulo post²¹⁵ Hieronymus ex Lact. pendere uideatur, uerisimile est eum etiam istam uersionem Lactantio debere, quem Graecam uocem noniam recipere, sed in linguam Latinam conuertere uoluisse probabile est. – 4, 16, 10 = sap. 2, 22 *excaecauit . . . illos stultitia* singularis lectio est; ceteri testes (et cum iis HM) pro *stultitia* habent *malitia* sec. LXX κακία. Hic Lact. textum quem legerat fere cum Cypriano congruentem consulto mutasse uidetur cognita enarratione locorum Sacrae scripturae, in qua ignorantia i. e. stultitia prima peccati causa posita erat²¹⁶.

5. Postremo monemus Lactantium locos, ubi uerba a Cypriano data omittit, non solum errore librarii mutilatos reddere nec ex alio ac Cypriano fonte sumpsisse, sed etiam consulto breuiasse²¹⁷, sicut etiam locos Ciceronis aliorumque auctorum hic illic breuiatos laudat²¹⁸.

---

[213] Cf. Monat, Étude 27 n. 38.

[214] Haec lectio Lactantio uindicanda est a codicibus tradita, nisi quod P abl. pro acc. ponit et R *tunicam poderem*, quod fortasse ex Cypriano uel Hieronymo inrepsit. Monat R secutus monet (Ed. p. 259) *tunicam talarem* apud Ciceronem et Catullum uiri effeminati esse signum atque Lactantio uitandum fuisse, sed hic non de lasciui hominis, sed de sacerdotis Iudaei uestimento agitur.

[215] Hier. in Zach. 3, 2 l. 41 Adriaen *torrem quem uulgo titionem uocant* ex Lact. 4, 14, 14.

[216] Cf. Wlosok, 1990, 210 n. 37. Rönsch (ut n. 169) 606 sq. putauit Lact. *stultitia* ex 4, 16, 5 *stultitia et errore caecati* in § 10 transtulisse; putamus potius uerba § 5 quasi praeludere loco Sapientiae mutato.

[217] Certe 4, 13, 22 = II reg. 7, 12 om. *qui erit de utero tuo*; incertum exciderintne ante Lact. an ab eo consulto omissa sint quaedam 4, 6, 6–8 = prou. 8, 22–31. 16, 7 = sap. 2, 12.

[218] E. g. 3, 29, 4 = Cic. off. 2, 19 om. *uel secundas . . . aduersas*; 4, 28, 4 = Cic. nat. deor. 2, 71 om. *quod nomen . . . latius*.

Ex his putamus apparere Lactantii Sacrae scripturae usum adhuc non satis exploratum penitus fere retractandum esse. Nostrum fuit libri IV textum quantum fieri potuit diligenter constituere eiusque testes proponere, neque negare possumus adhuc esse locos, ubi quid Lactantius scripserit incertum reliquimus[219].

3. Alia addenda uel corrigenda

Commentationibus (pp. LI–LIII) adde pp. LIX–LXII dictas Monat (n. 168), Rönsch (n. 169), Gloning (n. 185), praeterea[220]:
C. L. Struve, Opuscula selecta ed. J. T. Struve, I, Lipsiae 1854.
C. Wachsmuth, critica communicata ap. Brandt (Ed. I, XCVII).
 Corrigenda in primo fasc.: p. VII l. 26 'alterius'; XII n. 33 '(1986), 23 sq.;'; XIV l. 6 'coniuncti'; XXX n. 30 'The making of a'; ad 2, 2, 13 *suspicit* adn. crit. 'suspiciat D, suscipiat V'. – P. LII l. 18 post 'in:' suppleas 'Antiquité tardive et humanisme'.

Gratias denique agimus iis, quae uel qui nobis in hoc fasciculo edendo auxilio fuerunt; ultra p. L hic notis indicatis appellamus: Miriam Bräuer (n. 164), Birgit Ebersperger (n. 165), Stefan Freund (n. 185), P. Herman Janssens (n. 164), Monika Köstlin (n. 165), P. Filip Noël (n. 164), Eva Schulz–Flügel (n. 209). In relegendo libro nos denuo adiuuit Katrin Fürst Stutgardiensis.

Tubingae et Moguntiaci,	E. H.
mense Iunio a. MMVII	A. W.

---

[219] Quod saepe indicatur lectioni non receptae adiuncta uoce 'ft. recte'; cf. et e. g. 4, 6, 6–8. 8, 16. 18, 14 *me derisum*. 16 *se*. – In Epitome ex 71 Sacrae scripturae locis laudantur 30 (acced. 37, 8 apoc. 19, 12); discedit cod. unicus T ab inst. 4, 11, 8 *quoniam*. 16, 10 *ipsorum*. 18, 14 *super*. 29 *ac*. 33 *propter*. 20, 7 *ideo* (praeterea quaedam omissa uel distorta); confirmantur ex epit. lectiones singulorum codd. receptae inst. 4, 13, 10 *eos et*. 16, 9 *tormenta*. 18, 32 *in improperium*.

[220] Fasc. 1 recensuerunt C. Moreschini, BMCR 2006. 07. 08; S. Freund, Plekos 9, 2007, 63–78 (abundans nec omnino carens erroribus).

CONSPECTVS SIGLORVM
CODICVM EDITORVM CRITICORVM

(De siglis B^1 B^2 B^3 D^{ac} D^{pc} P^{ar} P^{pr} sim. u. p. XLVIII)

A	fragmenta lib. IV / V in codd. Auerbodensi 44 et Florentino Laur. Ashb. 1899, saec. IX; u. p. XIX. LVIII
B	codex Bononiensis bibl. uniu. 701, saec. V (m. 3 saec. V / VI); u. p. XIV sq. LVII
D	Cameracensis bibl. mun. 1219, saec. IX; u. p. XVI sq.
G	Sangallensis 213 (rescriptus) saec. V; u. p. XV sq. LVIII
H	Palatino-Vaticanus 161, saec. IX; u. p. XIX sq. LIX
K	Casinensis 595, saec. XI; u. p. XXI sq.
M	Montepessulanus schol. med. 241, saec. IX; u. p. XX. LIX
P	Parisinus BN lat. 1662 (Puteani), saec. IX; u. p. XVIII
R	Parisinus BN lat. 1663 (Regius), saec. IX; u. p. XXIII sq. LIX (supplementum libri II et III saec. XII in apparatu 'Codd.' R^p, in adnotatione R)
S	Parisinus BN lat. 1664, saec. XII; u. p. XXII
V	Valentianensis bibl. mun. 147, saec. IX; u. p. XVII
recc.	codices recentiores; cf. p. XLIII
edd.	editores omnes uel plurimi (saepe de coniectura incerti auctoris ante Brandt uulgo recepta; cf. p. X n. 17)
Br	Brandt (1890)
Buen	Bünemann (1739)
Fr	Fritzsche (1842)
Hm	Heumann (1736)
Le	Le Brun – Lenglet-Dufresnoy (1748)
Mo	Monat (1992 inst. IV; u. p. LI)
St 230	Stangl (1915) p. 230
Win	Winger (1999, 93–126 partes inst. III et IV; u. p. XI n. 28; extra ed. suam notatur plene, e. g. ad 3, 16, 5)

L. CAELI FIRMIANI LACTANTI

DIVINARVM INSTITVTIONVM

LIBER TERTIVS

DE FALSA SAPIENTIA

1. Vellem mihi, *Constantine imperator*, quoniam ueritas in obscuro latere adhuc existimatur uel errore atque imperitia uulgi uariis et ineptis superstitionibus seruientis uel philosophis prauitate ingeniorum turbantibus eam potius quam inlustrantibus, etsi non qualis in Marco Tullio fuit, quia praecipua et admirabilis fuit, aliquam tamen proximam eloquentiae contingere facultatem, ut quantum ueritas ui sua propria ualet, tantum ingenii quoque uiribus nixa exsereret se aliquando et discussis conuictisque tam publicis quam eorum qui sapientes putantur erroribus humano generi clarissimum lumen inferret. quod quidem duabus ex causis fieri uellem: uel quod magis possent credere homines ornatae ueritati, qui etiam mendacio credunt capti ora-

Codd.: *ab initio extant* BG DV P HM R^p; *nota: in* G *p. 19 praeter* § *1 potius quam et* lis in marco *nihil legi potest; desunt* K *a 2, 8, 6 add. 3 ad 3, 12, 35,* S *a 2, 8, 35 ad 3, 14, 11,* R *a 2, 9, 8 ad 3, 4, 4*

4 *de inscriptione u. p. XXV sq. XXVIII*   **5** constantine imperator R *tantum; cf. p. XXIV et Heck, 1972, 128. 173*   **7** ineptis] in P^1 *in fine lin.,* eptis *ante proximam lin.* P^2 saeuientis *sic* B^1, seruientes B^3 M^{ac} **9** marco BGHM, m. DVR; *om.* P   **11** uim D^{ar} V^{ac}; uis H^{ar} **12** quodque H^{ar} M *ut saepe; u. ad 2, 9, 10*   se] sed HM   et] ut B   **14** inferre B   **15** quod] d *del.* P^3 credere possint *(sic)* P   **16** hominem P^1, *corr.* P^2; -ne H^{ac} M^{ac} ornate M^{pr} ornatam ueritatem H^1

tionis ornatu lenocinioque uerborum, uel certe ut ipsi philosophi
suis armis potissimum, quibus placere sibi et confidere solent,
opprimerentur a nobis.   sed quoniam deus hanc rei uoluit esse
naturam, ut simplex et nuda ueritas esset luculentior, quia satis
ornata per se est ideoque ornamentis extrinsecus additis fucata
corrumpitur, mendacium uero specie placeret aliena, quia per se
corruptum uanescit ac diffluit, nisi ornatu aliunde quaesito cir-
cumlitum fuerit ac politum, aequo animo fero ingenium mihi
mediocre esse concessum.   uerum ego non eloquentiae, sed
ueritatis fiducia suscepi hoc opus maius fortasse quam ut possit
meis uiribus sustineri; quod tamen, etiamsi ego defecerim, deo
cuius hoc munus est adiuuante ueritas ipsa complebit.   etenim
cum sciam maximos quoque oratores a causidicis mediocribus
saepe uictos, quod tanta est potentia ueritatis, ut se ipsa quamuis
in rebus exiguis sua claritate defendat, cur hanc ego in maxima
causa ab ingeniosis quidem illis ac disertis uiris, sed tamen falsa
dicentibus oppressuiri putem,   ac non illa si minus oratione
nostra, quae de tenui fonte admodum exilis emanat, lumine tamen suo clara et inlustris appareat? nec si philosophi doctrina
litterarum mirabiles extiterunt, ego illis etiam scientiam ueri

Epit.: 3, 1, 5–9] 25, 2–3

Codd.: **9** *a* sed *incipit* G *p. 20 fere tota lecta*

3 deus] dominus H M   rei *s.l.* B³, *om.* H M   **4** qua H M^{ac}
5 ideo quia H M   fugata P¹, *corr.* P³   **7** ornetur B   **7–8** aliunde . . .
politum *om.* B   **8** fero] fore V^{ac}   **9** mediocres P¹, *corr.* P³
eloquentia B   **10** posset B R   **11** uisceribus V¹ *(in* D *extat uiri)*
defecero G   **13** quoque B G P R, quosque D V H M *recc., edd., Br; cf.
q. post superl. 5, 9, 17*   **14** ueritas V¹   ipsa B G P, -am V H M R *(*D
deest*)*   **17** oppressuiri B P V *(iri m.2 sup. ras.)*, -suuiri *ut uid.* G, -suri
D¹, -sum iri D² H M R; *cf. 1, 6, 13*   illis (s *s.l.*) si P   orationem D^{ac}
18 de tenui] detinuit G   exillis P¹, *corr.* P³   **19** clara et] clareat et
(s.l. m.3 ut uid.) B   si *s.l.* V², *om.* M   **19–20** doctrina litterarum]
litteris B G   **20** *sup.* extiterunt *add.* uel rint V²

LACT. INST. III 1   203

cognitionemque concesserim, quam nemo cogitando aut disputando adsequi potest. neque ego nunc reprehendo eorum stu-   7
dium, qui ueritatem scire uoluerunt, quia naturam hominis deus
ueri adipiscendi cupientissimam fecit, sed id arguo, id reuinco,
5 quod honestam illorum et optimam uoluntatem non sit secutus
effectus, quia neque quid esset uerum ipsum sciebant neque
quomodo aut ubi aut qua mente quaerendum. ita dum succur-   8
rere humanis erroribus cupiunt, ipsi se in plagas et in errores
maximos induerunt. ad hoc igitur me opus coarguendi philoso-
10 phiam susceptae materiae ordo ipse deduxit. nam cum error   9
omnis aut ex religione falsa oriatur aut ex sapientia, in eo conuincendo necesse est utrumque subuertere. cum enim sit nobis 10
diuinis litteris traditum cogitationes philosophorum stultas esse,
id ipsum re et argumentis docendum est, ne quis honesto sapi-   *179*
15 entiae nomine inductus aut inanis eloquentiae splendore decep-
tus humanis malit quam diuinis credere. quae quidem tradita   11
sunt breuiter ac nude. nec enim [aliter] decebat, ut cum deus ad
hominem loqueretur, argumentis adsereret suas uoces, tamquam
⟨aliter⟩ fides ei non haberetur, sed ut oportuit locutus est tam-
20 quam rerum omnium maximus iudex, cuius est non argumentari,

Auct.: **13** diuinis litteris] *cf.* I Cor. 3, 20

Codd.: **9** *in* filoso | *desinit* G *p. 20; hinc extant* B D V P H M R^p

1 aut] ac H M   **2** ego] enim D V   **3** scire] *post* i *1 litt. eras.* D
4 cupidissimam B, cupidissima G   **5** sit secutus] insec- P
6 ipsum *om.* P   **8** humani P^{ac}   et in errores] seterrores G; et err- P
9 maximas H M   induerunt D¹ V P¹ H M; induxe- B D² R *et* P
m. rec. (G *legi nequit), peiore numero*   **11–12** aut ex sapientia ...
necesse est *bis,* n. est ... conuincendo *del.* M   **11** in eo] ideo B¹,
corr. B³   **13** diuinis *om.* P   **14** re et] recte H M   et *in ras. m.3?* P
argumentaris H¹ M   **16** traditae B¹, *corr.* B³   **17** nudae B¹, *corr.* B³
aliter *hinc post pr.* tamquam *transpos.* Betuleius (1563), Hm, Buen *cl.
1, 18, 16, Br; trad. seruant* Le (*laudato* Buen), Fr; *cf.* Heck, *1972, 197
n. 10*   **19–20** fides ... tamquam *om.* D V   **19** tamquam] quasi P
20 index B¹, *corr.* B³

12 sed pronuntiare. uerum ipse, ut deus. nos autem cum ad res singula testimonia diuinae uocis habeamus, profecto monstrabimus, quanto certioribus argumentis possint uera defendi, cum
13 etiam falsa sic defendantur, ut uera soleant uideri. quare non est quod philosophis tantum honoris habeamus, ut eorum elo-
14 quentiam pertimescamus. loqui enim bene potuerunt ut homines eruditi, uere autem loqui nullo modo, quia ueritatem non
15 didicerant ab eo, qui eius potens esset. nec sane magnum aliquid efficiemus, quod illos ignorantiae redarguemus, quam
16 ipsi saepissime confitentur. in eo solo his quoniam non creditur in quo solo credi debuit, conabor ostendere numquam illos tam ueridicos fuisse quam cum sententiam de sua ignoratione dixerunt.

1 2. Nunc, quoniam duobus prioribus libris religionum falsitas demonstrata est nec non origo ipsa totius erroris exposita, huius libri munus est philosophiam quoque ostendere quam inanis et falsa sit, ut omni errore sublato ueritas patefacta clarescat.
2 ordiamur itaque a communi philosophiae nomine, ut ipso capite destructo facilior nobis aditus pateat ad excindendum omne corpus, si tamen potest corpus uocari, cuius partes ac membra discordent nec ulla compage inter se cohaereant, sed quasi disiecta et dissipata palpitare potius uideantur quam uiuere.

1 ipsum M   ut *om.* HM   res *om.* HM   **2** singula *ex* -las HM
3 possunt P^{ar} **4** defendatur D^1 V^{ac} P^1 *(corr.* P^3)   **5** quod] d *del.* P^3
ante philosophis *s.l.* a D^2 habemus D^1 ut V^2 *(a exp.), edd., Buen cl. 7, 5, 7, Br;* aut V^1 *cet. (etiam* R); *cf. Hofmann–Szantyr 500*
loquentiam P^1, *corr.* P^3 **6** hominis P^1, *corr.* P^3 **7** uerum HM
8 didicerunt BHM *(ded-)* R   qui] i *s.l.* B^2 **9** redarguimus HM
10 eo *recc., edd., Br;* quo *codd.*   his B^3 *(s.l.)* R, hiis, h *eras.,* P; *om.*
B^1 DVHM   quoniam *om.* HM   **11** illis M^1 **12** ueredicos B P^3
(alt. e *ex* i)   sententia *(deinde* e *eras.)* in se de *(s.l. m.3)* sua B
14 num B   duobus] in d. R   regionum B^{ac} **15** demons|ta P
nec *om.* DV   **16** inans *sic* D^1 V^1 **17** ueri ueritas B^{ar} ueritate facta HM   clarescit B^1, *corr.* B^2 **18** ordinamur H^{ar} **19** excindendum R, -cid- *cet.*   **20** corpus potest HM   **21** inter se compage HM coheret B^1, *corr.* B^3; -rent H^1 M^1 deiecta HM

Philosophia est, ut nomen indicat ipsique definiunt, studium 3
sapientiae. unde igitur probem philosophiam non esse sapientiam quam ex ipsius nominis significatione? qui enim sapientiae
studet, utique nondum sapit, sed ut sapere possit studet. in 4
ceteris artibus studium quid efficiat et quo tendat apparet; quas
cum discendo aliquis adsecutus est, iam non studiosus artificii,
sed artifex nominatur. – at enim uerecundiae causa studiosos se 5
sapientiae, non sapientes uocauerunt. – immo uero Pythagoras, 6
qui hoc primus nomen inuenit, cum paulo plus saperet quam illi
priores qui se sapientes putauerant, intellexit nullo humano studio posse ad sapientiam perueniri et ideo non oportere incomprehensae atque imperfectae rei perfectum nomen imponi. itaque cum ab eo quaereretur quemnam se profiteretur, respondit
philosophum, id est quaesitorem sapientiae. si ergo philosophia 7
sapientiam quaerit, nec ipsa sapientia est, quia necesse est aliud
esse quod quaerit, aliud quod quaeritur, nec quaesitio ipsa recta
est, quia nihil potest inuenire. ego uero ne studiosos quidem
sapientiae philosophos esse concesserim, quia illo studio ad sapientiam non peruenitur. nam si facultas inueniendae ueritatis 8 *181*
huic studio subiaceret, si esset id studium tamquam iter ad sapientiam, aliquando esset inuenta. cum uero tot temporibus, tot

Epit.: 3, 2, 3–10] 25, 4–7 *(nonnulla aliter)*

Auct.: **1–2** *cf.* Cic. Tusc. 1, 1. 5, 9   **8** Pythagoras] *cf.* ibid. 5, 8 sq.

Codd.: **9** *6–8 litt. ante* nomen *incipit* G *p. 108, in qua ex §§ 6–7 pauca, 9–10 et 3, 3, 1 init. fere omnia leguntur; extant* B G D V P H M R[p]

1 ipsosque B[ac]   **2** sapientiae] filosophia, *s.l. m.2* uel sapientiae V *(D deest)*   *post* probem *in mg.* magis P[3]   **3** *post* quam *s.l.* mag[is] D[2]
4 studet *bis, pr. del. m.2* V   **5** quam H M   **6** aliquid B[1], *corr.* B[3]
7 ad P[ac]   studiosus B[ac] D[ac]   se *om.* H M   **8** sapientes] -ter D[ac],
-tis V[ac]   uocauerunt] iudicau- P   **10** putauerunt B V H M *(G et D non leguntur)*   **11** oporteret D V   **13** quamnam V *(D deest)*
14 quaestorem, *ante* t *eras.* i *ut uid.,* P   **16** quaestio B *(a del. m.3)*
P[1] *(corr.* P[2]*)*   **20** id *s.l.* B[3], *om.* H M   **21** inuentum H *(alt.* u *ex* a*)* M
inuenta cum] a *in ras.,* c *s.l.* B

ingeniis in eius inquisitione contritis non sit comprehensa, apparet nullam ibi esse sapientiam. non ergo sapientiae student qui philosophantur, sed ipsi studere se putant, quia illud quod quaerunt ubi aut quale sit nesciunt. siue igitur sapientiae student siue non student, sapientes non sunt, quia numquam repperiri potest, quod aut non recte quaeritur aut omnino non quaeritur. uideamus tamen id ipsum, possitne hoc studio reperiri aliquid an nihil.

3. Duabus rebus uidetur philosophia constare, scientia et opinatione, nec ulla re alia. scientia uenire ab ingenio non potest nec cogitatione comprehendi, quia in se ipso habere propriam scientiam non hominis, sed dei est. mortalis autem natura non capit scientiam nisi quae ueniat extrinsecus. idcirco enim oculos et aures et ceteros sensus patefecit in corpore diuina sollertia, ut per eos aditus scientia permanet ad mentem. nam causas naturalium rerum disquirere aut scire uelle sol utrumne tantus quantus uidetur an multis partibus maior sit quam omnis haec terra, item luna globosa sit an concaua et stellae utrumne

Epit.: 3, 3, 1 – 7, 5] 26, 1 – 27, 5 *(ordine mutato)*   3, 3, 1] 27, 1 . . . opinatio   2–3] *cf.* 27, 3 . . . 5 possunt

Test.: 9 § 1] Isid. orig. 2, 24, 1   15 § 4] ibid. § 2

Codd.: 9 *in* filosofia *desinit* G *p. 108, seq. p. 107 fere tota lecta*
2 esse ibi B G *(sec. Br)* R *contra numerum*   4 *pr.* siue] *post* u *s.l.* r *(uoluitne si re?)* P³   4–5 sapientiae . . . non student *om.* P   5 sunt] s. hi B, s. hii G   repperiri B P H M (G *inc.*); u. *ind. form.*   6 non recte aut H M   omnino non] omni *(inc.)* homine G   non] nec H M   7 repperiri G D P H M   8 an] ad G   9 uideatur H^{ac} M   scientiae H^{ar} 10 opinione B^{pr} *(at eras.)* G   non *om.* B *(2–3 litt. eras.)* G *(spatio indice)* H M   11 in se] ipse P¹, *corr.* P²; a *(s.l. m.2)* se H M   12 conscientiam P¹, con *del.* P³   sed . . . est] e. s. d. R   14 enim] e. et H M   15 permaneat B^{ac} G H^{ar} nam] nec B G   16 causa V   uellet M   17 tantus] t. sit H M   uideatur H M sit *om.* H M   18 sit an concaua] sitam *(sic)* c *(deinde 6 litt. inc.)* | s. a. c. G   sit an] titan M¹; *hoc* sit *s.l.* H

adhaereant caelo an per aerem libero cursu ferantur, caelum
ipsum qua magnitudine, qua materia constet, utrum quietum sit
et immobile an incredibili celeritate uoluatur, quanta sit terrae
crassitudo aut quibus fundamentis librata et suspensa sit, haec,
inquam, disputando et coniecturis uelle comprehendere tale est
profecto, quale si disserere uelimus, qualem esse arbitremur
cuiuspiam remotissimae gentis urbem, quam numquam uidimus
cuiusque nihil aliud quam nomen audiuimus. si nobis in ea re
scientiam uindicemus quae non potest sciri, nonne insanire
uideamur qui adfirmare id audeamus, in quo reuinci possimus?
quanto magis qui naturalia, quae sciri ab homine non possunt,
scire se putant, furiosi dementesque sunt iudicandi! recte ergo
Socrates et eum secuti Academici scientiam sustulerunt, quae
non disputantis est, sed diuinantis. superest ut opinatio in philosophia sola sit; nam unde abest scientia, id totum possidet
opinatio. id enim opinatur quisque quod nescit. illi autem, qui de
rebus naturalibus disputant, opinantur ita esse ut disputant. nesciunt igitur ueritatem, quoniam scientia certi est, opinatio incerti. redeamus ad superius illud exemplum. age, opinemur de
statu et qualitate urbis illius, quae nobis rebus omnibus praeter

Epit.: 3, 3, 7–8] 26, 5 recte . . . 6 ignorat

Codd.: **10** *a* |mare id *incipit* B *fol. 55 usque ad 3, 4, 7* quam suam *manu posteriore litt. uncialibus scriptum; u. p. LVII*   **11** *in* possimus quā| *desinit* G *p. 107; hinc extant* B DV P HM R^p

2 que magnitudine D^{ac}   **3** immobile] immortale D V   **5** disputare, re *ex* ndo, B²   uelle *om.* B   **6** sidus serere D^{ar} V¹; si dissere P   **8** cuius nihil P   ea re] aere G; aerem D; ea rem V¹   **9** non *s.l.* P³, *om.* D V   **10** audemus D; aut eamus P¹, *corr.* P³   qua H M   reuincimus D^{ar}   possumus V^{ac} R   **11** quanto magis *om.* P   qui] qua P¹ *(corr. P³), om.* M   **12** scire putant se H^{ac}; qui *(s.l.)* sc- se p. M   dementes quae B H^{ac} M   **14** disputandis D^{ac}   **17** ribus B   **19** ad] in P   illum B   **20** quae] quam D¹; quae a D² V² (ę a *in ras.*) omnibus rebus P

nomen ignota est. ueri simile est in plano sitam, lapideis moe-
nibus, aedificiis sublimibus, uiis pluribus, magnificis ornatisque
delubris. describamus si placet mores habitumque ciuium. sed
cum haec dixerimus, alius contraria disputabit, et cum hic quoque perorauerit, surget tertius et alii deinceps et opinabuntur
multo disparia quam nos opinati sumus. quid ergo ex omnibus
erit uerius? fortasse nihil. – at omnia dicta sunt quae in rerum
naturam cadunt, ut necesse sit aliquid eorum esse uerum. –
at nescietur quis uerum dixerit. potest fieri, ut omnes ex parte
aliqua errauerint, ex parte attigerint ueritatem. stulti ergo simus,
si hoc disputatione quaeramus; potest enim superuenire aliquis,
qui opiniones nostras derideat nosque pro insanis habeat, qui
uelimus id quod nesciamus quale sit opinari. uerum non opus
est longe posita conquirere, unde nemo fortasse ueniat qui nos
redarguat. age, opinemur quid nunc in foro geratur, quid in
curia. longum est id quoque. dicamus interposito uno pariete
quid fiat. nemo id potest scire nisi qui audierit aut uiderit. nullus
igitur audet id dicere, quia statim non uerbis, sed re ipsa praesenti refutabitur. atquin hoc idem faciunt philosophi, qui disputant in caelo quid agatur, sed eo se impune id facere arbitrantur, quia nullus existit, qui errores eorum coarguat. quodsi
existimarent descensurum aliquem qui eos delirare ac mentiri

1 ignorata D V   lapidosis H; -des, e *in ras.*, M   moeniis D H M, -neis V^{ar}, -nis V^{pr} **2** uiis] suis H M   uiis ... magnificis *om.* P   subornatisque R   **3** habitum ciuium P   sed] id B^{ac}; et H M   **4** disputauit B D V^{ac} et] et qui R   haec B   **5** surget] s. et P; exurget H M   **6** ergo] enim P   **7** at] ad B P^1 *(corr.* P^3*), om.* H M   sunt] possunt B   **8** ut *om.* D V   **9** at] ad P^1 *(corr.* P^3*);* ac B; *om.* H M   nec scietur H M   quid D^1 fieri] enim B   **9–10** exx *(sic)* aliqua parte B   **10** sumus H M R   **11** si *ins.* P^3 **12** opinationes R   **13** hid D^{ac}, ad V^{ac} **14** ueniet R   nos quim, m *exp., ord. lineolis rest. (u. p. XV),* B   **15** feratur V^{ac}; geretur M   **17** id *s.l.* H^2 potest id R   aut] et B P   **18** audeat B   id dicere] addic- D   qui B H M   **19** adquin B H^{ac} M, atquiin D V   idem *in mg.* V^2 **21** extitit D *(*exst-*)* H M   **22** aestimarent B

doceret, numquam quidquam de his rebus quas scire non possunt disputarent. nec tamen ideo felicior putanda est eorum impudentia et audacia, quia non redarguuntur; redarguit enim deus, cui soli ueritas nota est, licet coniuere uideatur, eamque hominum sapientiam pro summa stultitia computat.

4. Recte igitur Zenon ac Stoici opinationem repudiarunt. opinari enim te scire quod nescias non est sapientis, sed temerarii potius ac stulti. ergo si neque sciri quidquam potest, ut Socrates docuit, neque opinari oportet, ut Zenon, tota philosophia sublata est. quid quod non tantum ab his duobus euertitur qui philosophiae principes fuerunt, sed ab omnibus, ut iam uideatur iam pridem suis armis esse confecta? in multas sectas philosophia diuisa est et omnes uaria sentiunt. in qua ponimus ueritatem? in omnibus certe non potest. designemus quamlibet; nempe in ceteris omnibus sapientia non erit. transeamus ad singulas; eodem modo quidquid uni dabimus, ceteris auferemus. una quaeque enim secta omnes alias euertit, ut se suaque confirmet, nec ulli alteri sapere concedit, ne se desipere fateatur. sed sicut alias tollit, sic ipsa quoque ab aliis omnibus tollitur.

Epit.: 3, 4, 1–2] 26, 1–2   3–4. 8–10] 27, 1. 4

Auct.: **4–5** *cf.* I Cor. 3, 19   **6–10** SVF I 54. III 553

Codd.: **19** alias] *hinc redit* R *(u. p. XXIII sq.); extant* B D V P H M R
1 diceret B H (i *ex* o *m.*2) M   num P   quidquam *om.* B
his *codd.*, iis *edd.*, Br   possent, e *pro* u, P³   **2** ideo *exp.* P
inprudentia V *(D deest)*   **3** et audatia *s.l.* P²   redarguantur H M
4 conibere H M; co|hibere B   **6** zenon B H M, -no *cet.*; *cf.* 1, 5, 20
7 sapientia P¹, *corr.* P³   temerari V¹ Hᵃᶜ Mᵃᶜ   **8** ac] ac et B
sciri] nesc- H; nescire, ne *del.*, M   **9** zenon B, -no *cet.*
10 tanta B   is Pᵃᶜ   **11** sed] s. et H (et *s.l.*) M   hominibus Mᵃᶜ
11–12 ut iam ui|deatur *(pr.* u *in ras.* 2 *litt.)* ut iam pridem B   *pr.* iam
om. P, *alt. om.* R; *ft. unum deleas*   **13** omnia B   ponemus, e *ex* i, P³
14 in] et P¹, *corr.* P³   **15–16** singula si eodem H M   **16** dauimus B
17 quaque Dᵃᶜ   secta *s.l.* D²   omnis V¹ R   alas, *spatio (ras.?)*
post l, B   **18** fateantur Rᵃᶜ   **19** alias] alio Pᵃᶜ

5 nihilominus enim philosophi sunt qui eam stultitiae accusant. quamcumque laudaueris ueramque dixeris, a philosophis uitu-
6 peratur ut falsa.   credemusne igitur uni se suamque doctrinam laudanti an multis unius alterius ignorantiam culpantibus? rectius sit necesse est quod plurimi sentiunt quam quod unus.
7 nemo enim de se potest recte iudicare; quod nobilis poeta testatur:

'itan comparatam esse hominum naturam omnium,
aliena ut melius uideant et diiudicent
quam sua.'

8 cum igitur omnia incerta sint, aut omnibus credendum est aut nemini. si nemini, sapientes ergo non sunt, quia singuli sapientes esse se putant; si omnibus, aeque non sunt sapientes, quia
9 singuli ab omnibus negantur esse sapientes.   pereunt igitur uniuersi hoc modo et tamquam Sparti illi poetarum sic inuicem iugulant, ut nemo ex omnibus restet. quod eo fit, quia gladium
10 habent, scutum non habent.   si ergo singulae sectae multarum sectarum iudicio stultitiae conuincuntur, omnes igitur uanae

Auct.: **8–10** Ter. Haut. 503–505   **15** poetarum] *cf.* Ou. met. 3, 101–130

Codd.: **11** *a* cum B *fol. 56ʳ rursus manu prima, sed damnis adfectum*
1 nihihomine *sic* P; nihilhom- M   eam] e *in ras.* V² (D *deest*)
2 ueram quam, quā *ex* que *m. rec.,* R   **3** credamne P; -damusne H M
4 laudant H   an] ac B; in HM^ac   **6** recte potest B V *(ord. lineolis rest.;* D *deest)*   nobis B V¹   **6–7** nobilis ... testatur] nobiles poetae statuerunt H M   **8** itan V *Br* (D *deest);* itane H M; ita B P R; *uariant et codd. Ter.*   **9** aliena *in ras.* P; -am H   diiudicant D¹ V¹ (et d. *bis., alt. del.*)   **10** suam B H M   **12** non *s.l.* P³   singulae *ut uid.* B^ar   sapientes] -tis R¹; diuersa adfirmantes s. B   **13** esse ... sapientes *hic om., post § 11 omnium ins.* M   se esse H   se *s.l.* P   putent B¹, *corr.* B²   omnes, es *ex* ibus, B²   non *om.* V (D *deest*)   **15** Sparti *Parrhasius (1509), edd., Br cl. 6, 10, 19;* spartiatae *codd.* (D *inc.*); *an* Spartoe*? cf.* Hyg. fab. 178, 5 (-tae *trad.*) *et* Cens. 4, 12 *(uaria trad.)*   sic *exp. et s.l.* se V²; *post* sic *s.l.* se P²   **16** iugulantur B
18 stultae P; uel stulte *s.l. add. m. post.* R   igitur *om.* P

atque inanes reperiuntur; ita se ipsam philosophia consumit et
conficit. quod cum intellegeret Arcesilas Academiae conditor, 11
reprehensiones inter se omnium collegit confessionemque ignorantiae clarorum philosophorum armauitque se aduersus omnes;
5 ita constituit nouam non philosophandi philosophiam. eo igitur 12
auctore duo philosophiae genera esse coeperunt, unum illud
uetus, quod scientiam sibi uindicat, alterum nouum repugnans,
quod eam detrahit. in his duobus generibus uideo discidium et
quasi ciuile bellum. sapientiam, quae distrahi non potest, in 13
10 qua parte ponemus? si natura rerum sciri potest, haec tironum
caterua interibit; si non potest, ueterani conficientur; si pares
fuerint, nihilominus peribit dux omnium philosophia, quia dis-
tracta est; nihil enim potest sine interitu sibi esse contrarium.
si autem, ut docui, nulla in homine potest esse interna et propria 14
15 scientia ob fragilitatem condicionis humanae, Arcesilae manus
uincit. sed ne ipse quidem stabit, quia non potest omnino nihil
sciri.
5. Sunt enim multa quae scire nos natura ipsa et usus fre- 1
quens et uitae necessitas cogit. itaque pereundum est, nisi scias,

Epit.: 3, 4, 11 – 5, 8] 27, 2–3

14 ut docui] 3, 3, 2–7

Codd.: **19** *in* B *fol. 56ʳ col. dext. angulo abscisso usque ad § 2 uarii nonnulla perierunt*

1 repperiuntur *codd.* (D *inc.*); *u. ind. form.* ita se] i. esse, *ord. lineolis mutato (u. p. XV),* B ipsa H M Br filosofiam B; filosofiac, c *s.l. m.3,* P **2** quod] ut H M arcesilas R, arch- *cet.* academicae Bᵃʳ D **3** colligit V¹ (D *deest*) **4** cterorum *sic ex* c[la]rorum B³ confilosophorum, con *exp. m.3,* P **5** eo] o *in ras. m.2* V **6** auctor[e duo philo]|sophiae *in* B *lituris et foraminibus euan. uel deleta* **9** detrahi B² (e *ex* is) P **10** ponimus H M **11** confitentur H M pare Dᵃᶜ **13** sine interitu] contra -um H M **14** autem *om.* H M **15** ob *om.* H M arcesilae R, arch- *cet.* **16** ipsa P *prob.* Br **18** nos] n. et R **19** e[st] B

quae ad uitam sint utilia, ut appetas, quae periculosa, ut fugias et
uites.   praeterea multa sunt quae usus inuenit. nam solis ac
lunae uarii cursus et meatus siderum et ratio temporum deprehensa est, et natura corporum a medicis herbarumque uires, et
ab agricolis natura terrarum nec non imbrium futurorum ac tempestatum signa collecta sunt; nulla denique ars est quae non
scientia constet.   debuit ergo Arcesilas, si quid saperet, distinguere quae sciri possent quaeue nesciri. sed si id fecisset, ipse se
in populum redegisset.   nam uulgus interdum plus sapit, quia
tantum quantum opus est sapit. a quo si quaeras utrum sciat
aliquid an nihil, dicet se scire quae sciat, fatebitur nescire quae
nesciat.   recte ergo aliorum sustulit disciplinas, sed non recte
fundauit suam. ignoratio enim rerum omnium non potest esse
sapientia, cuius est scire proprium. ita cum philosophos expugnauerit ac docuerit nihil eos scire, ipse quoque nomen philosophi perdidit, quia doctrina eius est nihil scire.   nam qui alios
reprehendit, quod nesciant, ipse debet sciens esse. cum autem
nihil sciat, quae peruersitas quaeue insolentia est ob id ipsum se
philosophum constituere propter quod ceteros tollat? possunt
enim sic respondere: si nihil nos scire conuincis et ideo non

Codd.: **16** *in* B *fol. 56ᵛ col. sin. angulo abscisso usque ad* § 6 inso|
nonnulla perierunt

1 si[nt] B, *om.* D V   ut] et *ex* ut D²   per[icu]losa B
ut] sunt aut HM   **2** pra[ete]rea B; -eaque M   qua[e usus in]uenit B
2–3 solis ... uarii *in* B *desunt*   **5** nec *in ras.* B³   **6** ars] pars R
7 inscientia, in *exp. m.3,* B; scientiae Mᵃʳ   debuit *om.* P
arcesilas R, arch- *cet.*   sapere B¹, *corr.* B²; sapuit HM
distingueret P   **8** possint P   si *in fine lin.* B²   **9** redigisset DV¹
10 quantum *in mg.* V   **11** anni. nil HM   dicit BP   **11–12** fatebitur
... nesciat *s.l.* P²   **12** disciplinam H   **13** sua B¹, *corr.* B³
ignoratione, ne *exp. m.3,* B; ignorantia P   **14** sapientia] *alt. a del.* P³
16 est *om.* HM   scire P¹ *cet., edd.,* -ri P³ Br; *cf. Sen. epist. 88, 44*
nam] non HM   quia Vᵃᶜ HM   alius Vᵃᶜ   **17** repraehẽ[dit] B
nesciat *ut uid.* B   sci[ens esse] B   **18** sciat] faciat HM   quae
peruersitas *in* B *deest*   **20** conuicis *ut uid.* Bᵃʳ, conicis Bᵖʳ

esse sapientes, quia nihil sciamus, ergo ne tu quidem sapiens es, quia te quoque confiteris nihil scire. quid ergo promouit Arcesilas nisi quod confectis omnibus philosophis se quoque ipsum eodem mucrone transfixit?

5 6. Nusquamne igitur sapientia est? immo uero inter ipsos fuit, sed nemo uidit. alii putauerunt posse sciri omnia; sapientes utique non fuerunt. alii nihil; ne hi quidem sapientes fuerunt – illi, quia plus homini dederunt, hi, quia minus; utrisque in utramque partem modus defuit. ubi ergo sapientia est? ut neque
10 omnia scire te putes, quod est dei, neque omnia nescire, quod pecudis. est enim aliquid medium quod sit hominis, id est scientia cum ignoratione coniuncta et temperata. scientia in nobis ab animo est, qui oritur e caelo, ignoratio a corpore, quod ex terra, unde nobis et cum deo et cum animalibus est aliqua communi-
15 tas. ita quoniam ex his duobus constamus elementis, quorum alterum luce praeditum est, alterum tenebris, pars nobis data est scientiae, pars ignorantiae. per hunc quasi pontem transire sine cadendi periculo licet; nam illi omnes, qui se in alteram partem inclinauerunt, aut dextro aut sinistro uersus ceciderunt. utraque
20 autem pars quomodo errauerit dicam. Academici contra physicos ex rebus obscuris argumentati sunt nullam esse scientiam,

Epit.: 3, 6, 5–6. 20] *cf.* 27, 5 . . . labat

Codd.: **10** *ab* om[nia] *usque ad § 3* unde | *liturae et foramina in* B **14** *a* nobis *incipit* B *fol. 57 integrum; extant* B D V P H M R

1 sapiens V^{ac} ne *om.* H   **2** confiteris quoque, que *s.l. m.3?,* P   promouet P; -monuit D^{ac} arcesilas R, arch- *cet.*   **3** confectis] con *s.l.* B^2 sed H^{ar} **6** scire P^1, *corr.* P^2 **7** hi *om.* HM   desapientes, de *exp. m.3?,* P   fuerunt *om.* HM   **8** hii HM   **9** utram D V^1 ibi *ras. ex* ubi R   **10** te *s.l.* V   **11** aliqui[d medium] B   [h]omini[s i]d B   **12** ign[ora]tione B   **13** quia *ex* qui B^3 oritu[r e] B; e *s.l.* P^3 c[orpor]e B   quod] qui R   **15** iis R   **16–17** pars . . . scientiae *om., s.l. m.3* pressum P   **19** inclinauerant P   uersum D V   **20** errauerunt H   **21** ex] et P^{ac} esse *om.* HM

et exemplis paucarum rerum incomprehensibilium contenti amplexi sunt ignorantiam, tamquam scientiam totam sustulissent,
6 quia in parte sustulerant.   physici contra ex iis quae aperta sunt argumentum trahebant sciri posse contentique perspicuis retinebant scientiam, tamquam totam defendissent, quia ex parte defenderant. ita neque hi clara neque illi obscura uiderunt, sed utrique dum solam scientiam consertis manibus uel retinent uel eripiunt, non uiderunt in medio constitutam forem, quae illos ad
7 sapientiam transmitteret.   uerum Arcesilas ignorantiae magister cum Zenoni obtrectaret principi Stoicorum, ut totam philosophiam euerteret, auctore Socrate suscepit hanc sententiam, ut
8 adfirmaret sciri nihil posse.   itaque coarguit existimationem philosophorum, qui putassent ingeniis suis erutam esse atque inuentam ueritatem. uidelicet quia mortalis fuerat illa sapientia paucisque ante temporibus instituta ad summum iam incrementum peruenerat, ut iam necessario consenesceret ac periret, extitit repente Academia tamquam senectus philosophiae, quae il-
9 lam conficeret iam deflorescentem,   rectéque Arcesilas uidit adrogantes uel potius stultos esse qui putent scientiam ueritatis
10 coniectura posse comprehendi.   sed tamen falsa dicentem redarguere non potest nisi qui scierit ante quid uerum sit. quod

Auct.: **11–12** *cf.* Plato apol. 21 d *et* Cic. ac. 1, 45

1 et *om.* HM   rerum] r. et B   **2** ignorantia P   **3** partes P   sustulerunt B   iis R, his *cet.* (D *deest*)   **4** scire B[1], *corr.* B[3]   ⟨omnia⟩ sciri *edd., Br cl.* §§ *1. 20, sed hic agitur de ipso sciendo, non de sciendis omnibus; cf.* 14 posse sciri   **5** *ante* scientiam 2 *litt. eras.* B   **6** defenderunt B   hii PD[ar]   **7** utique B[ac]; utrimque HM   consectis V[1] (D *inc.*)   **8** forem D[ar] V[1] *(s.l.* uel portam V[2]*),* fore D[pr] *cet.*   **9** arcesilas V R, arch- *cet.* (D *inc.*)   **10** cum *s.l.* P   **11** auctorem, m *exp.,* B   **12** nihil sciri HM   posset V *(D inc.)*   aestimationem B   **13** erutam] seruatam HM   **14** ueritam B[1], *corr.* B[2]   **16** ut *s.l.* B[3]   ut etiam necessaria HM   **17** senectus *s.l.* H[2]   **18** recte HM   arcesilas D *(-caes-)* V R, arch- *cet.*   **19** esse] se V[1]   putant PHM   **21** quod] ut HM

Arcesilas ueritate non cognita facere conatus introduxit genus
philosophiae asystatum, quod Latine instabile uel inconstans
possumus dicere. ut enim nihil sciendum sit, aliquid sciri necesse est; nam si nihil omnino scias, id ipsum, sciri nihil posse,
tolletur. ita qui uelut sententiae loco pronuntiat nihil sciri,
tamquam perceptum profitetur et cognitum; ergo aliquid sciri
potest. huic simile est illud quod in scholis proponi solet in
asystati generis exemplum, somniasse quendam ne somniis crederet. si enim crediderit, tum sequetur ut non sit credendum, si
autem non crediderit, tum sequetur ut credendum sit. ita si nihil
sciri potest, necesse est id ipsum sciri, quod nihil sciatur, si
autem scitur non posse sciri, falsum est ergo quod dicitur nihil
sciri posse. sic inducitur dogma sibi ipsi repugnans seque dis-
soluens. sed homo uersutus ceteris philosophis scientiam uoluit eripere, ut eam domi absconderet – nam sibi illam profecto
non adimit qui aliquid adfirmat, ut ceteris adimat –, sed nihil
agit; apparet enim ac furem suum prodit. quanto faceret sapientius ac uerius, si exceptione facta diceret causas rationesque

Codd.: **15** *ab* abscon[deret] *incipit* G *p. 166 bis rescripta (u. p. XV n. 44; in l. 1–2 perpauca legit Br); ceterum extant* B DV P HM R

1 arcesilas DVR, arch- *cet.* **2** ausustutum, *tert.* u *inc.*, B¹, *corr.* B³; ἀσύστατον *edd. ante Br; cf.* § 13 **3** nihil] n. sciri posse B aliquod R¹ scire PHM **4** omni H **5** ita qui DVP; itaque id, e *s.l. m.*2, B; itaque HMR **6** praeceptum B¹, *corr.* B³; per certum V¹ (D *deest*) profiteretur B scire H **7** est *om.* B quod] q. philosophis HM scolis PHM (D *inc.*) proponi *s.l.* D **8** asystita V^ac, -tatin H^ar somniasse] *pr.* s *sup. litt. eras.* B; -nia se D somnis HM **9** si] se P^ac sequetur VPR, -quitur *cet.* (D *deest*) non sit credendum] c. n. *tantum* P; n. c. s. HM **9–10** si autem . . . sit *om.* BPHM **10** sequitur R ita *om.* P **11** sciatur] a *eras.* H **12** sciatur D quo P^ac **13** scire P^ac dogma] dicam? B¹, *corr.* B³; digma D¹ V¹ ipsi R^pr *solus, recc., edd.,* -sum R^ar *cet., ex anteced.* ipsum **16** ademit HM **17** ac . . . prodit *om.* P furorem BR **17–18** sapientius ac] hoc HM

dumtaxat rerum caelestium seu naturalium quia sunt abditae nec
sciri posse, quia nullus doceat, nec quaeri oportere, quia inueniri
quaerendo non possint. qua exceptione interposita et physicos
admonuisset, ne quaererent ea quae modum excederent cogitationis humanae, et se ipsum calumniae inuidia liberasset et nobis
certe dedisset aliquid quod sequeremur. nunc autem cum ab
aliis sequendis nos retraxerit, ne uelimus plus scire quam possumus, non minus a se quoque ipso retraxit. quis enim uelit
laborare, ne quidquam sciat, aut eiusmodi suscipere doctrinam,
ut etiam communem scientiam perdat? quae si doctrina est,
scientia constet necesse est; si non est, quis tam stultus, ut dis-
cendum id putet, in quo aut nihil discitur aut etiam dediscitur?
quare si neque omnia sciri possunt, quod physici putauerunt,
neque nihil, quod Academici, philosophia omnis extincta est.

7. Transeamus nunc ad alteram philosophiae partem quam
ipsi moralem uocant, in qua totius philosophiae ratio continetur,
siquidem in illa physica sola oblectatio est, in hac etiam utilitas.
et quoniam in disponendo uitae statu formandisque moribus
periculo maiore peccatur, maiorem diligentiam necesse est ad-
hiberi, ut sciamus quomodo nos oporteat uiuere. illic potest

Epit.: 3, 7, 1–5] 27, 5 illa . . . pertinet; *cf.* 28, 13–14

Codd.: **17** *a* | tas et *incipit* G *p. 165 bis rescripta (u. supra ad 3, 6, 15); nihil habemus nisi perpauca quae legit Brandt, 1884, 281 sq. ex l. 1–16*

1 ne DV   **2** scire M   nullum B   **3** possunt BHM
quae B^ar P^1 (*corr.* P^3) M   **4** nec HM   quaerent D^1 P^1 (*corr. m. rec.*)
modum] adm- HM   *post* cogitationis *eras.* i B   **7** relaxerit D^1 V
possimus H (*o pro* i *m.2)* M   **8** retraxerit PHM   **9** nec HM
aut] ut D^1 V^1   **10** perdat] dat DV^1   **11** scientiam P^ac
stultum V^1   **12** putet] ut et D; et ut V^1   aut *post* quo *om.* HM
discitur] dis *s.l. pro eras. litt.* H^2   **13–14** quare . . . est *om.* M
13 scire P^1, *corr.* P^3   putauerunt] potue- H^1   **15** partem *s.l.* P^2
16 mortalem D^ac V^1   **17** in *ante* illa *om.* HM   haec DV^1 R
19 adhibere B^1 (*corr.* B^3) PHM   **20** uidere DV^1   illuc DV

uenia concedi, quia siue aliquid dicunt, nihil prosunt, siue delirant, nihil nocent, hic uero nullus discidio, nullus errori locus est. unum sentire omnes oportet ipsamque philosophiam uno quasi ore praecipere, quia si quid fuerit erratum, uita omnis euertitur. in illa priore parte ut periculi minus, ita plus difficultatis est, quod obscura rerum ratio cogit diuersa et uaria sentire, hic ut plus periculi est, ita minus difficultatis, quod usus ipse rerum et cottidiana experimenta possunt docere, quid sit melius et uerius. uideamus ergo utrumne consentiant aut quid nobis adferant, quo rectius uita degatur. non necesse est omnia circumire, unum eligamus ac potissimum, quod est summum ac principale, in quo totius sapientiae cardo uersatur. Epicurus summum bonum in uoluptate animi esse censet, Aristippus in uoluptate corporis; Callipho et Dinomachus honestatem cum uoluptate iunxerunt. Diodorus in priuatione doloris summum bonum posuit, Hieronymus in non dolendo, Peripatetici autem

Epit.: 3, 7, 6 – 9, 3] 28, 1–14 *ordine mutato*   3, 7, 6] *cf.* 28, 1 ... dirigantur. 13 cardine ... formatur   7 Epicurus] 28, 6   Aristippus] 28, 3   Callipho – Dinomachus] 28, 7   Diodorus – Hieronymus] 28, 4   Peripatetici] 28, 8

Auct.: 12 §§ 7–8] *cf.* Cic. ac. 2, 129–131. Tusc. 5, 84 sq. fin. 2, 19. *al.*; Epicurus] frg. 452 Usener   13 Aristippus] frg. 183 A Mannebach   14 Callipho et Dinomachus] *cf.* Cic. fin. 5, 21   15 Diodorus] frg. 3–5 Wehrli   16 Hieronymus] frg. 8 W.   Peripatetici] *cf.* Cic. fin. 3, 43

1 ueni B^{ac} prosunt] ro *in ras.* P   **2** nocens D V^1 discido V^1; *ante* c *eras.* s? R   discidio nullus *om.* G *ut uid.; u. Br ad l.*   **4** ergatum *sic* D V^{ac} omnis] om D *(deinde 1 litt. eras.?)* V^1; *cf. 1, 3, 20*   **6** diuerse P^{ac} sentiri, *alt.* i *ex* e, B^3 **7** hic ut] in hac sicut H M   ita *om.* P   **8** cottidiana, *pr.* t *eras.*, B, cotid- *cet.; cf. 1, 4, 3*   quod B D V   **9** aut] ad D V^1 **10** denegatur D^{ac} V^1; dirig- V^2 **11** unum] cum u. B R   ac *post* eligamus *om.* H M   **12** in *om.* P   quod P^1, *corr.* P^3; qua M   corda M   **13** uoluntate H M   *post* esse *1 litt. eras.* V; esset M   **14** uoluntate H M   callipho P; -fo B *(alt.* l *ex* d*? m.3)* D V R, -fon H M   Dinomachus] d. curenaici H M   **16** ponit H M   ieronymus B P; -rgon- V (D *deest*)

in bonis animi et corporis et fortunae. Herilli summum bonum est scientia, Zenonis, cum natura congruenter uiuere, quorundam Stoicorum, uirtutem sequi. Aristoteles in honestate ac uirtute summum bonum collocauit. hae sunt fere omnes omnium sententiae. in tanta diuersitate quem sequimur? cui credimus? par est in omnibus auctoritas. si eligere possumus quod est melius, iam non est nobis philosophia necessaria, quia sapientes iam sumus, qui de sapientium sententiis iudicemus. cum uero discendae sapientiae causa ueniamus, qui possumus iudicare qui nondum sapere coeperimus, maxime cum praesto adsit Academicus, qui nos pallio retrahat ac uetet cuiquam credere nec tamen ipse adferat quod sequamur?

8. Quid ergo superest nisi ut omissis litigatoribus furiosis ac pertinacibus ueniamus ad iudicem, illum scilicet datorem simplicis et quietae sapientiae, quae non tantum formare nos et

Epit.: Herilli] 28, 11   8 Zenonis] 28, 5   Stoicorum] 28, 9 Aristoteles] 28, 10

Auct.: **1** Herilli] *cf.* Cic. fin. 5, 23; SVF I 411. 421   **2** Zenonis] SVF I 179   **3** Aristoteles] *cf.* Cic. fin. 2, 19

Codd.: **2** *a* | [ue]re [quorundam] *incipit* G *p. 156 bis rescripta (u. ad 3, 6, 15); in l. 1–2 pleraque legit Br, ceterum minima uestigia extant*
1 herilli HM, erilli B¹ V *(D deest)*, erili R¹; erillis P; erilis B³ R²
2 est] in, *sed eras.*, B; esse P   scientia B¹ DV (ci *m.2 in eras.* api) HM; -am B³ PR *(s.l. m.2 secundum)*   zenon B   quorumdam B; *cf. cod.* T *epit.* 34, 3   **3** uirtutem P¹, *corr.* P³   **4** haec DVP¹ *(corr.* P³)   omnes *om.* V *(et* D; *extat* omni)   ominum P¹, *corr.* P³   **5** qui V^ac   **6** ominibus R   **7** iam *om.* HM
8 sapientium] sapi *in ras.* V   sententiis sapientium HM   iudicemur V¹ *(D inc.);* -camus HM   **9** discenda B¹, *corr.* B³   qui *ante* possumus] quid DV; *s.l. add. m. post.* uel quomodo R
10 coeperimus sapere B   coepimus P   **10–11** adsit Academicus *om.* P
12 quod] quid HM   **13** ut *om.* P, *del. St 236*   omissis] obuias his B   furiosis *om.* HM   **14** ueniamus] manus demus u. B   **15** quae *et § 2* haec *def.* Br *cl. 3, 11, 3*   et] ac R

inducere in uiam possit, uerum etiam de controuersiis istorum
ferre sententiam? haec nos docet quod sit hominis uerum ac
summum bonum. de quo priusquam dicere incipio, illae omnes
sententiae refellendae sunt, ut appareat neminem illorum fuisse
sapientem.
   Cum de officio hominis agatur, oportet summum summi ani-
malis bonum in eo constitui, quod commune cum ceteris animalibus esse non possit. sed ut feris dentes, armentis cornua,
uolucribus pinnae propria sunt, sic homini aliquid suum debet
adscribi, sine quo rationem suae condicionis amittat. nam quod
uiuendi aut generandi causa datum est omnibus, est quidem bonum naturale, summum tamen non est, nisi quod est uni cuique
generi proprium. sapiens ergo non fuit, qui summum bonum
credidit animi uoluptatem, quoniam siue illa securitas siue gau-
dium est, communis est omnibus. Aristippo ne respondendum
quidem duco, quem semper in corporis uoluptates ruentem nihilque aliud quam uentri et Veneri seruientem nemini dubium

Epit.: 3, 8, 3] 28, 1 cum ... quaeratur   5] 28, 6   6 ... 10 discernit] 28, 3

Auct.: 13 § 5] Epicurus; *u. 3, 7, 7*   **15–p. 220, 2** Aristipp. frg. 81 Mannebach

Codd.: 10 *hinc fere coepit* G *p. 155 bis rescripta nusquam legibilis; ceterum extant* B D V P H M R

1 induere M   1–2 controuersis eorum efferre H M   2 quid V¹ H M *(D deest)*   3 de *et* dicere *om.* H M   incipio V P H R¹ *(D deest), edd., Win;* -iam B R *m. post.,* Br *dubitanter;* in principio M   illa P¹, -lorum P³   4 appareant D V¹   6 agatur *om.* V¹, *in mg.* agitur V² *(D deest)*   9 pennae, *pr.* e *ex* i, R²   propriae H M   omini B¹ P¹, *corr.* B² P³; hominis R   suum aliquid H M; a. summum R   10 quo *om.* D V   mittam P¹, omittat P³   13 generis P   14 uoluntatem D   illas V *(D deest)*   15 commune B   est] et, *sed s.l.* s *ut uid.,* B   arisuppo D V   ni, i *ex* e, B²   16 in *s.l.* D², *om.* V   uoluptatis Pᵃᶜ   tuentem, *pr.* t *ex* r, V² nihil B D V

est hominem non fuisse. sic enim uixit, ut nihil inter eum pe-
7 cudemque distaret nisi unum, quod loquebatur. quodsi asino
aut sui aut cani facultas loquendi tribuatur quaerasque ab iis,
quid sibi uelint, cum feminas tam rabide consectantur, ut uix
diuelli queant, cibos etiam potumque neglegant, cur aut alios
mares uiolenter abigant aut ne uicti quidem absistant, sed a for-
tioribus saepe contriti eo magis insectentur, cur nec imbres nec
frigora pertimescant, laborem suscipiant, periculum non recu-
sent, quid aliud respondebunt nisi summum bonum esse corporis uoluptatem? eam se appetere, ut adficiantur suauissimis
sensibus eosque esse tanti, ut adsequendorum causa nec laborem
sibi ullum nec uulnera nec mortem ipsam recusandam putent.
8 ab hisne igitur praecepta uiuendi petemus, qui hoc idem sentiunt
9 quod animae rationis expertes? aiunt Cyrenaici uirtutem ipsam
ex eo esse laudandam, quod sit efficiens uoluptatis. 'uero' inquit
obscenus canis aut sus ille lutulentus; 'nam ideo cum aduersario
summa uirium contentione depugno, ut uirtus mea pariat mihi
uoluptatem, cuius expers sim necesse est, si uictus abscessero'.
10 ab his ergo sapere discamus, quos a pecudibus ac beluis non
sententia, sed lingua discernit? priuationem doloris summum

Auct.: 14–15 Aristipp. frg. 221 B *(cf.* 184*)* Mannebach   **16** obscenus
... lutulentus] *cf.* Hor. epist. 1, 2, 26   **20–p. 221, 5** Epicur. frg. 419
Usener

1 uixi V^ac   2 staret M^ac   3 suis V^ar *(D inc.)*   quaeresquae D V^1
iis R, his *cet.*   4 uellint P^ac   rapide H M   6 aut *ante* ne] ut P^1,
corr. P^3   7 contriti eo] coneo P   cur *om.* D V   umbres D^ar V^ar
9 bonum *om.* B^1, *post* esse *in mg.* B^2   10 appetere] apparet D V^1
suauissimis] ua *ex* ae, is *ex* e? B^3; -mi V^1   11 tanti esse B
13 hiisne P, iisne R *prob. Br*   praecepta] p. dari B   uidendi D
putemus D V^1; petamus M^ac   idem] quid- H M   14 ratione D
aiunt] dicunt V^1   cyrenei H M   ipsam *s.l.* P^2   15 esse *s.l.* M
sit *om.* R^1, *post* uoluptatis *s.l.* R^2   effigies P   uere *ex* -ro V^2, -rum
H M; non *(s.l. m.3)* u. P   16 canis] canus c. R   aut] et H M
17 summa uirium *bis, pr. del. m. post.,* D; s. uirum V^1   pareat B^1,
corr. B^3   18 expres B^1, *corr.* B^2; exper D V^1   19 discemus P

bonum putare non plane Peripateticorum aut Stoicorum, sed clinicorum philosophorum est. quis enim non intellegat ab aegrotis et in aliquo dolore positis esse hoc disputatum? quid tam ridiculum quam id habere pro summo bono, quod medicus possit dare? dolendum est ergo, ut fruamur bono, et quidem grauiter ac saepe, ut sit postea non dolere iucundius. miserrimus est igitur, qui numquam doluit, quia bono caret; quem nos felicissimum putabamus, quia malo caruit. ab hac uanitate non longe afuit, qui omnino nihil dolere summum bonum dixit. nam praeter quod omne animal doloris est fugiens, quis potest sibi hoc bonum praestare, quod nobis ut eueniat, nihil aliud possumus quam optare? summum autem bonum non potest efficere quemquam beatum, nisi semper fuerit in ipsius potestate; hoc autem non uirtus homini, non doctrina, non labor, sed natura ipsa cunctis animantibus praestat. qui uoluptatem cum honestate iunxerunt, communionem hanc effugere uoluerunt, sed effecerunt repugnans bonum, quoniam qui uoluptati deditus est, honestate careat necesse est, qui honestati studet, uoluptate. Peripateticorum bonum nimium multiplex et exceptis animi bonis, quae ipsa quae sint magna contentio est, commune cum

Epit.: 3, 8, 13–14] 28, 4   15] *cf.* 28, 7   16–19] 28, 6

Auct.: 1 Peripateticorum ... clinicorum] *cf.* Cypr. epist. 69, 16 p. 765, 18   9 qui] Hieronymus; *u.* 3, 7, 7   15 qui] Dinomachus et Callipho; *u.* 3, 7, 7

1 peripaticorum B   3 hoc *in mg.* V, *om.* R   4 quod] od *in ras.* P³
6 dolore B V^{ac} H M R¹   7 num B¹, *corr.* B²   8 haec D V
9 dolore B V^{pc} H¹ M R¹, dorore V^{ac} D¹   10 qui H M   11 quod] quam H M   ueniat B; non e. H M   12 obtare H M; obtauere D V
13 beatum] tū *in ras. m.2?* V   in *in mg.* V, *s.l.* P²   14 non *post* autem *s.l.* P²   15 animalibus H M   quo B   uoluntatem D V¹
16 effecerunt] et fec- D V   17 uoluntati D¹ V   17–19 deditus ... Peripateticorum *om.* R   19 bonum] quorum b. R   multiplex et] multiplicet D V¹   excepti B

beluis potest uideri.   nam corporis bona, id est incolumitas
indolentia ualetudo, non minus sunt mutis quam homini necessaria ac nescio an etiam magis, quia homo et medellis et minis-
teriis subleuari potest, muta non possunt.   item, quae appellant
fortunae bona; nam sicut homini opibus ad uitam tuendam, sic
illis praeda et pabulis opus est.   ita inducendo bonum, quod non
sit in hominis potestate, totum hominem alienae dicioni subiu-
gauerunt.   audiamus etiam Zenonem; nam is interdum uirtutem
somniat. 'summum' inquit 'est bonum cum natura consentanee
uiuere.' beluarum igitur nobis more uiuendum est.   nam quae
abesse debent ab homine, in his omnia deprehenduntur: uoluptates appetunt, metuunt fallunt insidiantur occidunt et, quod ad
rem maxime attinet, deum nesciunt.   quid ergo me docet ut
uiuam secundum naturam, quae ipsa in deterius prona est et
quibusdam blandimentis lenioribus in uitia praecipitat?   uel si
aliam mutorum, aliam hominis dicit esse naturam, quod homo
ad uirtutem sit genitus, non nihil hoc, sed tamen non erit defi-
nitio summi boni, quoniam nullum est animal quod non secundum naturam suam uiuat.   qui scientiam summum bonum fecit,

Epit.: 3, 8, 20–23] 28, 5   24–31] 28, 11

Auct.: 8 Zenonem] SVF I 179   19 qui] Herillus; *u. 3, 7, 8*

1 bona] uana B   3 ac *om.* H; an B   medellis B[pc] D[ac] V[ac] H[ar] MR, -elis D[pc] V[pc] PH[pr]; medull- B[ac]; *u. ind. form.*   4 subleuare D V qui HM   5 fortunae] fortitudinis HM   bonam P[ar]; -num HM   nam *om.* H   sicuti B   6 illius D   indocendo B   quo R[1]   quod non *om.* D V   7 *ad* sit *s.l.* uel situm V[2]   totum] bonum R   aliena R[1]   dicionis R   subiugarunt HM; -gauerint V *(D deest)*   8 his P[ar] H   9 consentanae H, -ne M   10 namque PHMR[1]   11 hiis, h *del. m.3,* P, iis R   omnibus V (D *inc.*)   12 metuunt *s.l.* P[2]   fallunt *om.* R   12–13 quo darem V[1] *(D inc.)*   13 me] e *in ras. m.2* V   15 lenioribus] n *ex* u? B[3]   si *om.* D V   17 hoc D V *edd., Br*; dicit *cet., Win; anteced.* dicit esse   18 quoniam R, qua V *(D inc.)*, quia *cet., edd., Br*   nullam R[ac]   19 summum *om.* M   fecit *s.l.* P[2]

aliquid homini proprium dedit, sed scientiam alterius rei gratia
homines appetunt, non propter ipsam. quis enim scire contentus est non expetens aliquem fructum scientiae? artes ideo dis-
cuntur ut exerceantur, exercentur autem uel ad subsidia uitae uel
ad uoluptatem uel ad gloriam. non est igitur summum bonum,
quod non propter se expetitur. quid ergo interest, utrum scientiam summum bonum putemus an illa ipsa, quae scientia ex se
parit, id est uictum gloriam uoluptatem? quae non sunt homini
propria et ideo ne summa quidem bona; nam uoluptatis et uictus
appetentia non homini solum, sed etiam mutis inest. quid cupiditas gloriae? nonne in equis deprehenditur, cum uictores
exultant, uicti dolent?
  'tantus amor laudum, tantae est uictoria curae.'
nec immerito summus poeta experiendum esse ait,
  'et quis cuique dolor uicto, quae gloria palmae.'
quodsi ea quae parit scientia communia sunt cum aliis animalibus, non est ergo summum bonum scientia. praeterea non
mediocre huius definitionis est uitium, quod scientia nude ponitur. incipient enim beati omnes uideri qui artem aliquam scie-

---

Auct.: **13** Verg. georg. 3, 112   **15** ibid. 102

1 dedit] fecit B¹, *corr.* B³   **3** artes] partes P¹, *corr.* P²; unius B
4 exercentur *s.l.* P³, -cuntur D^ac, -ceantur H^ar   **6** interest] -r se M
utrum] uerum B¹, *corr.* B³   **7** scientia quae HM   scientia] sapientiam, m *exp. m.3*, P   **9** et *om.* HM   summae, ae *ex* a *m.2*, R
quidem *om.* HM   uoluptates HM   **10** adpenitentia P^ac
quo id V¹ *(D deest)*   **12** exultent V¹ *(D deest)*   **13** tantae est *edd.*
(-taest *uel* -tae est *plurimi codd. Verg.)*; tantae B¹ *(deinde s.l. et* B³*)*
VR *cum parte codd. Verg. saec. IX*; tanta|est P, -ta·est H, -taest M; D
deest   **14–15** nec ... palmae *om.* B¹, nec inmerito hd· *in spatio lin.*,
summus ... palmae hs· *in mg. inf. suppl.* B³   **14** experiundum H
15 et] ei V *(D deest)*   uictor HM   gloriae M   **16** pariunt
scientiam P   sunt *om.* V *(D deest)*   **17** scientiam praestare non HM
18 scientiae M   nudae B^ar HM; -da P   **19** incipiunt V^ac P
beati omnes] beatiores P

rint, immo uero qui et res malas scierint, ut tam beatus sit qui uenena didicerit temperare quam qui mederi. quaero igitur, ad quam rem scientia referenda sit. si ad causas rerum naturalium, quae beatitudo mihi erit proposita, si sciero unde Nilus oriatur uel quidquid de caelo physici delirant? quid quod earum rerum non est scientia, sed opinatio, quae pro ingeniis uaria est? restat ut scientia bonorum ac malorum summum bonum sit. cur ergo scientiam maluit quam ipsam sapientiam summum bonum dicere, cum sit utriusque significatio et uis eadem? nemo tamen usque adhuc summum bonum dixit esse sapientiam, quod melius dici potuit. nam scientia parum est ad bonum suscipiendum malumque fugiendum, nisi accedat et uirtus. multi enim philosophorum cum de bonis malisque dissererent, aliter tamen quam loquebantur natura cogente uixerunt, quia uirtute caruerunt. uirtus autem cum scientia coniuncta sapientia est. superest ut eos etiam refellamus, qui uirtutem ipsam summum bonum putauerunt, in qua opinione etiam Marcus Tullius fuit. in quo multum inconsiderati fuerunt. non enim uirtus ipsa est summum bonum, sed effectrix et mater est summi boni, quoniam peruerniri ad illud sine uirtute non potest. utrumque intellectu facile

Epit.: 3, 8, 32–37] 28, 9

Auct.: 17 Tullius] *cf.* Cic. fin. 5, 77–79. Tusc. 5, 1. 18. 21. *al.*

Codd.: 13 *a* filosophorum *ad § 34* iacet *(fol. 60^v col. sin.) in* B *multa euan. rest.* B^3; *extant* B D V P H M R

1 malis D^1 V^1 beatum V^1 *(D deest)*   2 temporare D V   quid B^{ar} meri B^1, *corr.* B^3 3 scientiam H M   4 Nilus] nihil usui B; nilius M   oritur H M   5 quidquid] quid B   rerum *s.l.* B^3 6 scientiam H M   opinio V *(D inc.)*   quae *om.* P   ingentis P^1, *corr.* P^3 6–7 uaria ... ut scientia *om.* P   7 scientiam H M   sit *om.* P   9 ueriusquae B^{ac} 10 quod] quam H M   11 dicere *ex* dicire R^2 scientiam R^{ar} 13 desererent D   14 dixerunt H M   16 ipsam] suam M   17 reputarunt, re *exp. m.2?*, B   opinatione H^{ar} M   marcus B P H M, m̃ D V, ·m· R   qua H   19 et *s.l.* B^3 P^2 peruenire D^{ac} V^{ac} **20–p. 225, 2** ad ... peruerniri *om.* R

est. quaero enim utrumne ad praeclarum illud bonum facile peruenire putent an cum difficultate ac labore. expediant acumen suum erroremque defendant. si facile ad illud ac sine ullo labore perueniri potest, summum bonum non est. quid enim nos cruciemus, quid conficiamus enitendo diebus ac noctibus, quandoquidem tam in promptu id quod quaerimus iacet, ut illud quilibet sine ulla contentione animi comprehendat? sed si commune quoque ac mediocre quodlibet bonum non nisi labore adsequimur, quoniam bonorum natura in arduo posita est, malorum in praecipiti, summo igitur labore summum bonum adsequi necesse est. quod si est uerissimum, ergo altera uirtute opus est, ut perueniamus ad eam uirtutem, quae dicitur summum bonum; quod est incongruens et absurdum, ut uirtus per se ipsam perueniat ad se ipsam. si non potest ad ullum bonum nisi per laborem perueniri, apparet uirtutem esse per quam perueniatur, quoniam in suscipiendis ac perferendis laboribus uis officiumque uirtutis est. ergo summum bonum non potest esse id, per quod necesse est ad aliud perueniri. sed illi cum ignorarent quid efficeret uirtus aut quo tenderet, honestius autem nihil reperirent, substiterunt in ipsius uirtutis nomine, quam nullo proposito emolumento appetendam esse dixerunt, ut bonum sibi

---

1 enim *om.* P   ad ... bonum *om.* P   illum D¹ V¹   **2** peruenire Vac
3 defendat D V¹   si] sed si B   ullo] illo D¹ V¹   **4** quid *ex* quin B³
enim] eni *in ras. 4 litt.* B³   **5** cruciemus] erudie- B¹, *rest.* B³
qui D V¹   ac] et H M   **6** ut] ut et B   **7** sin Pac   si *s.l.* V², *om.*
H M   communione Vac   **8** quodque H M   quolibet Pac H M
9 adsequitur M   **10** praecipitio H M   **13** quod] quodsi B H M R; *cf.*
3, 9, 7   adsurdum D V¹   ut *ex* et P   uirtutibus *ut uid.* B¹, *corr.* B³
13–14 per ... perueniat] tendat per se P   **14** ad se] ad semet B
si *s.l.* B   **15** apparet] ap *in ras.* B²   per quam *om.* D V; *s.l.* si V²
16 *ante* quoniam *s.l.* uel et V²   ac perseuerandis D   uis] uirtus B;
om. D V   officium, que *eras.,* V   **17** uirtus M¹   ergo *om.* D V
bonum *om.* H M   **19** tenderent D V   repperirent *codd. ut saepe;
hinc noniam notatur*   **20** subsistierunt B; *ante pr.* t *1 litt. eras.* V
uirtutis *om.* D V   *post* proposito *s.l. et* B³   **21** ut] et P

38 constituerent quod bono indigeret. Aristoteles ab his non longe
recessit, qui uirtutem cum honestate summum bonum putauit;
quasi possit ulla esse uirtus inhonesta ac non, si quid habuerit
39 turpitudinis, uirtus esse desinat. sed uidit fieri posse, ut de
uirtute prauo iudicio male sentiatur, et ideo existimationi hominum seruiendum putauit; quod qui faciat, a recto bonoque dis-
cedet, quia non est in nostra potestate, ut uirtus pro suis meritis
honestetur. nam quid est honestas nisi honor perpetuus ad ali-
40 quem secundo populi rumore delatus? quid ergo fiet, si errore
ac prauitate hominum mala existimatio subsequatur? abiciemus-
ne uirtutem, quia flagitiosa et turpis ab insipientibus iudicetur?
41 quae quoniam inuidia premi ac uexari potest, ut sit ipsa proprium ac perpetuum bonum, nullo extrinsecus adiumento indi-
42 gere debet, quin suis per se uiribus nitatur et constet. itaque nec
ullum ei ab homine bonum sperandum est nec ullum malum
recusandum.

1   9. Venio nunc ad uerae sapientiae summum bonum. cuius
natura hoc modo determinanda est: primum ut solius hominis sit
nec cadat in ullum aliud animal, deinde ut solius animi nec
communicari possit cum corpore, postremo ut non possit

Epit.: 3, 8, 38–42] 28, 10   3, 9, 1 – 13, 7] 29, 1 – 10, 6 *multis aliunde insertis*   3, 9, 1 . . . bonum] 29, 1 . . . bonum   1–3] *cf.* 28, 2

Codd.: 17 *hinc fere coepit* G *p. 16; legitur § 1* [mod]o . . . cum *tantum*
1 constituerunt B P   quo R[1]   indigerent H M   3 poterit *uel* potest
B[1], *corr.* B[3]; posset R   esse *post* uirtus *lineolis transpos.* B[3]; *u. p. XV*
inhonesta] nisi hon- P   4 uirtutis B   6 faciat D V[1] H M; -cit B P R
Win, ft. recte; -ciet V[2]   arrecto B[ar]; a rectore P[ac]   discedit P H M
7 ut *om.* H M   8 ad *om.* M   9 populo M   deletus D[1] *(et ft.* V[1]; *a in
ras. m.2)*   10 existimatio *om.* H M   aci|emusne V *(D deest)*
11 ab] ab in H M   iudicatur B   13 addimento B   indicere V[1] *(D
inc.)*   14 quiin B[ar] H M   uirtutibus D V P H M   utique P
15 *post* ei *2 litt.* (ut? *Br) eras.* B   ei . . . ullum *om.* M
malum] ei ab omine *(sic)* m. P   16 recusandum] r. est R
19 ne cadat R   in illum animal alium H M   aliud ullum P
solius] s. sit B *(G inc.)*   ne D V

cuiquam sine scientia et uirtute contingere. quae circumscriptio
illas omnes sententias excludit ac soluit; eorum enim quae dixerunt nihil tale est. dicam nunc quid sit, ut doceam quod
institui, philosophos omnes caecos atque insipientes fuisse, qui
quod esset homini summum bonum constitutum nec uidere nec
intellegere nec suspicari aliquando quiuerunt. Anaxagoras,
cum ab eo quaereretur cuius rei causa natus esset, respondit
caeli ac solis uidendi. hanc uocem admirantur omnes ac philo-
sopho dignam iudicant. at ego hunc puto non inuenientem quid
responderet effudisse hoc passim, ne taceret; quod quidem secum, si sapiens fuisset, commentatum meditatumque habere debuit, quia si quis rationem sui nesciat, ne homo sit quidem. sed
putemus non ex tempore dictum illud effusum. uideamus in
tribus uerbis quot et quanta peccauerit: primum, quod omne
hominis officium in solis oculis posuit nihil ad mentem referens,
sed ad corpus omnia. quid? si caecus fuerit, officiumne hominis amittet? quod fieri sine occasu animae non potest. quid ceterae corporis partes? num carebunt suis quaeque muneribus?
quid quod plus est in auribus quam in oculis situm, quoniam
doctrina et sapientia percipi auribus solis potest, oculis solis non

Auct.: **6** Anaxagoras] *cf.* Diog. Laert. 2, 10 = VS 59 A 1 *et 3, 23, 11*

Codd.: **17** *ab* animae *incipit* G *p. 15 paene tota lecta; abhinc extant*
BG DV P HM R

1 scientiam P[ac]   **2** illas B V[2] H M R; -la D V[1] P[1]; -lorum P[2] *edd., Br*
omnis D V[1] R; -ne P[ac]   qui V *(D deest)*   **3** quid] quod B[1], *corr.* B[3]
4 instituit V *(D deest)*   omnis D V[1]   **5** est B[1] *(corr.* B[3]*)* HM; esse
P[1], *corr.* P[3]   hominis R   constituit, *sed del.* P   **6** quiuerunt B;
potuerunt *cet.; u. St 237*   **7** quaeretur P[ac]   **8** admiratur B[1], *corr.* B[3]
9 digna V; prodign- HM   ergo V[ar] *(D deest)*   **11** commentatumque
solum P   **12** quia] et q. DV   nec PR; *cf. 1, 19, 7*   quidam P[ac]
14 quot] quod BP[1] *(corr.* P[3]*)* HMR   quanta] facta V[1] *(D inc.)*
16 qui B   **17** admittet B[ar]; amittit P[ac]   quod] -dsi BPHM; *cf.*
3, 8, 35   **18** num carebunt] non c. HM; carebuntne P   quaecumque R   numeribus B[1], nomini- B[2]   **20** doctrina sapientiae G
oco|lis, *alt.* o *m.3?*, B; oculis *post* solis *s.l.* R[2]   solis *om.* BG

9 potest? caeli ac solis uidendi causa natus es. quis te in hoc
spectaculum induxit aut quid caelo rerumque naturae uisio tua
confert? nimirum ut hoc immensum et admirabile opus laudes.
10 confitere igitur esse rerum omnium constitutorem deum, qui te
in hunc mundum quasi testem laudatoremque tanti sui operis
11 induxit. magnum esse credis uidere caelum atque solem. cur
ergo non gratias agis ei qui huius beneficii auctor est? cur non
ipsius uirtutem prouidentiam potestatem metiris animo, cuius
opera miraris? necesse est enim multo mirabilior sit qui mira-
12 bilia perfecit. si te quispiam uocasset ad cenam in eaque op-
time acceptus esses, num sanus uiderere, si pluris faceres ipsam
uoluptatem quam uoluptatis auctorem? adeo philosophi ad corpus referunt omnia, nihil prorsus ad mentem nec uident amplius
13 quam quod sub oculos uenit. atquin remotis omnibus officiis
corporis in sola mente ponenda est hominis ratio. non ergo ideo
nascimur, ut ea quae sunt facta uideamus, sed ut ipsum factorem
14 rerum omnium contemplemur id est mente cernamus. quare si

Epit.: 3, 9, 13–14] *cf.* 29, 5 . . . *intellegat*

Codd.: **16** *in* ipsum fac | *desinit* G *p. 15, seq. p. 170 bis rescripta, in qua nihil legi potest; ceterum extant* B DV P HM R

1 natus es] nates P^{ac} **2** quid] qui V *(D deest)*   caelo rerumque] c. rerum G; soli *(add. m.2)* | caelorumque R   natura G   **3** confer R^{ac} et] atque R   **4** confiteri R^1 esse rem G; rerum e. P   constitorem DV^1 **5** tantis R^{ar} **6** induxerit R   **7** ego B^{ac} agis *om.* V^1; *s.l. et in mg.* reddis V^2 *(D deest)*   **8** prouidentiam] -des [et] *(inc.)* G   potestate metiris R^{ac} **9** enim] e. ut V *(D inc.)*   **10** si] etsi R   caenam B^{ar} G *cet.*   **11** acceptos V^1 *(D inc.)*   numquid HM   uidere V^1 P^{ac}; uidere se HM   plures B^1 *(corr.* B$^3)$ P^{ac} M^{ac} **12** uoluntatem G (uolū | t-) D^1 V^1 uolumtatis G *ante* auctorem *exp. adeo* D   **12–13** philosophia corpus *sic* P^{ac} **13** prosus P   metem R^1 **14** oculis G   adquin B^{ac} P^{ac} (n *exp. m.1,* t *pro* d *s.l. m.3)* M^1; ad *(inc.)* | quid G   remotis] in r. R   **15** ergo *om.* HM   **17** id est mente V^2 PM^2; mentem i. e. mente B; i. e. mentem mente DV^1 HM^1 R

quis hominem qui uere sapiat interroget, cuius rei causa natus
sit, respondebit intrepidus ac paratus colendi se dei gratia natum,
qui nos ideo generauit, ut ei seruiamus. seruire autem deo nihil 15
aliud est quam bonis operibus tueri et conseruare iustitiam. sed
ille ut homo diuinarum rerum imperitus rem maximam redegit
ad minimum duo sola deligendo, quae sibi diceret intuenda.
quodsi natum se esse dixisset, ut mundum intueretur, quamquam 16
omnia comprehenderet ac maiore uteretur sono, tamen non implesset hominis officium, quia quanto pluris est anima quam
corpus, tanto pluris est deus quam mundus, quia mundum deus
et fecit et regit. non ergo mundus oculis, quia utrumque corpus 17
est, sed deus animo contemplandus est, quia deus ut est ipse
immortalis, sic animum esse uoluit sempiternum. dei autem contemplatio est uenerari et colere communem parentem generis
humani. quod si a philosophis afuit proiectique in terram fu- 18
erunt diuina ignorando, existimandus est Anaxagoras ea, ad
quae uidenda natum esse se dixerit, nec caelum uidisse nec solem. expedita est igitur hominis ratio, si sapiat; cuius propria 19
est humanitas. ipsa humanitas quid est nisi iustitia? quid iustitia
nisi pietas? pietas autem nihil aliud quam dei parentis agnitio.

Epit.: 3, 9, 19] *cf.* 29, 4–6

2 colendis | adei B[1]; e *post* s, a *eras.* B[2]   natum *s.l. et in mg.* V[2]
3 quia P   4 est aliud, *ord. lineolis rest.* V   est *s.l.* B[3]
5 redigit V   6 deligendo P[3] *recc., edd.,* dil- D V P[1] R; diligenda H M;
adfingendo B[1], adfligendo B[2]   7 quod se natum esse H M
8 omnium H M   ac] ad H M   impleret H M   9 quantao D[ac] V[1]
10 corpus ... quam *om.* P   deus et] et d. P; et *om.* H M
11 et regit] erexit D V[1]; *om.* H M   12 sed ... contemplandus est *in
mg. inf.* D   est *ante* quia *om.* H M   est *post* ut *om.* P
13 esse *om.* D V   14 est *om.* M   15 a] ad H   proiecitque D[1] V[1]
16 est *om.* B   ea ad *Betuleius (1563), alii, Heck, 1972, 197;* ad ea
codd. (ea *exp.* V[2], ae *sic* M[1]); ea *del. recc., edd. plurimi, Br ft. recte*
17 uiuenda M   uel dixit *sup.* dixerit V[2]; -rat H M   18 si *s.l.* B[3]
19 ipsa] nam i. P; ⟨sed⟩ i. *Br; trad. def. St 237 sq.*   **19–20** iustitia quid
... nisi *om.* P; quid iustitia *om.* R   quid] q. est D V   20 parentes H

1   10. Summum igitur hominis bonum in sola religione est. nam cetera, etiam quae putantur esse homini propria, in ceteris
2 quoque animalibus reperiuntur. cum enim suas uoces propriis inter se notis discernunt atque dinoscunt, colloqui uidentur. ridendi quoque ratio apparet in his aliqua, cum demulsis auribus contractoque rictu et oculis in lasciuiam resolutis aut homini adludunt aut suis. quid? coniugibus ac fetibus propriis nonne
3 aliquid amori mutuo et indulgentiae simile impertiunt? iam illa quae sibi prospiciunt in futurum et cibos reponunt, habent utique prudentiam. rationis quoque signa in multis deprehenduntur. nam quando utilia sibi appetunt, malo cauent, periculum uitant, latibula sibi parant in plures exitus dispatentia, profecto aliquid
4 intellegunt. potest aliquis negare illis inesse rationem, cum hominem ipsum saepe deludant? nam quibus 'generandi mellis' officium est, cum adsignatas incolunt sedes, castra muniunt, domicilia inenarrabili arte componunt, regi suo seruiunt, nescio an

Epit.: 3, 10, 1–2] *cf.* 28, 4. 6. 29, 5

Auct.: **14** Verg. georg. 4, 205; *ceterum cf.* 4, 8. 153 sq. 108. 179. 159. 210–219

Test.: **14–16** generandi . . . regi] Isid. orig. 12, 8, 1

Codd.: **1** *hinc fere uel paulo antea coepisse uid.* G *p. 169 bis rescripta nusquam legibilis; ceterum extant* B D V P H M R
2 esse homini] hominis H M   in *s.l.* B² **4** natis V^ac
5 apparet *in mg.* V   hiis P, iis R *ft. recte*   aliquam P^ac demultis D V^ac P^ac **6** rictu] c *eras.* B; ritu P^ac M^ac   resolis B¹, *corr.* B² **7** quid] quique H M   ac fetibus] aut f. H M; adfectibus R¹, aut affect- R² **8** inpertiunt, in *in eras.* 2–3 *litt.*, t *s.l. m.3,* B
9 habent] et h. B **10** prudentiam *codd.*; prouidentiam *edd., Br cl. ira* 7, 10, *contra numerum*   multis] 1 *sup. eras. litt.* P **11** utilitas *ut uid.* P^ac   mala, *alt.* a *ex* o, D^pc V² P³   carent P^ac   uitant] uita *in ras.* B²; u. quando P **12** sibi] sua M   parent D^ac   pluris D V^ac   disparentia *(sup.* ten *m.2 uel* ren*)* V; disputantia R¹, -putant iam R²
14 homines ipsos P   diludunt R   **16** inenarrabili B¹, *corr.* B²; -lia V^ar *(D deest)*

in his sit perfecta prudentia.   incertum igitur est, utrumne illa
quae homini tribuuntur communia sint cum aliis uiuentibus, religionis certe sunt expertia.   equidem sic arbitror, uniuersis
animalibus datam esse rationem, sed mutis tantummodo ad
uitam tuendam, homini etiam ad propagandam. et quia in homine ratio ipsa perfecta est, sapientia nominatur, quae in hoc
eximium facit hominem, quod soli datum est intellegere diuina.
qua de re Ciceronis uera sententia est: 'ex tot' inquit 'generibus
nullum est animal praeter hominem, quod habeat notitiam aliquam dei, ipsisque in hominibus nulla gens est neque tam man-
sueta neque tam fera, quae non etiamsi ignoret qualem haberi
deum deceat, tamen habendum sciat.   ex quo efficitur ut is
agnoscat deum, qui unde ortus sit quasi recordetur.'   qui ergo
philosophi uolunt animos omni metu liberare, tollunt etiam religionem et orbant hominem suo proprio ac singulari bono, quod
est a recte uiuendo atque ab omni humanitate diiunctum, quia
deus ut cuncta uiuentia subiecit homini, sic ipsum hominem
sibi.   nam quid est cur idem ipsi disputent eo dirigendam esse

Auct.: **1** §§ 5–6] *cf. Cic. leg. 1, 22*   **8–13** ibid. 1, 24*; cf. Win ad l.*
18 idem] ibid. 1, 26. nat. deor. 2, 140

1 in] non HM   iis R, *ft. recte*   utrum P   **2** sunt V^{ac} HM
2–3 certe sunt religionis *(is ex es)* P   **3** expertia HM; -tes B *(ante s 1
litt. eras.)* P; -ti R; experientia DV *(in mg. m.1?* uel expertia)
et quidem BHMR   **4** animalibus] aliquam a. P   tantum *(modo
exp.)* P   **5** etiam *om.* DV; autem P   et *om.* V *(D deest)*
7 quod *s.l.* V² *(D inc.)*   post soli *s.l.* eidem R²   **9** aliquam *om.* HM
10 omnibus P¹, *corr.* P³   **11** non etiamsi] notitiam si HM *(si s.l.)*
habere *codd. Cic.*   **12** ex *om.* P   quod P¹, *corr.* P³   effigitur
D^{ac} V¹ P¹ *(corr. m.3?)*   ut] illud ut *codd. Cic.*   is] si HM
13 sit] est HM   retortur V *(D deest)*   quia, a *s.l. m.2,* V
14 philosophos HM   omniumetu *sic* DV^{ar}   **15** ornant *sic ras. ex
urbane?* B³   **16** a *om.* HM   recto P¹, *corr.* P³   diiunctum BR^{ac},
disiu- R^{pc} *cet.; cf. 4, 3, 4*   quia ... ut] qui *tantum* B¹, *s.l. suppl.* B³;
quatenus *(in ras. m.1?)* ut et *in mg. m.2* uel quia deus V *(D deest)*

mentem quo uultus erectus est? si enim nobis in caelum spectandum est nihil utique aliud quam ob religionem, si religio
tollitur, nulla nobis ratio cum caelo est. itaque aut eo spectandum est aut in terram procumbendum. in terram procumbere ne
si uelimus quidem possumus, quorum status rectus est. in
caelum igitur spectandum est, quo natura corporis prouocat.
quod si constat esse faciendum, aut ideo faciendum est, ut religioni seruiamus, aut ideo, ut rationem rerum caelestium cognoscamus. sed rationem rerum caelestium cognoscere nullo
modo possumus, quia nihil eiusmodi potest cogitando inueniri,
sicut supra docui. religioni ergo seruiendum est, quam qui non
suscipit, ipse se prosternit in terram et uitam pecudum secutus
humanitate se abdicat. sapientiores igitur imperiti, qui etiamsi
errant in religione deligenda, tamen naturae suae condicionisque
meminerunt.

11. Constat igitur totius humani generis consensu religionem
suscipi oportere. sed quomodo in ea erretur explicandum est.
naturam hominis deus hanc esse uoluit, ut duarum rerum cupi-
dus et appetens esset, religionis et sapientiae. sed homines ideo
falluntur, quod aut religionem suscipiunt omissa sapientia aut
sapientiae soli student omissa religione, cum alterum sine altero
uerum esse non possit. cadunt ergo ad multiplices religiones,

11 supra] 3, 3, 4 sq.

1 quod V *(D deest)*   **2** nihil] ad n. H M*; u. Br ad l.*   aliud utique R
4 terra R   procumbentem D V¹   terra R   procumbe V¹ D *(ut uid.)*
ne si B P², nec si R; si D V P¹; nisi H M   **5** quidem *bis, pr. exp.* B
8–9 cognoscamus ... caelestium *om.* B H M R   **9** sed] si V P¹ *(corr.*
P³; *D deest)*   rerum *in mg.* V   celestium *s.l.* P²   recognoscere
H M   **10** possimus B *(i ex* u*?)* H *(i ex* u*)* M   eiusmodi] eius H M
cogitato H, -tatio M   **11** sicuti R   quam] qua H M^pr, quia M^ar
12 suspicit H   in terram prosternit H M   **14** *ante* deligenda *eras.*
a? B; dil- D V P¹ *(corr.* P³) M *(i ex* e)   **16** generis humani R
16–17 consensum religione suscipio parcere sed H M   **17** ea erretur]
exilaretur *ut uid.* B¹, *corr.* B³   **19** sed] et D V   **20** *post* quod aut *2
litt. eras.* H   **22** possit] sapit M

sed ideo falsas, quia sapientiam reliquerunt, quae illos docere
poterat deos multos esse non posse, aut student sapientiae, sed
ideo falsae, quia religionem summi dei omiserunt, qui eos ad
ueri scientiam potuit erudire. sic homines, qui alterutrum suscipiunt, uitam deuiam maximisque erroribus plenam sequuntur,
quoniam in his duobus inseparabiliter conexis et officium hominis et ueritas omnis inclusa est. miror itaque nullum omnino
philosophorum extitisse, qui sedem ac domicilium summi boni
reperiret. potuerunt enim sic quaerere: quodcumque est summum bonum, necesse est omnibus esse propositum. uoluptas est
quae appetitur a cunctis, sed haec et communis est cum beluis et
honesti uim non habet et satietatem adfert et nimia nocet et
processu minuitur aetatis et multis non contingit; nam qui opibus carent, quorum maior est numerus, etiam uoluptate careant
necesse est. non est igitur summum bonum, sed ne bonum quidem uoluptas. quid diuitiae? multo magis; nam et paucioribus
et plerumque casu et inertibus saepe et nonnumquam scelere
contingunt et optantur ab iis qui eas iam tenent. quid regnum
ipsum? ne id quidem; non enim cuncti homines regnare possunt
et necesse est uniuersos summi boni capaces esse. quaeramus

Epit.: 3, 11, 7–9] 29, 7 necesse ... 8 caduci   9–11] 30, 1; *cf.* 28, 9

Auct.: **15–16** non ... uoluptas] *cf.* Sen. dial. 7, 10, 3

1 falsus D   qui B[1], *corr.* B[3]   reliquaerunt B; -linquer- H[ar] M
2 potuerunt M[1]   **3** qua D V   dei summi R   **5** deuitam V[ar]
poenam D V   **6** duobus] d. atque R   inserabiliter R[1]
et *ante* officium *om.* H M   **8** sedem] edem B[ac], dem V[ac]
atque B   **9** repperirent H M   quocumque D V   est *ante* summum
om. H M   **10** necesse|est *in mg.* D[2]   *ante* uoluptas 2 liit. (si?)
eras. B   **12** habent P[1], *corr.* P[3]   et *ante* nimia *s.l.* P
13 continget B   operibus R   **14** careat B; -rent D[ac]
15 sed ne bonum *om.* P   **16** magis] minus *coni. Br; trad. def.* non sunt
summum bonum *subaudiendo Buen*   et *post* nam *om.* H M
17 nouum quam D V[1]   **18** contingant H M   optantur] non o.
B H M R; *dubitat Win; cf. Le ad l.*   iis R, his *cet.*   **20** est] es R[ac]

igitur aliquid quod propositum sit omnibus. num uirtus? negari non potest, quin et bonum sit et omnium certe bonum. sed si beata esse non potest, quia uis et natura eius in malorum perferentia posita est, non est profecto summum bonum. quaeramus aliud. at nihil uirtute pulchrius, nihil sapiente dignius inueniri potest. si enim uitia ob turpitudinem fugienda sunt, uirtus igitur appetenda est ob decorem. quid ergo? potestne fieri ut, quod bonum, quod honestum esse constat, mercede ac praemio careat sitque tam sterile, ut nihil ex se commodi pariat? labor ille magnus et difficultas et eluctatio aduersus mala, quibus haec uita plena est, aliquid magni boni pariat necesse est. id uero quid esse dicemus? num uoluptatem? at nihil turpe ex honesto nasci potest. num diuitias? num potentatus? at ea quidem fragilia sunt et caduca. num gloriam? num honorem? num memoriam nominis? at haec omnia non sunt in ipsa uirtute, sed in aliorum existimatione atque arbitrio posita. nam saepe uirtus et inuisa est et malo adficitur. debet autem id bonum quod ex ea nascitur ita cohaerere, ut diuelli atque abstrahi nequeat, nec aliter summum bonum uideri potest, quam si et proprium sit uirtutis et tale, ut neque adici quidquam neque detrahi possit. quid quod in his omnibus contemnendis uirtutis officia consis-

1 igitur *om.* R   quo R   2 non *om.* M   sed] et P
3 in] et R   perseuerentia *sic* D   4 bonum *om.* D V H M *contra numerum*   5 at] ad P[ac]; an H M   sapienter? B[ar]; -tiae D; -tia H M
6 uita V[1]   9 sterele, *tert.* e *ex* i *m.3*, B   10 et eluctatio] et *s.l.* B[3]; et luct- H M   11 *ante* aliquid *s.l.* at R[2]   magni *om.* P   boni] mali D V[1]   12 quod H M   dicimus H M   at] ac H M
13 diuitiae B   potestatus D, -testates, *alt.* e *in ras.*, V; potestas? P[ac]
at] ad P[ac] H M   14–15 num honorem num memoria (*sic*) *s.l.* B[3] (*in mg. inf. habuit m.1, sed nunc eras.*)   15 at] ad V[ac] P[ac] H M
ante non *eras.* s V   16 et inuisa] quae est i. B   17 id *om.* B
ex *s.l.* V[2]   18 nequeat] at *s.l.* B[2]   nec *om.* D, *in mg.* V[2]
alter H[1]   19 sum R[1]   uirtutis sit P   20 et] sed H M
ut neque] utque H M   dici B[1] (*corr.* B[3]) H M   quic[quam] (*macula; cf. 3, 12, 9–10*) B   21 quid *macula periit; deinde s.l.* quin B[3]
officio P[1], *corr.* P[2]

tunt? nam uoluptates opes potentias honores eaque omnia quae
pro bonis habentur non concupiscere, non appetere, non amare,
quod ceteri faciunt uicti cupiditate, id est profecto uirtus. aliud
ergo sublimius atque praeclarius efficit nec frustra his praesentibus bonis reluctatur, nisi quod maiora et ueriora desiderat.
non desperemus inueniri posse, modo uerset se cogitatio in omnia; neque enim leuia aut ludicra petuntur praemia.

12. Sed quaeritur, quid sit propter quod nascimur, quid
efficiat uirtus. possumus sic inuestigare: duo sunt ex quibus homo constat, animus et corpus. multa sunt propria animi, multa
propria corporis, multa utrique communia, sicut est ipsa uirtus;
quae quotiens ad corpus refertur, discernendi gratia fortitudo
nominatur. quoniam igitur utrique subiacet fortitudo, utrique
proposita dimicatio est et utrique ex dimicatione uictoria. corpus
quia solidum est et comprehensibile, cum solidis et comprehen-
sibilibus confligat necesse est, animus autem quia tenuis est et
inuisibilis, cum iis congreditur hostibus, qui uideri tangique non
possunt. qui sunt autem hostes animi nisi cupiditates uitia
peccata? quae si uicerit uirtus ac fugauerit, immaculatus erit
animus ac purus. unde igitur colligi potest, quid efficiat animi
fortitudo? nimirum ex coniuncto et pari, hoc est ex corporis

1–2 potentias ... concupiscere *om.* P   **2** concupiscere] cupere B
3 uirtus *codd.*, Hm, Buen *(dubitanter)*; -tutis *Parrhasius (1509), alii,*
Br; *cf. Hofmann–Szantyr 442*   **4** praeclarus H¹   praesentibus]
frequent- H M   **5** eluctatur H M   maiore V¹ *(D deest)*
et ueriora *om.* P   **6** inuenire M   **8** sed *codd., def. Buen; si et uirgulam*
post uirtus *Hm, Br*   quaeramus B   **9** efficit H M   uir[tus] D; uitus
V¹ P^{ac} *(r s.l., it in ras.)*   inuestigare] inuenire B   **10** propriae animi
D V H^{ar} M, -ie a. H^{pr} R   multa] m. sunt R   **11** proprie D H^{pr} R, -iae
V H^{ar} M   **13** utique B¹ *(corr. B²)*; ubique R¹, utrobique R²
subiacet] s. et H M   **14** disposita H M   ex *s.l.* P   **15** et *post* est
om. R   **16** quia tenuis] quatenus V^{ac} *(D inc.)*   est *ante* et *om.* B
17 iis R¹, hiis R², his *cet.*   **18** hostis V   animi *(alt.* i *ex* a) *post finem*
lin. D²   nisi *om.* H M   **20** quideficiat D; q. efficit H M
21 fortitudo] turpi- P¹, *corr.* P³   coniuncti H¹   ex] et H M

fortitudine. quod cum in aliquam congressionem certamenque
uenerit, quid aliud ex uictoria quam uitam petit? siue enim cum
homine siue cum bestia dimices, pro salute certatur. ergo ut
corpus uincendo id adsequitur, ut non intereat, sic et animus, ut
permaneat, et sicut corpus ab hostibus suis uictum morte mul-
tatur, ita superatus a uitiis animus moriatur necesse est. quid
ergo intererit inter animi et corporis dimicationem nisi quod
corpus temporalem uitam expetit, animus sempiternam? si ergo
uirtus per se ipsam beata non est, quoniam in perferendis ut dixi
malis tota uis eius est, si omnia quae pro bonis concupiscuntur
neglegit, si summus eius gradus ad mortem patet, quandoquidem uitam quae optatur a ceteris saepe respuit mortemque quam
ceteri timent fortiter suscipit, si necesse est ut aliquid ex se
magni boni pariat, quia suscepti et superati usque ad mortem
labores sine praemio esse non possunt, si nullum praemium
quod ea dignum sit reperitur in terra, quandoquidem cuncta quae
fragilia et caduca sunt spernit, quid aliud restat nisi ut caeleste
aliquid efficiat, quia terrena uniuersa contemnit, et ad altiora
nitatur, quia humilia despicit? id uero nihil potest esse aliud
quam immortalitas. merito ergo philosophorum non obscurus

Epit.: 3, 12, 7–8] 30, 1

9 dixi] 3, 11, 9

Auct.: **20** § 9] *cf.* Cic. ac. 2, 129

1 fortitudinem P[1], *corr.* P[3]   in *om.* V (D *deest*)   certamen B
3 dimicet H M   **4** id *om.* D V   **5** pereat M[ac]   uictus B
6 superatis? D   a *om.* V (D *deest*)   **7** interest B   **9** se *s.l.* B
ipsa B P H M   **10** est eius H M   **11** si *s.l.* B[3]   ad *s.l.* P
12 uita D[1] V[1]; ista B[1], *corr.* B[3]   qua D[1] V[1]   optantur B[1], *corr.* B[3]
qua D[ac]   **13** si *eras.* M; sic R   **14** pareat D V[1]   suscepti] sustenti
D V   separati H M   **16** quod] quam D[1] V[1]   repperietur B
17 sint D V   aliud *om.* B   caelestia M   **18** ad *om.* B
19 nititur H M   humili P[ac]; humiliora B   dispicit B P; respicit D[1],
-spuit D[2]   **20** opscuris D V[1]

Euclides, qui fuit Megaricorum conditor disciplinae, dissentiens a ceteris id esse dixit summum bonum, quod simile sit et idem semper. intellexit profecto quae sit natura summi boni, licet id non explicauerit, quid sit; id est autem immortalitas nec aliud omnino quidquam, quia sola nec imminui nec augeri nec immutari potest. Seneca quoque imprudens incidit, ut fateretur nullum esse aliud uirtutis praemium quam immortalitatem. laudans enim uirtutem in eo libro, quem de immatura morte conscripsit, 'una' inquit 'res est uirtus, quae nos immortalitate donare possit et pares diis facere.' sed et Stoici, quos secutus est, negant sine uirtute effici posse quemquam beatum. ergo uirtutis praemium beata uita est, si uirtus, ut recte dictum est, beatam uitam facit. non est igitur ut aiunt propter se ipsam uirtus expetenda, sed propter uitam beatam, quae uirtutem necessario sequitur. quod argumentum docere eos potuit, quod esset summum bonum. haec autem uita praesens et corporalis beata esse non potest, quia malis est subiecta per corpus. Epicurus deum beatum et incorruptum uocat, quia sempiternus est. beatitudo enim perfecta esse debet, ut nihil sit quod eam uexare aut minuere aut immutare possit, nec aliter quidquam existimari beatum potest nisi fuerit incorruptum. incorruptum autem nihil est

Epit.: 3, 12, 16–19] 30, 2–3

Auct.: **9–10** Sen. frg. 27 Haase; *cf. Lausberg, 1970, 160–163*
10 Stoici] SVF III 47   **17** Epicurus] frg. 360 Usener

1 dissentens D^1 V^1 **2** s[imile] *(macula; cf. 3, 11, 13–14)* B
3 in[tellex]it B   id *om.* P   **4** quod P   est *om.* R^1, *post* autem *s.l.* R^2
5 mutari B   **6** feteretur D^{ac} V^1 **7** alium B   immrtalitatis V^1
8 quam V^{ac} conscribit D V   **9** nos in inmortalitatem H M^{ar}
dona D^1 V^1 **11** officii D^{ac} V^1 P^{ac} **13** ipsa B H M   **14** beatam
om. P   **16** corporis D V   *ante* beata *exp.* uita P   **17** per corpus]
er corp *in ras. m.3, post* s *2–4 litt. eras.* B   **18** et *om.* H M
19 eam] ex ea H M   inminuere H M R *(imm-)*   **20** aut] au *in ras.*
D; reat V^1 inmutari B^{ac} aestimari, *pr.* a *s.l. m.2*, B
21 *alt.* incorruptum *s.l. m.3 ut uid.* B

nisi quod est immortale. sola ergo immortalitas beata est, quia
corrumpi ac dissolui non potest. quodsi cadit in hominem
uirtus, quod negare nullus potest, cadit et beatitudo; non potest
enim fieri, ut sit miser, qui uirtute est praeditus. si cadit beatitudo, ergo et immortalitas cadit in hominem, quae beata est.
summum igitur bonum sola immortalitas inuenitur, quia nec
aliud animal nec corpus attingit nec potest cuiquam sine scientia
et uirtute, id est sine dei cognitione ac iustitia prouenire. cuius
appetitio quam recta, quam uera sit, ipsa uitae huiusce cupiditas
indicat, quae licet sit temporalis et labore plenissima, expetitur
tamen ab omnibus et optatur; hanc enim tam senes quam pueri,
tam reges quam infimi, tam denique sapientes quam stulti cupiunt. tanti est, ut Anaxagorae uisum est, contemplatio caeli ac
lucis ipsius, ut quascumque miserias libeat sustinere. cum igitur laboriosa haec et breuis uita non tantum hominum, sed etiam
ceterarum animantium consensu magnum bonum esse ducatur,
manifestum est eandem summum ac perfectum fieri bonum, si
et fine careat et omni malo. denique nemo umquam extitisset,
qui hanc ipsam breuem contemneret aut subiret, nisi spe uitae
longioris. nam illi qui pro salute ciuium uoluntariae se neci obtulerunt, sicut Thebis Menoeceus, Athenis Codrus, Romae Cur-

Auct.: **13** Anaxagorae] *u. supra 3, 9, 4*   **21–p. 239, 1** Thebis ... Codrus] *cf.* Cic. Tusc. 1, 116; Romae ... duo] *cf.* Val. Max. 5, 6, 2. 5–6

1 nisi *s.l.* P²   sola *om.* DV   **2** homine V   **3** cadet HMR
4 ut sit *om.* M   sit] si P¹, *corr.* P³   cadet H; cadit et R
5 et *om.* DV   **5–6** cadit in ... immortalitas *in mg. inf.* V
6 quia *om.* P¹, *s.l.* quae P²   **7** scientia et] scientiae DVP¹ (*corr.* P³)
9 quam recta *om.* P   ipsi DV¹; ipsius V²   huius (ce *exp.*) D
10 expetitur] et p- V^ac   **12** reges] res H¹   infirmi H^ar M
capiunt B   **15** hac M   et *om.* HM   **16** consensum HM^ar
esse bonum HM   **17** eadem HM   eandem ... perfectum *om.* P
perfecti R^ac   **18** extitit B   **19** aut] ac HM   subiret ⟨mortem⟩ *edd.*,
Br *male cl. epit. 30, 1; trad. def.* Win   spes HM   **20** nam *ex*
quam? B³   qui *om.* V (D *deest*)   uoluntaria est seneci V (D *deest*)
21 menoecheus PM, meneceus R (*in* D *extat* | cus)   athonis R¹

tius et Mures duo, numquam mortem uitae commodis praetulissent, nisi se immortalitatem opinione ciuium consequi putauissent. qui tametsi nescierunt immortalitatis uiam, res eos tamen non fefellit. si enim uirtus diuitias et opes ideo contemnit, quia   23
fragiles sunt, uoluptates ideo, quia breues, ergo et uitam fragilem breuemque ideo contemnit, ut solidam et perpetuam consequatur. ipsa igitur cogitatio per ordinem gradiens et uniuersa   24
considerans perducit nos ad eximium illud ac singulare cuius causa nascimur bonum. quod si fecissent philosophi, non quod   25
semel apprehenderant tueri pertinaciter maluissent, profecto peruenissent ad uerum hoc, ut ostendi modo. quod si non fuit eorum, qui caelestes animas una cum corporibus extinguunt, illi tamen, qui de immortalitate animae disputant, intellegere debuerunt ideo propositam nobis esse uirtutem, ut perdomitis libidinibus rerumque terrestrium cupiditate superata purae ac uictrices animae ad deum id est ad originem suam reuertantur. idcirco enim soli animantium ad aspectum caeli erecti sumus, ut   26
summum bonum nostrum in summo esse credamus, ideo religionem soli capimus, ut ex hoc sciamus humanum spiritum   27
non esse mortalem, quod deum qui est immortalis et desiderat et agnoscit. igitur ex omnibus philosophis qui aut scientiam pro   28
summo bono aut uirtutem sunt amplexi, tenuerunt quidem ueritatis uiam, sed non peruenerunt ad summum. haec enim duo   29

Epit.: 3, 12, 24–27] *cf.* 30, 3 ad hanc . . . 4 adsequamur

1 mures *exp., s.l.* marii *m. post.* R; mucius, *ante* c *eras.* r, B *sup.* duo *add.* uel qui V² **2** nisi se *om.* V¹, *in mg.* uel nisi V² *(in D extat* nisi *s.l. m.2?)* opinione] de o. B **3** tametsi BR; tamenetsi *cet., Br, Win* **4–6** quia . . . uoluptates quia *(om.* ideo*)* breues . . . ideo contempnit *in mg. inf.* P² **7** ipsa igitur *ex* igitur P³ *ante* ordinem *1 litt. eras.* P **8** ac] et DV **9** causam B^ar non DVR¹; si n. BP; et n. HMR² **10** adpraehenderunt HM **12** *post* una *1–2 litt. eras.* V *(D deest)* extingunt BDVHMR; *cf.* 6, 1, 9 **15** ac *om.* R **17** ad] id HM **19** capiamus R^ar **20** mortale HM

sunt, quae simul efficiant illud quod quaeritur: scientia id praestat, ut quomodo et quo perueniendum sit nouerimus, uirtus, ut
perueniamus. alterum sine altero nihil ualet; ex scientia enim
uirtus, ex uirtute summum bonum nascitur.   beata igitur uita,
quam philosophi quaesierunt semper et quaerunt siue in cultu
deorum siue in philosophia, nulla est et ideo non potuit ab his
reperiri, quia summum bonum non in summo quaesierunt, sed in
imo. summum autem quid est nisi caelum et deus, unde animus
oritur? imum quid nisi terra, unde corpus est?   itaque licet
quidam philosophi summum bonum non corpori, sed animo de-
derint, tamen quoniam illud ad hanc uitam rettulerunt quae cum
corpore terminatur, ad corpus reuoluti sunt, cuius est omne hoc
tempus quod transigitur in terra. quare non immerito summum
bonum non comprehenderunt, quia quidquid spectat ad corpus
et immortalitatis est expers, imum sit necesse est.   non cadit
ergo in hominem beatitudo illo modo quo philosophi putauerunt, sed ita cadit, non ut tunc beatus sit, cum uiuit in corpore,
quod utique ut dissoluatur corrumpi necesse est, sed tunc, cum
anima societate corporis liberata in solo spiritu uiuit.   hoc uno
beati esse in hac uita possumus, si minime beati esse uideamur,
si fugientes inlecebras uoluptatum solique uirtuti seruientes in
omnibus miseriis laboribusque uiuamus, quae sunt exercitia et
corroboramenta uirtutis, si denique asperam illam uiam diffici-

Codd.: **13** *ab* inmerito *incipit* G *p. 10 tota lecta*   **21** si fugientes] *hinc redit* K *(u. p. XXI); hinc extant* B G D V P H M K R

1 quod *om.* M   **2** perueniundum, *alt.* n *ex* m, P   **4** uita *ex* beata B³
6 iis R   **7** qui D V   summum bonum *om.* P   in *s.l.* P³
8 himo H M   animus *s.l.* P   **9** himum H M   *ante* nisi *eras.* est D
10 non *om.* P   sed] et P   **11** ad illud D V   **13** tempus] opus H M
14 expectat B G H M   **15** immortalitatis . . . sit] mortale et periturum
H M   imum] humum G   **16** ullo H M   quod H M R
17 ut tunc] ut tum, *pr.* t *s.l. m.2*, H, ut cum M   **18** tunc *s.l.* G
19 *post* corporis *eras.* liberis P   liberati M   **20** in . . . esse *om.* D V
23 corporamenta G *(po inc.)* D V¹ *(uel* temperamenta *s.l.* V²*)* R; cor-
roboraramenta H^ar   uirtutum s[i]|si G   illam] i *ras. ex* u, ã *m.2* V

lemque teneamus, quae nobis ad beatitudinem patefacta est.
summum igitur bonum quod beatos facit non potest esse nisi in
ea religione atque doctrina, cui spes immortalitatis adiuncta est.
   13.   Res exigere uidetur hoc loco, ut quoniam docuimus
immortalitatem esse summum bonum, id ipsum, immortalem
esse animam, comprobemus.   qua de re ingens inter philosophos disceptatio est, nec quidquam tamen explicare aut probare
potuerunt ii, qui uerum de anima sentiebant.   expertes enim
diuinae huius eruditionis nec argumenta uera quibus uincerent
attulerunt nec testimonia quibus probarent. sed opportunius hanc
quaestionem tractabimus in ultimo libro, cum de uita beata nobis erit disserendum.   superest pars illa philosophiae tertia
quam uocant λογικήν, in qua tota dialectica et omnis loquendi
ratio continetur.   hanc diuina eruditio non desiderat, quia non in
lingua, sed in corde sapientia est nec interest, quali utare sermone. res enim, non uerba quaeruntur. et nos non de gramma-
tico aut oratore, quorum scientia est quomodo loqui deceat, sed
de sapiente disserimus, cuius doctrina est quomodo uiuere

Epit.: 3, 13, 1–3] 30, 4 de ... disseremus   4 ... 5 sermone] 30, 5

11 in ultimo libro] 7, 8, 1 – 13, 11

Codd.:   **10** *in* sed op | *desinit* G *p. 10; seq. p. 9, in qua nihil legitur;
ceterum extant* B D V P H M K R   **16** *a* uerba *usque ad* § 7 philo | *in*
K *p. 61ᵃ parte folii abscissa linearum partes dext. desunt*

2 beatos *om.* D V   **3** cuius H M   immortalitati K   **4** exige Dᵃᶜ
5 id] i *sup. eras. litt.* V, ad D; eo H M K   ipso H M K
immortale P² *(m final. del.)* K; -litatem D Mᵃʳ   **6** animum G; *om.* P
comprobamus H¹ Mᵃᶜ   ingenus Rᵃʳ   **8** ii *edd.,* hii B G, hi *cet. (in* R
hi *ex* ii?)   qui *om.* D V   uero D   sentiebat K   expers K
9 traditionis H M   **10** oportunus V¹   **11** cum *s.l.* B³
12 philosophiae] -phi ac K   tertiae R   **13** quam uocant *s.l.* P²
14 traditio H M   **15** corda M   quali *ex* siali B³   utare] e *exp.* P;
utar R   sermo B¹ *(corr.* B³*);* sermonem H M   **16** res] r *in ras., sup.*
s *eras. m?* B   **17** aut] a. *ex* H M   debeat H M

6 oportet. quodsi neque physica illa ratio necessaria est neque haec logica, quia beatum facere non possunt, restat ut in sola ethica totius philosophiae uis contineatur; ad quam se abiectis
7 omnibus Socrates contulisse dicitur. in qua etiam parte quoniam philosophos errasse docui, qui summum bonum cuius capiendi gratia generati sumus non comprehenderunt, apparet falsam et inanem esse omnem philosophiam, quia nec instruit ad iustitiae munera nec officium hominis rationemque consummat.
8 sciant igitur errare se qui philosophiam putant esse sapientiam; non trahantur auctoritate cuiusquam, sed ueritati potius et faueant et accedant. nullus hic temeritati locus est, in aeternum stultitiae poena subeunda est, si aut persona inanis aut opinio falsa deceperit.
9 homo autem, qualiscumque est, si sibi credit hoc est si homini credit, ut non dicam stultus, qui suum non uideat errorem, certe adrogans est, qui sibi audeat uindicare quod humana condicio non recipit.
10 ipse ille Romanae linguae summus auctor quantum fallatur, licet ex illa sententia peruidere: qui cum in libris officiorum 'philosophiam nihil aliud esse' dixisset

Epit.: 6–7] 30, 6   3, 13, 9–10] 26, 2 sapientia ... sapientia; cf. 29, 6

5 docui] 3, 7, 1 – 8, 42

Auct.: 3–4 ad ... dicitur] cf. Cic. Tusc. 5, 10   **18–p. 243, 12** Cic. off. 2, 5 sq.; cf. 1, 153

1 post fysica del. est D   **3** ethica s.l. P   **5** errare V P (D deest) capiendi] a ex u? B³   **6** sunt D V   **7** esse et inanem B
7–9 quia nec ... qui philosophiam bis, pr. eras. K   **7** nec post quia om. R   **8** omnis M   confirmat B³ (fir ex sum?) P   **9** errasse BHMK   se om. HM   **10** et post potius om. R   fabeant HM
11 cedant, ac eras., B   hic s.l. P³, om. D V   temeritati ex -merari? B³; -tatis D V   est locus K; est om. D V   stultitiae] iustitiae D V
12 si autem H^ar   opinio] immo o. HM   **13** est om. HMK
si s.l. V P³   **13–14** hoc ... credit s.l. m.3 ut uid. B   **14** si om. PHMK   **15** est] et R   **16** recepit VHMK (D deest) ille ipse HMK   **18** philosophia K   esse om. P   dixerit P

'quam studium sapientiae, ipsam autem sapientiam rerum diuinarum et humanarum scientiam', tum adiecit: 'cuius studium qui uituperat, haud sane intellego, quidnam sit quod laudandum putet. nam si oblectatio quaeritur animi requiesque curarum, quae conferri cum eorum studiis potest, qui semper aliquid anquirunt quod spectet et ualeat ad bene beateque uiuendum? siue ratio constantiae uirtutisque ducitur, aut haec est ars aut nulla omnino, per quam eas adsequamur. nullam dicere maximarum rerum artem esse, cum minimarum sine arte nulla sit, hominum est parum considerate loquentium atque in maximis rebus errantium. si autem est aliqua disciplina uirtutis, ubi ea quaeretur, cum ab isto discendi genere discesseris?' equidem tametsi operam dederim, ut quantulamcumque dicendi adsequerer facultatem propter studium docendi, tamen eloquens numquam fui, quippe qui forum ne attigerim quidem. sed necesse est ipsa me faciat causae bonitas eloquentem, ad quam diserte copioseque defendendam scientia diuinitatis et ipsa ueritas sufficit. uellem igitur Ciceronem paulisper ab inferis surgere, ut uir

Codd.: 1 *ab* ipsam *ad § 11* rerum K *p. 61ᵇ folii parte abscissa deest*
2 dum H M cuius] *ante* i *eras. m?* B 3 haut B P *(*t *pro* d *m.3);* aut H M; *spatio relicto om.* R; *cf. 5, 10, 8* sanae Bᵃʳ quin nam H M quod *in mg.* V², *om.* D 4 si] siue *codd. Cic.* requiesaeque Bᵃʳ
5 anquirunt D *(extat* an*)* V ut *codd. Cic.*; inq- B H M; adq- P R
6 expectet B et] aut *s.l.* B² siue] si uero, ro *s.l. m.3,* P
7 uirtutis quae M *sup.* ducitur *hoc uel disertur* V²; dicitur M ars est *codd. Cic.* nullo D Vᵃᶜ P¹ *(corr.* P³) 8 adsequimur V *(*D *deest)* 9 minimarum] inim- D V; m. rerum R siue V *(*D *deest)*
10 parum considerate *om.* P eloquentium P 11 disciplina *in mg.* V², *om.* D quaeritur H M 12 isto] hoc *codd. Cic.* generis Dᵃᶜ V¹ et quidem B 13 quantulumcumque D *(extat* umcumque*)* V 14 docendi] dic- V *(*D *deest)* tamen *om.* P numquam eloquens H M K 15 attigerim D V 15–16 ipsam efficiat Pᵃᶜ H M 16 bonitatis M ad quam] atque ad H, atque M disserte Bᵃʳ H M 17 scientiam Bᵃʳ P¹ *(corr.* P³*)* K¹; sententiam H M
18 paulisper ciceronem H M K resurgere H M

eloquentissimus ab homunculo non diserto doceretur: primum
quidnam sit quod laudandum putet qui uituperat id studium
quod uocatur philosophia; deinde neque illam esse artem qua
uirtus et iustitia discatur nec aliam ullam, sicut putauit; postremo quoniam est uirtutis disciplina, ubi quaerenda sit, cum ab
illo discendi genere discesseris, quod ille non audiendi discen-
dique gratia quaerebat. a quo enim posset audire, cum sciret id
nemo?   sed ut in causis facere solebat, interrogatione uoluit
urguere ad confessionemque perducere, tamquam confideret re-
sponderi prorsus nihil posse, quominus philosophia esset magistra uirtutis. quod quidem in Tusculanis disputationibus aperte
professus est ad eam ipsam conuersa oratione, tamquam se de-
clamatorio dicendi genere iactaret: 'o ⟨uitae⟩ philosophia dux'
inquit 'o uirtutis indagatrix expultrixque uitiorum! quid non
modo nos, sed omnino uita hominum sine te esse potuisset? tu
inuentrix legum, tu magistra morum et disciplinae fuisti'; quasi
uero aliquid per se ipsa sentiret ac non potius ille laudandus

Auct.: **13–16** Cic. Tusc. 5, 5 *(om. tu urbis . . . iunxisti)*

Codd.: **6** *a* discendique *ad §* **15** expul | K *p. 62ª folio abscisso deest*
1 deserto D¹ V¹   **2** quin nam HM   putent P¹, *corr.* P³
id *om.* B   **3** quia Pᵃᶜ Hᵃʳ   **4** sicut] ut P; sic K   **5** *ante* ubi *s.l.*
quae B²   **6** descendi genere R¹; querendi g. K   discendiue R
7 quaerebat] fereb- P   adire D¹ V¹   consciret D; cum scieret P¹,
corr. P³   **8** nemo sed ut *bis, s. u. n. del. m.3* P   **9** urguere BDVP¹,
-gere P³ HMR; *u. ind. form.*   **10** prorsum B   **11** quo DV¹
disputationibus] uirtutibus HM   **12** conuersam orationem B; -so o.
Dᵃᶜ Vᵃᶜ; -sa orationem HM; conuersationem R   **13** lactaret V¹
uitae *ex Cic. add. edd.; ft. Lact. incuria omisit uel non legit in suo Cic.*
14 o *om.* BPR   uirtutis] ueritatis HM   expultrixque BP³R;
excult- DVP¹; ult- HM; *in* K *extat* | trixque; *uariant et codd. Cic.; cf.*
Thes. V 2, 1512, 73–78   quis *ex* quid D²   **15** nos sed] nosse B;
nosset HM   potuisset] potui sed B¹ *(corr.* B³); puto isset D¹ V¹;
putet, *pro* u *s.l. et,* isset *del.,* D²; *om.* K   **16** legum *om.* P
17 se *s.l.* B   ipsam HMK

esset qui eam tribuit. potuit eodem modo gratias agere cibo et
potui, quod sine his rebus constare uita non possit, in quibus ut
sensus ita beneficii nihil est. atquin ut illa corporis alimenta sunt,
sic animae sapientia.

14. Rectius itaque Lucretius, cum eum laudat qui sapientiam
primus inuenit, sed hoc inepte, quod ab homine inuentam putauit; quasi uero illam alicubi iacentem homo ille quem laudabat
inuenerit tamquam 'tibias ad fontem', ut poetae aiunt. quodsi
repertorem sapientiae ut deum laudauit – ita enim dicit:
   'nemo ut opinor, erit mortali corpore cretus.
   nam si, ut ipsa petit maiestas cognita rerum,
   dicendum est, deus ille fuit, deus, inclyte Memmi' –,
tamen non erat sic laudandus deus, quod sapientiam inuenerit,
sed quod hominem fecerit qui posset capere sapientiam; minuit
enim laudem qui partem laudat ex toto. sed ille ut hominem
laudauit, qui tamen ob id ipsum deberet pro deo haberi, quod
sapere inuenerit. nam sic ait:
             'nonne decebit
   hunc hominem numero diuum dignarier esse?'
unde apparet aut Pythagoram uoluisse laudare, qui se primus ut

Auct.: 8 poetae] *cf. Ou. fast. 6, 701–704*   **10–12** Lucr. 5, 6–8
18–19 *ibid.* 5, 50 sq.

Codd.: 16 *a* deberet *ad § 6* magna si *in K p. 62^b folii parte abscissa lineraum partes sin. desunt; ceterum extant* B DV P HM R

1 potuit ... cibo et *bis* DV (t eodem ... cibo et potui *del.* V²)
2 hiis P^{ar}, is R   uita constare B   posset B   in quibus *bis, pr. del. m.3,* P   **3** adquin BHM, atqui K   sunt *om.* DV   **5** eum *om.* HM
6 hoc] in eo B   **7** illicubi H   **8** inuenit HM   tibias] uas P
10 immortali P   creatus HM   **11** sicut HM   **12** dicendus, s eras., B   inclyte BPHMR *ut codd. Lucr., Le,* -clute DV¹ *edd., Br,* -clite V² K   Memmi] meinmi HM   **13** quod] quod sic, c *s.l. m.2,* B   **14** possit P   **17** nam *om.* HM   **19** dignari uerum esse HM
19–20 esse unde] esseum de D¹ V¹ (*post* esse *ins. m.2* t, *sed postea eras. uid.*)   **20** primus] prucius *sic* D

dixi philosophum nominauit, aut Milesium Thalen, qui de rerum
natura primus traditur disputasse.   ita dum hominem quaerit
extollere, rem ipsam depressit; non est enim magna, si ab homine potuit inueniri.   uerum potest ut poetae dari uenia. at ille
idem perfectus orator, idem summus philosophus, ne Graecos
reprehendam quorum leuitatem semper accusat et tamen sequitur, ipsam sapientiam, quam alias 'donum' alias 'inuentum deorum' uocat, poetice figuratam laudat in faciem. grauiter etiam
queritur extitisse aliquos qui eam uituperarent. 'quisquamne' inquit 'uituperare uitae parentem et hoc parricidio se inquinare
audeat et tam impie ingratus esse?'   nos ergo, Marce Tulli,
parricidae sumus et insuendi te iudice in culleum, qui philosophiam negamus 'parentem' esse 'uitae',   an tu, qui aduersus
deum tam impie ingratus es, non hunc cuius effigiem ueneraris

1 dixi] 3, 2, 6; *ad* Thalen *cf.* 1, 5, 16

Auct.:   **7–8** Cic. Tusc. 1, 64   **9–11** ibid. 5, 6

Codd.:   **3** *ab* | ne potuit *extat* K *p. 63 integra*
1 philosophorum BHM   talem HM   **2** naturam *ut uid.* B^{ar}
traditur] dicitur B   disputasse et *ex* -tasset D² ita dum *om.* D, sed
(in ras. m.2?) d. V   quaerit] t *in ras. m.3* B   **3** depressisti, *sola* i
final. eras., B   **4** uerum ... ut] uerum *tantum* HM; p. ut uerum K
ueniam P¹ *(corr.* P³) H^{ar} M; *deinde* potest HM   ille *ex* illa? B
5 *pr.* idem] idest V¹   filosofos DV¹   ne] nec H; et B
6 repraehendit, *post* d eras. a, B   quos P   leuitatis, is *s.l. pro del.*
em *m.3?,* P   **7** donum] domum D^{ac}; deum B   **8** uocant DV¹,
-cauit V²   poeticae *(a eras.)* uocat B   poeticae (-ce K) figuratum
HMK   etiam *om.* HM   **9** queritur P³ H^{pr} K, quaer- P¹ H^{ar} *cet.*
eos uituperent HM   **9–10** uituperare quisquamne *codd.* Cic.
10 uituperare *om.* P   se inquinare se, *pr.* se *eras.,* B   **11** audet B *ut
codd.* Cic., Br *dubitanter*   Marce] m̃ DVP, m· R¹   **12** summus
P^{ac} R^{ar}   culeum V^{ac} P^{ac} *(D deest)*   **13** negamus *in mg.* V², *om.* D
spatio indice   aduersum *ex* diuersum B³   **14** tantam P¹, *corr.* P³
es *om.* V *(2 litt. eras.)* P *(D inc.)*   ueneratis B¹, *corr.* B³; -rari R

in Capitolio sedentem, sed illum qui mundum fecit hominemque
generauit, qui sapientiam quoque ipsam inter cetera caelestia
sua beneficia largitus est? 'magistram' tu 'uirtutis' aut 'parentem uitae' uocas? ad quam si quis accesserit, multo sit incertior
necesse est quam prius fuerit. cuius enim uirtutis? quae ipsa
ubi sita sit, adhuc philosophi non expediunt. cuius uitae? cum
ipsi doctores ante fuerint senectute ac morte confecti quam con-
stituerint, quomodo uiui deceat. cuius 'ueritatis indagatricem'
profiteri potes, qui saepe testaris, 'cum tanta multitudo fuerit
philosophorum, sapientem tamen extitisse adhuc neminem'?
quid ergo te 'magistra' illa 'uitae' docuit? an ut potentissimum
consulem maledictis incesseres eumque hostem patriae uenena-
tis orationibus faceres? sed omittamus illa, quae possunt excusa-
ri fortunae nomine. studuisti nempe philosophiae et quidem sic,
ut nullus umquam diligentius, quippe qui omnes cognoueris disciplinas, sicut ipse gloriari soles, eamque ipsam Latinis litteris

Auct.: 8 *cf. 3, 13, 15*   9–10 *ex* Cic. Tusc. 2, 51 *et* orat. 18 *(de disertis et eloquente) conflatum uid.; cf. etiam* Heck, Eos 75, 1987, 344 n. 37   11 *cf. 3, 13, 15. 15, 10*   16 ipse] Cic. nat. deor. 1, 6. diu. 2, 1. *al.*

Codd.: 4 *a* uoces *incipit* G *p. 96, in qua plura usque ad § 11* ubi et ex *§ 13 paucae litt. leguntur*   10 *a* | pientem tamen *redit* S *(fol. 62ʳ; u. p. XXII); hinc extant* B G D V P H M K S R

1 illi Hᵃᶜ R¹ *(post alt.* i *eras. m.?)*   2 quoque *ex* quo P²; quodque Hᵃʳ M   3 magistram tu uirtutis] tu *om.* P; magistratum u. B; magistrum u. tu K   aut *ex* ut B³   4 uoces B G   ad] at Pᵃᶜ; aut M quem B   5 prius] primum B G   cuius *om.* V *(D inc.)* 6 sita] sit aut B; sit an, n *s.l. m.2,* R   7 constituerit V *(D inc.)* 8 *ante* uiui *exp.* deceat D; uiuere *ex* uiui R²   doceat V¹; deceat aut *(s.l. m.3)* P; -ceant Mᵃʳ   9 potest Bᵃʳ H M K Rᵃʳ   10 adhuc extitisse H M K S   11 qui V¹ *(D deest)*   magistram Sᵃᶜ   uita edocuit K S potissimum B   12 ingessereumque, g *ex* c *m.2,* eum *ex* sem? *m.3,* B 13 orationibus] oni *in ras. m.3* B   illam Pᵃᶜ   excusare D V¹ 14 studuisti *ex* studiustis B   et quidem] nomine H M; *om.* K S 14–15 sic ut] nullusicut D; sic S   15 qui *s.l.* H²   omnis D V¹ R¹ 16 sic K S   ipse *om.* P

14 inlustraueris imitatoremque te Platonis ostenderis. cedo igitur
   quid didiceris aut in qua secta ueritatem deprehenderis. in Aca-
15 demia scilicet, quam secutus es, quam probasti. at haec nihil
   docet nisi ut scias te nihil scire. tui ergo te libri arguunt, quam
   nihil a philosophia disci possit ad uitam; haec tua uerba sunt:
   'mihi autem non modo ad sapientiam caeci uidemur, sed ad ea
   ipsa, quae aliqua ex parte cerni uideantur, hebetes et obtunsi.'
16 si ergo philosophia uitae magistra est, cur tibi ipse caecus et
   hebes et obtunsus uidebare, quem oportuit illa docente et sentire
17 et sapere et in clarissima luce uersari? at quam confisus fueris
   philosophiae ueritate, docent ad filium composita praecepta,
   quibus mones 'philosophiae quidem praecepta noscenda, uiuen-
18 dum autem esse ciuiliter'. quid tam repugnans dici potest? si
   noscenda sunt praecepta philosophiae, ideo utique noscenda
   sunt, ut recte sapienterque uiuamus, uel si ciuiliter uiuendum est,
   non est igitur philosophia sapientia, siquidem melius est ciuiliter
19 quam philosophe uiuere. nam si sapientia est quae dicitur

Auct.: **6–7** Cic. ac. frg. 18 Müller = p. 25, 5–7 Plasberg *(1922)*
12–13 Cic. epist. frg. 8, 4 Watt

Codd.: **7** *ab* [bet]*es et* incipit G *p. 95 praeter § 17 fere tota lecta*

1 te *s.l.* H²   caedo H M K; cedo significat dicit *in mg. m. post.* R
2 dixeris H M   in *om.* H M K S   defenderis H M   academica, *alt.*
c *s.l.*, B   **3** at] ad H M R¹; et K S R²   **5** dici B¹ *(corr.* B²*)*; disci posci
H M   **6** mihi] nihil m. R   uidentur H M   **7** alia D V
cerni uideantur] c. uidentur B; cernuntur H M   haebetes, a *del. m.3,*
B; habet V *(D inc.)*; habetes M Rᵃᶜ   et] est D V   obtunsi] n *del.*
P³, *s.l.* R *(opt-)*   **8** magistraest, st *m.2,* V *(D inc.)*   **9** haebes Bᵃᶜ;
hab- D   uidebar H M; -ris R   quem] et q. G; aequae H, atque,
antea ras., M   docentem B *(G inc.)*   **10** at] ad B D H M Rᵃᶜ
confusus P¹, -fessus P³ R   **11** ueritatem P R; -ti H M   **12** quibus *ex*
qui B³   mone D¹ V¹   **13** si *om.* B   **14–15** praecepta ... sunt *om.* P
15 uel ... uiuendum est *om.* P   est non *om.* G   **16** melius est] e.
maius B G   **17** philosophe B *(-fe)* P, filosofe V¹, -phae H M; -phiae
K S, filosofiae G R¹; filosofice V² R² *(D deest)*   quae] illa q. H M

philosophia, stulte profecto uiuet qui non secundum philosophiam uiuet. si autem non stulte uiuit qui ciuiliter uiuit, sequitur
ut stulte uiuat qui philosophe uiuit. tuo itaque iudicio philosophia stultitiae inanitatisque damnata est. idem in Consolatione, 20
id est in opere non ioculari, hanc de philosophia sententiam
tulisti: 'sed nescio qui nos teneat error ac miserabilis ignoratio
ueri.' ubi est ergo 'philosophiae magisterium' aut quid te docuit
illa 'uitae parens', si uerum miserabiliter ignoras? quodsi haec 21
erroris ignorationisque confessio paene inuito tibi ab intimo pectore expressa est, cur non tibi uerum fateris aliquando, philosophiam, quam tu nihil docentem in caelum laudibus extulisti,
'magistram uirtutis' esse non posse?

15. Eodem ductus errore Seneca – quis enim ueram uiam 1
teneret errante Cicerone? – 'philosophia' inquit 'nihil aliud est
quam recta ratio uiuendi uel honeste uiuendi scientia uel ars
rectae uitae agendae. non errabimus, si dixerimus philosophiam
esse legem bene honesteque uiuendi, et qui dixerit illam regulam uitae, suum illi reddidit.' hic plane non respexit ad com- 2

Auct.: **6–7** Cic. consol. frg. 2 Vitelli = phil. frg. IX 8 Müller
14–18 Sen. frg. 17 Haase; *cf. Lausberg, 1970, 102–105*

Codd.: **9** *in* pectore ex | *desinit* G *p. 95; extant* B DV P HM KS R

1 prouecto KS   uiuit P   **1–2** qui ... stulte uiuit *om.* P
1 non secundum philosophiam] ciuiliter HM   philosophia KS
2 si] sicut K, sic S   non stulte] sapienter HM   stultae G
uiuit] *utroque loco* uiuet BGHM; *post alt. add.* si autem sapienter
uiuet qui ciuiliter uiuet KS   **3** uiuat] uiuit D¹ V   philosophe P,
filosofe BGV¹, -phae HMK *(in* D *extat* fę*)*; -phiae S, filosofiae R¹;
filosofice V² R²   uiuet BG   philosophie P¹, *corr.* P³
5 ioculariter G   **6** tenet PHM   **8** parens] parum D   **9** paene *om.* G
ab intimo *ex* antimo B²   peccatore B   **10** cur non tibi *om.* P
fateris P   **11** sustulisti P   **13** senecta D   uitam KS
14 aliud nichil KS   **15** recte HMKS   uel ... uiuendi *s.l.* D
16 recte B¹ *(corr.* B²*)* MR   **18–p. 250, 4** suum ... uitae *om.* R
18 respexerit P¹, *corr.* P³   communem P¹, *corr.* P²

mune philosophiae nomen. quae cum sit in plures sectas disciplinasque diffusa nihilque habeat certi, nihil denique de quo uniuersi una mente ac uoce consentiant, quid potest esse tam falsum quam regulam uitae philosophiam nominari, in qua diuersitas praeceptorum rectum iter impediat et turbet aut legem bene uiuendi, cuius capita longe dissonant, aut scientiam uitae agendae, in qua nihil aliud efficitur contraria saepe dicendo quam ut nemo quidquam sciat? quaero enim utrumne Academiam philosophiam putet esse an non. negaturum non arbitror. quod si est, nihil ergo illorum cadit in philosophiam, quae ut omnia reddat incerta, legem abrogat, artem nullam putat, rationem subuertit, regulam deprauat, scientiam funditus tollit. falsa igitur illa omnia, quia in rem semper incertam et adhuc nihil explicantem cadere non possunt. nulla itaque ratio uel scientia uel lex bene uiuendi nisi in hac unica et uera et caelesti sapientia constituta est, quae philosophis fuerat ignota. nam illa terrena quoniam falsa est, uaria et multiplex sibique tota contraria est. et sicut unus est huius mundi constitutor et rector deus, una ueritas, ita unam esse ac simplicem sapientiam necesse est, quia quidquid est uerum ac bonum, id perfectum esse non potest, nisi fuerit singulare. quodsi philosophia uitam posset instruere, nulli alii nisi philosophi essent boni, et qui eam non didicissent, essent omnes semper mali. cum uero innumerabiles existant et

1 pluris $D^1 V^1$ HK   2 nihil habeat P   denique *om.* HM
5 et *om.* P   8 enim] igitur P   achademia KS   9–10 putet ... philosophiam *om.* DV   9 an non] an non sit HMKSR
10 est] esset B   illorum ergo R   in] quod in HM
philosophia HM   ut *om.* P   11 reddit P   incerte H
lege HM   putet R^1 rationes P   13 illa *in mg.* V omnia illa KS
14 itaquae B^{ar}; igitur HM   15 una HM   et *post* uera *om.* P
16 nam *om.* R   17 falsa] fallax P   uaria] fit u. P   contra $D^1 V^1$
18 mondi V^1; modi D   una *ex* uni P^3 19 simplice K
est] fuerit P   20 id *om.* S   21 singularem $H^{ar} M^{ar}$ filosophiam B
instituere HM   22 qui eam] e *in ras.* 1–2 *litt.* B^3; quia KS
23 semper *om.* HM   et *om.* BHMKS

semper extiterint qui sint aut fuerint sine ulla doctrina boni, ex philosophis autem perraro fuerit qui aliquid in uita fecerit laude dignum, quis est tandem, qui non uideat eos homines uirtutis, qua ipsi egent, non esse doctores? nam si quis mores eorum 8
5 diligenter inquirat, inueniet iracundos cupidos libidinosos adrogantes proteruos et sub obtentu sapientiae sua uitia celantes, tum domi facientes ea quae in scholis arguissent. mentior fortasse 9 accusandi gratia. nonne id ipsum Tullius et fatetur et queritur? 'quotus quisque' inquit 'philosophorum inuenitur qui sit ita mo-
10 ratus, ita animo ac uita constitutus, ut ratio postulat? qui disci- *222* plinam ⟨suam⟩ non ostentationem scientiae, sed legem uitae putet? qui obtemperet ipse sibi et decretis pareat suis? uidere licet alios tanta leuitate et iactatione, ut his fuerit non didicisse melius, alios pecuniae cupidos, alios gloriae, multos libidinum ser-
15 uos, ut cum eorum uita mirabiliter pugnet oratio.' Nepos 10

Auct.: **9–15** Cic. Tusc. 2, 11 sq.

1 semperque H M K S   extiterintque, que *s.l. m.2*, B; extiterunt D V   aut] aut qui P   aut fuerint *om.* H M   illa H M   **2** fuerint K S; fuiterit, *pr.* t *exp.,* D   fecerit] fuerit, u *exp.,* D   **3** qui est H M   qui non] quin D; qui H M   eos *om.* B   omnes P K S   **4** quia P^{ar} mores] in m. D V P^1 *(in del.* P^3*), prob.* Br   eorum mores K S   **5** inueniat V^1 P   iracundus D^{ac} cupidos] c. et M   adrogantis D^1 V^1 **6** proterbos B; propteruos H^{ar} M R; *cf.* 6, 18, 11   et] et qui R   ob|tentu, ob *in ras. m.3,* B   celantes] -lestes, *pr.* s *exp.,* D, -letes V^1 tum] cum P H M   **7** faciunt P   scolis B D H M S; *u. ind. form.*   arguunt P   fortes se P^1, *corr.* P^2 **8** non D V   *pr.* et *om.* H M   quaeritur B^{ar} H^{ar} M K R   **9** quotus] q. ergo *codd. Cic.*   ita *post* sit] a B^1, *corr.* B^3 **10** ita *ante* animo] tamen B   disciplinam] d. ueram P   **11** ⟨suam⟩ Buen *ex Cic., Br.; cf.* B *infra*   scientiae] suae sc- B   legum R^{ac} uitae *om.* V *(et* D *ut uid.)*   **12** ipsi *codd. Cic. potiores*   suis pareat *codd. Cic.*   **13** alio P^1, *corr.* P^2 tantae leuitatis et iactationis V^2 ut *s.l.* P^3 his B V^2 H M K S R, is V^1 *(et* D *ut uid.),* *om.* P; iis *edd., Br; uariant codd. Cic.*   **14** alios gloriae] g. nonnullos *codd. Cic.*   **15** ut] at H, ad M   uitia, *alt.* i *s.l. m.3?,* B; uitiis P

quoque Cornelius ad eundem Ciceronem ita scribit: 'tantum abest ut ego magistram putem esse uitae philosophiam beataeque uitae perfectricem, ut nullis magis existimem opus esse magistros uiuendi quam plerisque qui in ea disputanda uersantur. uideo enim magnam partem eorum, qui in schola de pudore, de continentia praecipiant argutissime, eosdem in omnium libidinum cupiditatibus uiuere.' item Seneca in Exhortationibus 'plerique' inquit 'philosophorum tales sunt, diserti in conuicium suum. quos si audias in auaritiam, in libidinem, in ambitionem perorantes, indicium professos putes; adeo redundant ad ipsos maledicta in publicum missa. quos non aliter intueri decet quam medicos, quorum tituli remedia habent, pyxides uenena. quosdam uero nec pudor uitiorum tenet, sed patrocinia turpitudini suae fingunt, ut etiam honeste peccare uideantur.' — 'faciet sapiens' inquit idem Seneca 'etiam quae non probabit, ut etiam ad maiora transitum inueniat, nec relinquet mores bonos, sed

Auct.: 1–7 Nep. frg. 39 Marshall   **8–p. 253, 4** Sen. frgg. 18–20 Haase; *cf. Lausberg, 1970, 105–120*

1 ita *om.* HM   describit KS   **2** ego *om.* DV   uitae putem, *om.* esse, HMKS   filosofiae R   **3** nullius R[ar]   existimem *om.* HM   magistris B; -tri HM; -tro R[1], -terio R[2]   **4** uiuendi] recte u. HM   plerisque] s *eras.* B, *exp.* P; plur- D   disputando, do *pro* da *s.l.* V[2]   **5** qui *ex* quod P[2]   scola DVHMS   de HM, *om. cet., ft. recte (cf. St 451);* ⟨et⟩ *edd., Br*   **6** argumentissime V *(in D extat* sime*)*   **7** exorationibus DV, exortat- MKS   **8** inquit] instituit V[1]   sunt] sunt ut sint HM   diserti B[ar] DV   **9** si *s.l.* B[3]   **10** perorantis DV; -ant R   indicium professos] i. suum p. P; professionis i. HM; professionis i. p. KS   professor D, -sso *ut uid.* V[1]   **11** quos] q. nos P   **12** pyxides DVKSR, pux- BHM *Br*, pixyd- P   **13** patrociniae B[ar]   turpitudine V[1] *(D deest),* -nis V[2] HMKSR *(s s.l. m.2?)*   **14** figunt P   uideatur D   faciat V[1] *(D inc.)*   **15** sapiens inquit *edd., Br, Heck, 1972, 197;* i. s. *codd., def. Lausberg auctis quae adferunt Hofmann–Szantyr 402*   etiam] enim HM   probauit BP *(D deest)*   etiam *del. Lausberg ft. recte*   **16** inuenit P[ac]   bonos mores R *Lausberg, numero peiore*

tempori aptabit, et quibus alii utuntur in gloriam aut uoluptatem,
utetur agendae rei causa.'   deinde paulo post: 'omnia quae   14
luxuriosi faciunt quaeque imperiti, faciet et sapiens, sed non
eodem modo eodemque proposito.' atquin nihil interest, quo
animo facias quod fecisse uitiosum est, quia facta cernuntur,
animus non uidetur.   Aristippo Cyrenaicorum magistro cum   15
Laide nobili scorto fuit consuetudo. quod flagitium grauis ille
philosophiae doctor sic defendebat, ut diceret multum inter se et
ceteros Laidis amatores interesse, quod ipse haberet Laidem, alii
a Laide haberentur.   o praeclara et bonis imitanda sapientia!   16
huic uero liberos in disciplinam dares, ut discerent habere meretricem?
aliquid inter se ac perditos interesse dicebat, scilicet
quod illi bona sua perderent, ipse gratis luxuriaretur.   in quo   17
plane sapientior meretrix fuit, quae philosophum habuit pro lenone,
ut ad se omnis iuuentus doctoris exemplo et auctoritate
corrupta sine ullo pudore concurreret.   quid ergo interfuit, quo   18

Epit.: 3, 15, 15–19] 34, 7

Auct.: **6–10** Aristipp. frg. 57 F Mannebach; *cf. Lausberg 120*

Test.: **4–6** Ps. Sen. mor. 3 *(non in mon.); cf. Lausberg 118 sq.*

1 tempori . . . et] temporaplabit *(sic)* ut V *(D deest)*; tempora a. e. HM
1–2 in . . . uoluntatem *(sic)* utatur (a *pro* e *s.l. m.2) in mg.* V
2 causam B   **3** luxoriose V^1 *(D deest)*; -xoria M^{ac} **4** eodemque]
-dem uero R   atqui P^{pc} (n *exp. m.3?)* KS; ad HM   **5** facies P
quo DV^1 fata K^{ac} **6** cirenaecorum, *alt.* e *exp.*, D; cirenae quorum
V^1, *pro* quorum *s.l.* eg corum V^2 **7** grauiter P   **8** ut diceret *om.* B
ante se *ins.* es, *s.l.* esse R^2 et *s.l.* BV^2 *(D deest)*   **8–9** et . . .
interesse *om.* R   **9** laudis B^1, *corr.* B^3 laudem B^1, *corr.* B^3
10 a *s.l.* B^3 D, *om.* V   laude B^1, *corr.* B^3; laidem K^1 a Laide] alia de
H^{ar} (i *eras.)* M   laberentur B^1, *corr.* B^3 **11** uiro *ex* uero P^3
discederent P^1, *corr.* P^3 **12** aliqui id HM; *ante* a. *s.l.* ab eo qui R^2
14 plane BPHM; tamen V *(D deest)*, edd., Br; sane KS, *om.* R
meretrix sapientior HMKS   quae] q. sic, c *s.l. m.2*, V *(D deest)*
pro leno D^1 V^1 P^1 *(corr.* P^3); prole nonne HM   **16** ergo *om.* P

animo philosophus ad meretricem famosissimam commearet, cum eum populus et riuales sui uiderent omnibus perditis nequiorem? nec satis fuit ita uiuere, sed docere etiam libidines coepit ac mores suos de lupanari ad scholam transtulit disserens uoluptatem corporis esse summum bonum. quae doctrina exsecrabilis et pudenda non in corde philosophi, sed in sinu meretricis est nata. nam quid ego de Cynicis loquar, quibus in propatulo coire cum coniugibus mos fuit? quid mirum si a canibus, quorum uitam imitantur, etiam uocabulum nomenque traxerunt? nullum igitur in hac disciplina magisterium uirtutis est, cum etiam illi, qui honestiora praecipiunt, aut non faciant ipsi quae suadent aut si faciunt, quod raro accidit, non disciplina eos ad rectum, sed natura producat, quae saepius etiam indoctos impellit ad laudem.

16. Verum enim cum se perpetuae desidiae tradant nullamque uirtutem capessant et omnem suam uitam nihil aliud quam in eloquendo peragant, quid aliud quam inertes debent putari? sapientia enim nisi in aliquo actu fuerit quo uim suam exerceat, inanis et falsa est recteque Tullius ciuiles uiros, qui rem publicam gubernent, qui urbes aut nouas constituant aut constitutas

Epit.: 3, 15, 20–21] 34, 6

Auct.: **3–5** Aristipp. frg. 183 B Mannebach   **19** Tullius] cf. Cic. rep. 1, 2 sq. 11 sq.; *sunt qui §§ 2–8 Hortensio tribuant*

Test.: **7–10** Isid. orig. 8, 6, 14

Codd.: **1** *ab* animo *incipit* G *p. 94 fere tota lecta*

1 formonsissimam B G   commeare K S   **2** uiderunt H M
4 ac *om.* P   lupanaria P^ar, lupinari H   scolam B D H M; schola K, scola S   **5** uoluntatem D^ac V^1   **9** imitantur] tur *inc., ft. in ligatura* G
10 in *s.l.* B^3   **11** faciant B G P R^1, -iunt R^2 *cet.*   **12** quae] qua D^1 V^1   accedit D^ac; accidunt K S   disciplina] ad d. D^ac V^1   **13** producit B G H M K S   **15** enim] etiam H M   **16** omnes G   nihil] ad n. B G
17 in eloquendo] ne loqu- G; in loqu- K S R   perdant B
18 actum H M^ar   fuit *ex* fuerit V^2   **19** ciuilis D^ac V^1 P
19–20 rem pregubernent D *(plene)* V *(compendio* p̄*); cf. 3, 17, 3*

LACT. INST. III 16 255

aequitate tueantur, qui salutem libertatemque ciuium uel bonis
legibus uel salubribus consiliis uel iudiciis grauibus conseruent,
philosophiae doctoribus praefert. bonos enim facere oportet
potius quam inclusos in angulis facienda praecipere, quae ne
ipsi quidem faciant qui loquuntur; et quoniam se a ueris actibus
remouerunt, apparet eos exercendae linguae causa uel auocandi
gratia artem istam philosophiae repperisse. qui autem docent
tantum nec faciunt, ipsi praeceptis suis detrahunt pondus. quis
enim obtemperet, cum ipsi praeceptores doceant non obtempe-
rare? bonum est autem recta et honesta praecipere, sed nisi et
facias, mendacium est, et est incongruens atque ineptum non in
pectore, sed in labris habere bonitatem. non ergo utilitatem ex
philosophia, sed oblectationem petunt. quod quidem Cicero testatus est. 'profecto' inquit 'omnis istorum disputatio quamquam
uberrimos fontes uirtutis et scientiae continet, tamen collata cum

Auct.: **14–p. 256, 3** Cic. Hortens. frg. 55 Grilli (= phil. frg. V 42 Müller = 18 Straume–Zimmermann); *refertur et ad* rep. *siue* 1, 1 *siue* 1, 30; *u.* Heck, Eos 75, 1987, 335–351; *aliter* Winger, 1999, 460 n. 3080

Codd.: **1** *in* qui sa | *desinit* G *p. 94, seq. p. 93, in qua usque ad § 3* bonos *nonnulla leguntur; ceterum extant* B DV P HM KS R

1 libertatem qui D   **2** iudiciis] ci *s.l.* B[3] (*in* G extat u | dici) conseruentur B[ar]   **3** oportet facere oportet, *alt.* o. *eras.*, M
4 faciendo K, -di, i *in ras.*, S   **5** ipsis V[ar]   faciunt PKS qui] quae KS[1], ut S[2]   loquantur B   a *s.l.* H[2]   ueris] e *ex* i, i *ex* e *uel* o B[2]   **6** remouerunt] re *tantum* DV[1], remouent *in mg.* V[2] uacandi *ex* auocandi P[3]; a. se H; adu- KS *edd.;* a. ⟨animi⟩ *Br; trad. def.* St 234 sq.   **7** repperis R[1]   **8** nec] et V[1]   faciant K[ac] pondus *om.* P   **9** cum ... praeceptores] eorum uerbis quorum mores P
10 sed *s.l.* D   et *post* nisi *om.* HMKS   **11** facies DV[1]
12 labiis BHM   **13** quod quidem] quid quod idem HM
14 ipsorum HMKS   quamquam] quam qui DV[1]; quamuis *s.l.* V[2]
15 scientia, *s.l. ras.*, R   continent B; -neat DV   tamen] nec t. HM conlocata DV   **15–p. 256, 1** cum horum BDVR, cum eorum PKS Br *(et ft. Cic.);* quorum eorum HM

horum actis perfectisque rebus uereor ne non tantum uideatur utilitatis attulisse negotiis hominum quantam oblectationem
6 otiis.' uereri quidem non debuit, cum uerum diceret, sed quasi timeret ne proditi mysterii reus a philosophis citaretur, non est ausus confidenter pronuntiare quod fuit uerum, illos non ideo disputare ut doceant, sed ut se oblectent in otio. qui quoniam auctores sunt rerum gerendarum nec ipsi quidquam gerunt, pro
7 loquacibus sunt habendi. sed profecto quia nihil ad uitam boni adferebant, nec ipsi decretis suis obtemperauerunt nec quisquam per tot saecula inuentus est qui eorum legibus uiueret. abicienda est igitur omnis philosophia, quia non studendum sapientiae, quod fine ac modo caret, sed sapiendum est et quidem mature.
8 non enim nobis altera uita conceditur, ut cum in hac sapientiam quaeramus, in illa sapere possimus; in hac utrumque fieri necesse est. cito inueniri debet, ut cito suscipi possit, ne quid per-
9 eat ex uita, cuius finis incertus est. Ciceronis Hortensius contra philosophiam disserens circumuenitur arguta conclusione, quod cum diceret 'philosophandum non esse', nihilominus philoso-

Epit.: 3, 16, 7 abicienda . . . 8 incertus est] *cf.* 25, 7

Auct.: **16–p. 257, 2** Cic. Hortens. frg. 49 Straume–Zimmermann = 54 Grilli = phil. frg. V 12 Müller

1 actibus B   uereor *ex* uero P   tam B^{ac}   **2** utilitatis B, *om. cet.* quantum B   oblectationemque H M   **3** otiis] s *del.* V²; otio *coni. Br, plur. def.* St 238   **3–4** quasi timeret *om.*, ne *s.l. m.3* P   **4** rebus K S   scitaretur D V   **5** ausus] autem uisus B   ideo *ex* adeo? B; deo D V¹   **7** sum V¹   generendarum B¹, *corr.* B³ quidquam] qui equam K S   pro] cum P   **8** boni *om.* K S   **11** omnis igitur B   **12** quod . . . caret *om.* P   finem K S, fide R et quidem] equ- H M (aeq-)   maturae B^{ar}; naturae V¹ (D *deest*) K S (-re)   **13** concedatur K^{ac}   ut *om.* H M   sapientia K S   **14** possumus D V¹ H R   **15** *post pr.* cito *s.l.* ergo R²   nequit D V   **16** uita cuius *bis,* c. u. *del. m.3,* P   est *om.* H M   **18** | nilhominus D, itinil ominus V¹

phari uidebatur, quoniam philosophi est et quid in uita faciendum uel non faciendum sit disputare. nos ab hac calumnia 10
immunes ac liberi sumus qui philosophiam tollimus, quia humanae cogitationis inuentio est, sophiam defendimus, quia diuina traditio est, eamque ab omnibus suscipi oportere testamur.
ille cum philosophiam tolleret nec melius aliquid adferret, sa- 11
pientiam tollere putabatur eoque facilius de sententia pulsus est,
quia constat hominem non ad stultitiam, sed ad sapientiam nasci. praeterea illud quoque argumentum contra philosophiam 12
ualet plurimum, quo idem est usus Hortensius, 'ex eo posse
intellegi philosophiam non esse sapientiam, quod principium et
origo eius appareat'. 'quando' inquit 'philosophi esse coepe- 13
runt? Thales ut opinor primus. recens haec quidem aetas; ubi
ergo apud antiquiores latuit amor iste inuestigandae ueritatis?'
idem Lucretius ait: 14
    'denique natura haec rerum ratioque reperta est
    nuper, et hanc primus cum primis ipse repertus
    nunc ego sum in patrias qui possim uertere uoces.'
et Seneca 'non sunt' inquit 'mille anni, ex quo initia sapientiae 15

Auct.: **9–14** Cic. ibid. frg. 52 Straume–Zimmermann = 52 Grilli = phil. frg. V 32 Müller   **16–18** Lucr. 5, 335–337   **19–p. 258, 1** Sen. frg. 21 Haase; *cf. Lausberg, 1970, 120–123*

1 philosophis K S   est et B *(prob. Br)*; esset D V H M R; est P K S *recc., edd., Br*   in] de P   faciundum V *(D deest)*   **2** uel non faciendum *om.* H M   ab *ex* ad V^2 **3** immin[es] D^{ac}, innunies *ut uid.* V^1 immunes ac *om.* H M   **4** sophiam] philosophia *(sup. a eras.* ~*)* sapientiam B; phy *(ante lin. m.2?)* sofiam D; philosophiam K S R *(f pro* ph*)*   **5** oportere suscepi *sic* K S   oporteret est amor D   **7** putabat R   **10** pririmum V^1; primum K S   quod H M est] idest, *sed exp. m.3,* B   eo *ex* quo B^3 posset B V^2; -sit V^1 *(D deest)*   **13** tales B P H^{ac} primus *om.* P, -mis M   hac *ex* haec, aetate *ex* -tas V^2 **15** item *ex* idem P^3 **16** ratio quae V H M S *(D deest)* **17** haec B; hac P H M   primus *codd. Lucr.,* -mum *codd. Lact. (in* D extat pri*), ft. huius errore*   **18** patria H, -ae M   **19** nondum *ex* non V^2 sunt] possunt D V^1

mota sunt.' multis igitur saeculis humanum genus sine ratione
uixit. quod inridens Persius
     'postquam' inquit 'sapere urbi
 cum pipere et palmis uenit',
tamquam sapientia cum saporis mercibus fuerit inuecta. quae si
est secundum hominis naturam, cum homine ipso coeperit necesse est, si uero non est, nec capere quidem illam posset humana natura. sed quia recipit, a principio igitur fuisse sapientiam necesse est. ergo philosophia quia non a principio fuit, non est eadem uera sapientia. sed uidelicet Graeci quia sacras ueritatis litteras non attigerant, quemadmodum deprauata esset sapientia nescierunt; et ideo cum uacare sapientia humanam uitam putarent, philosophiam commenti sunt, id est latentem atque ignotam sibi ueritatem disserendo eruere uoluerunt, quod studium per ignorantiam ueri sapientiam putauerunt.

 17. Dixi de philosophia ipsa quam potui breuiter. nunc ad philosophos ueniamus, non ut cum his decertemus, qui stare non possunt, sed ut eos fugientes atque deiectos nostro campo in-

Epit.: 3, 17, 1 – 19, 19 *passim*] 31, 1–10 3, 17, 1] 31, 1 ... dicam

Auct.: **3–4** Pers. 6, 38 sq.

1 motas, *om.* sunt K S ratio B[ac] **2** inredens B[1], *corr.* B[3]; *cf. Thes. VII 2, 414, 37 sq.* **3** inquit] igitur P saepere B[ar]; saperet P H M **3–4** urbi ... et *om.* P **4** piper et B H M uenit *om.* P **5** saporibus R si est *in fine lin.* B[3] **7** est *post* non] e. quod H M ne K R[1] *edd., Br, sed cf. 2, 5, 25* illam quidem H M K S **7–8** posse humanā naturā, ~ *m.3,* P **8** quia *om.* H M recepit P[1] *(corr.* P[3]*)* H M sapientiam] scientiam D V **9** est *post* necesse *in fine lin.* B[2] **10** uidelicet] uellemlic- B[1], *corr.* B[3]; ut scilic- K S qui K S sacris D V[1] **11** attingerant D V depraua V[1] esset] est et D **12** uacaret P **12–13** humanam ... putarent *om.* P **14** dissoluendo P **16** de] per V[1] filosofiam V[ar] ipsa *om.* B; ipsam D[ac]; ipsi V[1] **17** ut *ante* cum *om.* K S his *ex* iis? R[2] hisdem certemus D V; his decertem P **18** diiectos K S; abiectos H M

sequamur. Epicuri disciplina multo celebrior semper fuit quam ceterorum, non quia ueri aliquid adfert, sed quia multos populare nomen uoluptatis inuitat. nemo enim non in uitia pronus est. praeterea ut ad se multitudinem contrahat, apposita singulis quibusque moribus loquitur. desidiosum uetat litteras discere, auarum populari largitione liberat, ignauum prohibet accedere ad rem publicam, pigrum exerceri, timidum militare. inreligiosus audit deos nihil curare, inhumanus et suis commodis seruiens iubetur nihil cuiquam tribuere; omnia enim sua causa facere sapientem. fugienti turbam solitudo laudatur, qui nimium parcus est, discit aqua et polenta uitam posse tolerari. qui odit uxorem, huic enumerantur caelibatus bona, habenti malos liberos orbitas praedicatur, aduersus parentes impio, nullum uinculum esse naturae. impatienti ac delicato dolorem esse omnium malorum maximum dicitur, forti etiam in tormentis beatum esse

Auct.: **1** §§ 2–3] Epicur. frg. 553 Usener; *Id., GGA 1892, 386* = *Kl. Schr. II 362 sq.* §§ 2–7 *Ciceronis Hortensio uindicat* **7** § 4] ibid. frg. 581 **10** fugienti . . . laudatur] frg. 571 **10–11** qui . . . tolerari] frg. 467 **11–13** qui odit . . . praedicatur] frg. 526 **13–14** aduersus . . . naturae] frg. 529 **14–p. 260, 1** impatienti . . . sapientem] frg. 401

1 disciplinam D^{ac} caelerior, *a del.*, B fuit semper B
2 adfert *(uel* aff-*) codd.*, -ferat *recc., edd.,* Br B *falso lecto; cf. Hofmann–Szantyr 588* **3** uoluptatis] ac u. HM; pietatis V^{ac}
4 propterea KS quibuscumque B **5** moribus *om.* P loquimur D^{ac} desidiosos B^1, *corr.* B^3 litteris HM
6 prohibet *om.* KS **7** rem prepigrum D; *cf. 3, 16, 2* publicam *om.* S inreligiosis D^{ac}; inreliosus V^{ac} KS **7–8** inreligiosus . . . curare *om.* P
8 deus DV^1; deum V^2 HM inhumanus et] i. in B; -nu sed HM; -nis et KS seruiens *om.* P; seu- HM **9** facerem D^{ar}
10 sapientiam V^1 partus D^1 V^{ac} **11** disci P^1, *corr.* P^3 pulenta HM uita B^1, *corr.* B^3; uituitam DV^1 tolerare PHMKS (toll- HM) odit] dicit M uxorem] pudorem B **12** habentia malos DV^1, *alt. a exp., s.l.* uel amaros V^2 **13** redigatur DV^1 aduersum KS parentes *om.* D, *s.l.* V^2 impio D^1 *(s s.l. m. post.)* V^1 *Buen (in nota),* Br; -os V^2 *cet., edd.* **14** deligato DV^1
15 forte V^1

6 sapientem. qui claritati ac potentiae studet, huic praecipitur
reges colere, qui molestiam ferre non potest, huic regiam fugere.
7 ita homo astutus ex uariis diuersisque moribus circulum cogit et
dum studet placere omnibus, maiore discordia secum ipse pug-
nauit quam inter se uniuersi. unde autem disciplina eius tota
8 descendat, quam originem habeat, explicandum est. uidebat
Epicurus bonis aduersa semper accidere, paupertatem labores
exilia carorum amissiones, malos contra beatos esse, augeri potentia, honoribus adfici; uidebat innocentiam minus tutam, scelera impune committi; uidebat sine dilectu morum, sine ordine
ac discrimine annorum saeuire mortem, sed alios ad senectutem
peruenire, alios infantes rapi, alios iam robustos interire, alios in
primo adulescentiae flore immaturis funeribus extingui, in bellis
9 meliores potius et uinci et perire. maxime autem commouebat
homines in primis religiosos grauioribus malis adfici, his autem,
qui aut deos omnino neglegerent aut non pie colerent, uel mi-
nora incommoda euenire uel nulla; ipsa etiam saepe templa ful-
10 minibus conflagrare. quod Lucretius queritur, cum dicit de deo:
'tum fulmina mittat et aedes

Auct.: 1 § 6] Epicur. frg. 557 Usener 6 §§ 8–9] ibid. frg. 370
19–p. 261, 3 Lucr. 2, 1101–1104

1 potentiae] sapientiae H M   2 molestiam] miles militiam B
3 cogit] colligit V² *(s.l.)* H¹ M   5 disciplina eius tota] -nae historia B
tota *om.* H M   6 descendet K *(tert. e ex a m.1)* S   7 accedere H¹
8 augere D¹ V¹   10 delectu P² *(pr. e ex i)* K² *(u ex ũ)* S
11 seuere D¹ V¹, seueri D²; seru- S¹   sed ... senectutem *om.* P
12 interisse H M   13 prima H M   adulescentiae D; adholescentia M
inmaturae B¹, *corr.* B³   14 et *ante* uinci *s.l. m.2?* P   15 religiones
K S   grauibus H M   his] duos K S; iis *edd., Br*   16 deo D^ac V¹;
deum *ut uid.* D^pc   piae H M S   17 incommoda] a *s.l. pro* ę *in fine
lin.* D²   euenire] prou- B; uen- D *(init. lin.)* H M K S   ipsa *s.l.* B³
fluminibus P¹, *corr.* P³   18 conflagare D V, -fragla- H M, -flagla- R;
-flare K S   quaeritur B^ar D V^ar H^ar M   19 flumina P¹, *corr.* P³
aedis V¹ (D *deest), Br*

ipse suas disturbet et in deserta recedens
saeuiat exercens telum, quod saepe nocentes
praeterit exanimatque indignos inque merentes.'
quodsi uel exiguam ueritatis auram colligere potuisset, num- 11
quam diceret 'aedes' illum 'suas disturbare', cum ideo disturbet,
quia non sint suae.   Capitolium, quod est Romanae urbis et 12
religionis caput summum, non semel, sed saepius fulmine ictum
conflagrauit.   homines autem ingeniosi quid de hoc existima- 13
uerint, ex dicto Ciceronis apparet, qui ait 'diuinitus extitisse
illam flammam, non quae terrestre illud domicilium Iouis de-
leret, sed quae sublimius magnificentiusque deposceret'.   qua 14
de re etiam in libris consulatus sui eadem dixit quae Lucretius:
   'nam pater altitonans stellanti nixus Olympo
   ipse suas arces atque inclyta templa petiuit
   et Capitolinis iniecit sedibus ignes.'
pertinaci ergo stultitia non modo uim maiestatemque ueri dei 15
non intellexerunt, sed etiam impietatem sui erroris auxerunt, qui
templum caelesti iudicio saepe damnatum restituere contra fas
omne contenderint.   cum haec igitur cogitaret Epicurus, earum 16

Epit.: 3, 17, 16 ... prouidentiam] 31, 1 Epicuri ... prouidentiam

Auct.: **9–11** Cic. Verr. II 4, 69   **13–15** Cic. diu. 1, 19. 2, 45 = carm. frg. 6, 36–38 Blänsdorf   **19** §§ 16–21] Epicur. frg. 370 Usener

1 ipse] saepe *codd. Lucr.*   sua P¹ *(corr.* P³*)* Rᵃᶜ   in *om. codd. Lucr. potiores*   **2** exercente HM   **3** indignos inque] -osque P merentis B¹, *corr.* B²   **4** exigua Dᵃᶜ V   **5** diceret] haec d. HMKS aedis V¹ *(D deest), Br*   suas] suis *(del. m.2)* s. DV   disturbaret S¹; disputare D¹ V¹   **6** sunt HMR   sua HM   est *s.l.* P²   **7** sed] s. et H; et MKS   flumine P¹, *corr.* P³   **7–8** fulmineo ictu confraglauit HM   **9** qui ait] quia ut KS   **10** terrestres Hᵃʳ K; caeleste B   **12** dixit quae] -tque, que *eras.,* DV   **13** altisonans DV stillanti HMKS   **14** suas ... inclyta] suos quondam tumulos ac *Cic. utroque loco*   arcessatque D Vᵃʳ   inclita KS   peti|uit *ex* pat|uit *ut uid. m.1?* B   **15** aedibus BR; saed- HM   **16** pertinaciter B, -ces R stulti B   modo *s.l.* B³   **17** auxerunt] adfer- B¹, auser- B³

rerum uelut iniquitate inductus – sic enim causam rationemque ignoranti uidebatur – existimauit nullam esse prouidentiam.
17 quod cum sibi persuasisset, suscepit etiam defendendum. sic in errores inextricabiles se ipse coniecit. si enim prouidentia nulla est, quomodo tam ordinate, tam disposite mundus effectus est? 'nulla' inquit 'dispositio est; multa enim facta sunt aliter quam fieri debuerunt.' et inuenit homo diuinus quae reprehenderet.
18 quae singula si uacaret refellere, facile ostenderem nec sapientem hunc fuisse nec sanum. item si nulla prouidentia est, quomodo animalium corpora tam prouidenter ordinata sunt, ut singula quaeque membra mirabili ratione disposita sua officia
19 conseruent? 'nihil' inquit 'in procreandis animalibus prouidentiae ratio molita est. nam neque oculi ad uidendum facti sunt neque aures ad audiendum neque lingua ad loquendum neque pedes ad ambulandum, quoniam prius haec nata sunt quam esset loqui uidere audire ambulare. itaque non haec ad usum nata
20 sunt, sed usus ex illis natus est.' si nulla prouidentia est, cur imbres cadunt, fruges oriuntur, arbusta frondescunt? 'non' in-

Epit.: 3, 17, 17 ... effectus est] *cf.* 31, 3 unde ... curat

Auct.: **6–7** *ex* Lucr. 5, 195–234 *condensata uid.*   **12–17** *cf.* ibid. 4, 822–857   **18–p. 263, 2** *cf.* ibid. 5, 156–194

1 ueluti H M K S   inquitatem H M   si H¹   **2** nulla K
3 sibi *s.l.* H   defendum V *(et* D*?)*   sic *s.l.* V²   **4** errores] e. et B¹, et *exp.* B³   extricabiles H M   coniecit] non iec- V *(D deest)*; conclusit P   **5** ordinatae B^ar D V^ar *(ut uid.)*   tam *om.* D V¹, *post finem lin. et* V²   disponite D^ac V¹   **6** dispositio] ratio B; disputatio V¹ *(D deest)*; dispotio P   **7** reprehenderat R   **8** refellere] r. et *ut uid.* D¹, -ret V¹ K S, -rem D² V²   eostenderem, *pr.* e *del. m.3*, B
10 prudenter H M K S   ordinata B D² P; ornati D¹, ornata *cet.*
11 membra *in mg.* P²   **14** ad *post* aures *om.* H M   neque *ante* lingua] nec P   **15** essent B¹, *corr.* B³   **16** loqui ... ambulare] qui loqueretur uideret audiret ambularet P; u. aud- l. amb- *Br ft. recte; cf. anteced. et* 2, 2, 15 *(loqui deest opif.* 6, 8; *duas series exhibet Lucr.)*   usus P   nata sunt *om.* H M K S   **18** inbres B   fruges] frigores H M   oriantur D V; o. *ex* orri- P³   inquiunt H M K S

quit 'animantium causa ista fiunt, quoniam prouidentiae nihil 21
prosunt, sed omnia sua sponte fieri necesse est.' unde ergo
nascuntur aut quomodo fiunt omnia quae geruntur? 'non est'
inquit 'prouidentiae opus; sunt enim semina per inane uolitantia,
5 quibus inter se temere conglobatis uniuersa gignuntur atque con-
crescunt.' cur igitur illa non sentimus aut cernimus? 'quia nec 22
colorem habent' inquit 'nec calorem ullum nec odorem. saporis
quoque et umoris expertia sunt et tam minuta, ut secari ac diuidi
nequeant.' sic eum, quia falsum in principio susceperat, con- 23
10 sequentium rerum necessitas ad deliramenta perduxit. ubi enim
sunt aut unde ista corpuscula? cur nemo illa praeter unum Leu-
cippum somniauit, a quo Democritus eruditus hereditatem stultitiae reliquit Epicuro? quae si sunt corpuscula et quidem so- 24
lida ut dicunt, sub oculos certe uenire possunt. si eadem est
15 natura omnium, quomodo res uarias efficiunt? 'uario' inquit
'ordine ac positione conueniunt sicut litterae; quae cum sint
paucae, uarie tamen collocatae innumerabilia uerba conficiunt.'

Epit.: 3, 17, 21–27] 31, 4–5

Auct.: **3–6** *ex* Lucr. 1, 483–634. 2, 62–166. 1048–1066 *condensata uid.* **6** §§ 22–27] Epicur. frg. 287 Usener **6–8** quia … sunt] *cf.* Lucr. 2, 737 sq. 842–864 **8–9** tam … nequeant] *cf.* ibid. 1, 528–535. 599–618 **15–17** *cf.* ibid. 2, 478–480. 686–699

Codd.: **15** *post* omnium *ad § 33* inquit *sine distinctione uel nota transsiliunt* D V; *hinc extant* B P H M K S R

1 animantium] semper a. D V **3** egeruntur V^{ar}; geruntur K S **4** opus *bis, alt. exp.* D uoluntantie M; uolantia K S **5** conglobati sunt uersa D^1 (*pro* i *s.l.* a D^2) V^1 crescunt H M **7** calorem H M inquit *om.* H M colorem H M **8** et umoris] tum- D V^1, *antea in fine lin.* ac V^2; et hum- K S experta B^{ar} tamquam B^{ar} minuta] m. inquid H M **10** derliramenta D^{ac}, delirem- V^{ac}, dilaram- P^1, *corr.* P^3 **11** unde] u. sint B cur *s.l.* V Leucippum] le *m.1, cetera in ras. m.3* B; *pr.* p *s.l.* P^3 **13** et quidem] equ- H M K S solidata D V **15** hominum H M K S **16** compositione K S sic S **17** pauca P^1, *corr.* P^3 uarie B^{pr} P^3 *edd.*, -riae B^{ar} P^1 *cet.*

25 at litterae uarias formas habent. 'ita' inquit 'et haec ipsa primordia; nam sunt aspera, sunt hamata, sunt leuia.' secari ergo ac diuidi possunt, si aliquid inest illis quod emineat. si autem leuia sunt et hamis indigent, cohaerere non possunt. hamata igitur
26 esse oportet, ut possint inuicem concatenari. cum uero tam minuta esse dicantur, ut nulla ferri acie dissici ualeant, quomodo hamos aut angulos habent? quos, quia extant, necesse est posse
27 diuelli. deinde quo foedere inter se, qua mente conueniunt, ut ex iis aliquid construatur? si sensu carent, nec coire tam disposite possunt, quia non potest quidquam rationale perficere nisi
28 ratio. quam multis coargui haec uanitas potest! sed properat oratio. hic est ille,

'qui genus humanum ingenio superauit et omnes
restinxit, stellas exortus ut aetherius sol'.

29 quos equidem uersus numquam sine risu legere possum. non enim de Socrate hoc saltem aut Platone dicebat, qui uelut reges habentur philosophorum, sed de homine, quo sano ac uigente nullus aeger ineptius delirauit. itaque poeta inanissimus leonis
30 laudibus murem non ornauit, sed obruit et obtriuit. at idem nos

Epit.: 3, 17, 30–33] *cf.* 31, 6 ... facit

Auct.: **1–2** *cf.* Lucr. 2, 333–477 *passim*   **13–14** ibid. 3, 1043 sq.

1 literae *ex* litera P³   **2** amata B¹ *(corr.* B³*)* Pᵖʳ *(h eras.)* M K S   **3** inest] est in B; inest in H M   emineat *ex* imi- P³   **4** hamis *ex* amis B³; humoris P K S, umoris H M R   cohere H¹; cohercere K S   amata Bᵃʳ Pᵖʳ *(h eras.)* S; amant R   **5** esse *ex* se P³; sese R   **7** amos B P   habeant H K S   **8** diuellit Bᵃʳ   deinde *ex* denique B³   ut *s.l.* B³   **9** iis R *edd.*, hiis P, his *cet.*   conseratur B *Usener, ft. recte*   dispositae Bᵃʳ H M; -ta P   **11–12** quam ... oratio *om.* R   **14** extinxit P; restri- M   exortus] et ort- P   uti P   aerius *codd. Lucr.*   **15** risu] uersu K S   legeris Rᵃᶜ   **16** aut Platone hoc saltim P   **17** ⟨eo⟩ homine *coni.* Br *(in addendis), sed u.* St 239   ac *om.* H M K S   **18** inertius B   leonum H M; -nem K S   **19** exornauit H M   obtriuit *ex* obstruit B³

liberat metu mortis, de qua haec ipsius expressa uerba sunt: 'quando nos sumus, mors non est, quando mors est, nos non sumus. mors ergo nihil ad nos.' quam argute nos fefellit! quasi uero transacta mors timeatur, qua iam sensus ereptus est, ac non ipsum mori, quo sensus eripitur. est enim tempus aliquod, quo et nos iam non sumus et mors tamen nondum est, idque ipsum uidetur esse miserum, quo et mors esse incipit et nos esse desinimus; nec frustra dictum est: 'mors misera non est, aditus ad mortem est miser', hoc est morbo tabescere, ictum perpeti, ferrum corpore excipere, ardere igni, dentibus laniari. haec sunt quae timentur, non quia mortem adferunt, sed quia dolorem magnum. quin potius effice, ne dolor malum sit. 'omnium' inquit 'malorum maximum est.' qui ergo possum non timere, si id quod mortem antecedit aut efficit, malum est? quid quod totum illud argumentum falsum est, quia non intereunt animae? '⟨minime⟩ uero;' inquit 'nam quod cum corpore nascitur, cum cor-

Auct.: **2–3** Epicur. ap. Diog. Laert. 10, 125   **8–9** Quint. inst. 8, 5, 5 = Trag. inc. 203 Ribbeck; *cf. Lausberg, 1970, 163*   **12–13** quin ... maximum est] Epicur. frg. 401 Usener   **14–p. 266, 1** quid ... 34 necesse est] ibid. frg. 336

Codd.: **4** *a* uero *incipit* G *p. 101 paene tota (pars § 33 inc.) lecta*   **12** *ab* inquit *redeunt* D V *(u. § 24); hinc extant* B G D V P HM K S R

2 est nos *in ras.?* P   **4** qua PH[pr] MS[pr], quia BGH[ar] R, quam KS[ar] iam *om.* K S   **6** iam *s.l.* K   idque] et i. R   **7** esse *om.* HM quo BGP *(respondet* idque *sc. tempus; cf. Hm et Buen ad l.); quod* R *edd., Fr, Br; cum* HMKS *edd., Hm, Buen, Le*   **8** est *post* dictum *om.* HM   aditum H[1]   **9** morte HM   est morbo] ergo genere m. HM ictu KS   **10** igne *ex* igni R[2]   **12** quin potius effice ne PR *(G inc., sed spatio indice sim.; cf. Brandt, 1884, 286);* q. p. efficit ut KS; inquit p. efficit ut HM; quae res p. efficit ut B; *cf.* 2, 3, 4   inquit omnium P **13** est *s.l.* P[2]   qui] quid BV[2] *(G inc.)*   possum non R; n. p. B[3]; n. possunt B[1] *(et* G?); non p. n. *cet.; recte dist.* Br   **14** quid *om.* HM **15** illum DV[ac]   argumentum illud KS   intereant D   ⟨minime⟩ uero Thilo, Br; uero DV[1] PHMKSR[1], *uix recte def. Cellarius (1698), Buen;* -rum BG; -re V[2]; uero inquit *del.* R[2]   **16** quod *s.l.* V[2]

pore intereat necesse est.' iam superius dixi differre me hunc locum et operi ultimo reseruare, ut hanc Epicuri persuasionem, siue illa Democriti siue Dicaearchi fuit, et argumentis et diuinis testimoniis redarguam. uerum ille fortasse impunitatem uitiis suis spopondit; fuit enim turpissimae uoluptatis adsertor, cuius capiendae causa nasci hominem putauit. quis cum hoc adfirmari audiat, uitiis et sceleribus abstineat? nam si periturae sunt animae, appetamus diuitias, ut omnes suauitates capere possimus. quae si nobis desunt, ab his qui habent auferamus clam dolo ui; eo magis, si humanas res nullus deus curat, quandocumque spes impunitatis adriserit, rapiamus necemus. sapientis est enim male facere, si et utile sit et tutum, quoniam si quis in caelo deus est, non irascitur cuiquam. aeque stulti est bene facere, quia sicut ira non commouetur, ita nec gratia tangitur. uoluptatibus igitur quoquo modo possumus seruiamus; breui enim tempore nulli erimus omnino. ergo nullum diem, nullum denique temporis punctum fluere nobis sine uoluptate patiamur, ne quia ipsi quandoque perituri sumus, id ipsum quod uiximus

1 superius] 3, 13, 3

Auct.: **15** § 38] Epicur. frg. 491 Usener

Codd.: **7** in [pe] | *desinit* G *p. 101, a* | *riturae seq. p. 102 fere tota lecta*
1 dixit V^{ac} disserere HM   me] melius DV   **2** seruarem *sic* HM
persuasione B^1, *corr.* B^3 **3** illam HM   archi | dice B^1, *lineolis (u. p. XV) corr.* B^3 et diuinis *s.l.* P^2 **4** inpuni tamen D^1 V^1; i. tamen D^2; inpune tamen V^2 **5** suis *s.l.* P^2 spondit H^1, spospon- H^2; spoponte R^1 **6** hoc *om.* P   **7** audeat HMSR^2 *(e ex i)*; audat K   diuitiis V^{ac} **8** omnis R^1 possumus D^{ac} **9** his *codd.*, iis *edd.*, Br
10 ui *in ras. 4–5 litt.* P^3 eo] ego G   deus nullus KS
11 necemus *om.* DV   sapi | ent̄, *i. e.* -nter R   **12** enim *om.* G
13 caelis HMKS   cuiquam *om.* DV   aeque *ex* et quae B^3
stultitia V^1 **14** mouetur HM   **15** quoquo] quo BP   enim breui D^1 V^1 **16** erumus G   diem nullum *om.* P   **17** nobis sine] nouissime B   uoluptatibus HM   patiamus DV^{ac} **18** nec B   quando D   diximus HM; uiuimus Usener *cl. Sen. epist. 99, 31*, Br

pereat. haec ille tametsi non dicit uerbo, re tamen ipsa docet. 39
nam cum disputat omnia sapientem sua causa facere, ad utilitatem suam refert omnia quae agit. ita qui audit haec flagitia, nec 40
boni quidquam faciendum putabit, quoniam bene facere ad utilitatem spectat alienam, nec ab scelere abstinendum, quia maleficio praeda coniuncta est. archipirata quispiam uel latronum 41
ductor si suos ad grassandum cohortetur, quo alio sermone uti
potest quam ut eadem dicat quae dicit Epicurus? deos nihil 42
curare; non ira, non gratia tangi; inferorum poenas non esse
metuendas, quod animae post mortem occidant nec ulli omnino
sint inferi; uoluptatem esse maximum bonum; nullam esse humanam societatem; sibi quemque consulere; neminem esse qui
alterum diligat nisi sua causa; mortem non esse metuendam forti
uiro nec ullum dolorem, qui etiamsi torqueatur, si uratur, nihil
curare se dicat. est plane cur quisquam putet hanc uocem uiri 43
esse sapientis, quae potest latronibus aptissime commodari!

Epit.: 3, 17, 39 . . . docet] *cf.* 31, 3 uerbo . . . re

Auct.: 2–3 cum . . . agit] Epicur. frg. 581 Usener   9–11 inferorum . . . inferi] ibid. frg. 341   11–12 nullam . . . consulere] ibid. frg. 523   12–13 neminem . . . causa] ibid. frg. 540   13–15 mortem . . . dicat] ibid. frg. 601

Codd.: 10 *in* [metuendas] *desinit* G *p. 102; extant* B D V P H M K S R
1 pereat] pareat B¹, *corr.* B³; perdere (peruidere M) uideamur H M illa K S   tametsi] thales si B; talis si G   dicit *om.* B G uer[bis] *ut uid.* G   rem? D^ar V^ar   ips[u]m *uel* ips[a]m G; ipse R^ac docet] dicit H M   2 sapiente H M   2–3 ad . . . refert] fert *tantum* P   3 *post* suam *1 litt. eras.* D   itaque qui B G *prob. Br*   audi H¹, -diet H² M (-iaet)   4 faciendum] ita f. R   putauit G V^ac P¹ *(corr.* P²*)* K S R   facere *s.l.* P³   5 a D P R   6 arcipirata B G quisquam D V   7 quod D^ar V¹   8 dicat] -cit V^ac   dicit] -cet G deum H M   9 ira] ita K S   tanti S   10 animas, s *ex* e, R²
11 uoluntatem P¹, *corr.* P³   12 nemine K¹ S   13 deligat P¹, *corr.* P³
14 quin P   etiamsi] si B   si *om.* B   15 quisquam] qui *in ras., s s.l.* V² (D *inc.*)   putat R; inputet P   16 possit B; post D¹ V¹ apertissime K S

1   18. Alii autem contraria his disserunt, superesse animas post mortem, et hi sunt maxime Pythagorei ac Stoici. quibus etsi ignoscendum est, quia uerum sentiunt, non possum tamen non reprehendere eos, quia non scientia, sed casu inciderunt in ueritatem. itaque in eo ipso, quod recte sentiebant, aliquid errarunt.
2   nam cum timerent argumentum illud, quo colligitur necesse esse ut occidant animae cum corporibus, quia cum corporibus nascuntur, dixerunt non nasci animas, sed insinuari potius in cor-
3   pora et de aliis in alia migrare. non putauerunt aliter fieri posse ut supersint animae post corpora, nisi uideantur fuisse ante corpora. par igitur ac prope similis error est partis utriusque. sed
4   haec in praeterito falsa est, illa in futuro. nemo enim uidit quod est uerissimum, et nasci animas et non occidere, quia cur id fieret aut quae ratio esset hominis nescierunt. multi ergo ex iis,
5   qui aeternas esse animas suspicabantur, tamquam in caelum migraturi essent, sibi ipsi manus intulerunt, ut Cleanthes, ut Chrysippus, ut Zenon, ut Empedocles, qui se in ardentis Aetnae specus intempesta nocte deiecit, ut cum repente non apparuisset,

Epit.: 3, 18, 1–3] *cf.* 31, 7   3, 18, 5–11] 34, 8–12

Auct.: **16** Cleanthes] *cf.* Diog. Laert. 7, 176   **17** Chrysippus] *cf.* ibid. 7, 184 sq.   Zenon] *cf.* ibid. 7, 28   Empedocles] *cf.* ibid. 8, 69   **18** intempesta nocte] *cf.* Lucr. 5, 986. Verg. Aen. 3, 587

1 iis R   **2** hii P¹ *(corr.* P³*)* H M, ii R   hi sunt] his K¹ S   maxime] max *in ras.*, i *s.l. m.3, sup. e eras. a* B   pythagore B^{ac}; -gorici P; -gora rei S   **3** possunt D V; -sumus R   **4** qui D V R   inciderint P   **5** quo H M   sentiebat K^{ac}   **6** illum B¹, *corr.* B³   quod H M   colligitur] igi *in ras. 3–4 litt.* B³   est B¹ *(corr.* B³*)* V *(*D *deest);* est esse H M   **7** cum corporibus *om.* P   quae P   **8** corpore R   **9** in *om.* P¹, ad *s.l.* P³   potauerunt P^{ac}   alter K¹ S   **10** ut *om.* P   superstites animas P   antea? P^{ar}   **11** error *om.* B¹, *post* est *in fine lin.* B³   **12** illa *s.l.* B³   **14** fieret] f. et V *(*D *deest);* ferit P¹, *corr.* P³   homines V² (e *ex* i; D *inc.*) P S   iis R, his *cet.*   **15** quia K S   **16** luceanthes B¹, *corr.* B³   **17** seno D V   ut] aut R   Aetnae] aeternae K S   **18** specus *om.* V¹, *in mg.* uel igne V² *(*D *deest);* -cui B   noctis S *(*K *inc.)*

abisse ad deos crederetur, et ex Romanis Cato, qui fuit in omni
sua uita Socraticae uanitatis imitator. nam Democritus in alia **6**
fuit persuasione, sed tamen
      'sponte sua leto caput obuius obtulit ipse',
quo nihil sceleratius fieri potest. nam si homicida nefarius est,
quia hominis extinctor est, eidem sceleri obstrictus est qui se
necat, quia hominem necat. immo uero maius esse id facinus **7**
existimandum est, cuius ultio soli deo subiacet. nam sicut in
hanc uitam non nostra sponte uenimus, ita rursus ex hoc do- *238*
micilio corporis, quod tuendum nobis adsignatum est, eiusdem
iussu recedendum est, qui nos in hoc corpus induxit tamdiu
habitaturos, donec iubeat emitti. et si uis aliqua inferatur, aequa
mente patiendum, cum extincta innocentis anima inulta esse non
possit habeamusque iudicem magnum, cui soli uindicta in in-
tegro semper est. homicidae igitur illi omnes philosophi et ipse **8**
Romanae sapientiae princeps Cato, qui antequam se occideret,
perlegisse Platonis librum dicitur, qui est scriptus de aeternitate

Auct.: **2** Democritus] Cic. ac. 2, 121 = VS 68 A 80   **4** Lucr. 3, 1041
17 dicitur] *cf.* Plut. Cato min. 68, 2

Test.: **5–7** *cf.* Aug. ciu. 1, 17 p. 28, 24–27   **15** §§ 8–12] *cf.* ibid.
1, 23 sq. *passim*

1 a deos P   **1–2** in ... uita] in omnis uani | *(cet. desunt)*, in *et* uani
exp., D   **2** uita sua K S   socraticae *codd.* (D *inc.*), *error auctoris*;
Stoicae *Betuleius (1563), edd., Br cl. § 11, sed cf. § 8 et Heck, 1993,
410*   democritos D^{ac} V^{ac} **4** laeto K S   obuicis K S
ipso, o *s.l. pro* e *m.3*, P; ipse *bis* S   **5** quod D; quoque P
sceleratius nichil K S   celeratus V^1; sceleratus P^1 *(corr.* P^3; *in* D *extat
eleratius)*   est *ante* quia *om.* P R   **6** idem H M   **7** negat P^{ar}
qui B   negat P^1, *corr.* P^3 esse *ex* est B^3 **8** sicut] c *s.l.* P^3;
sicum R   **9** hac uita B D V   *post* non *exp.* in P^3 rursum B
10 adsignandum V^{ac}; acsi- P^1, *corr.* P^3 eius dei *ex* eiusdem H^2
11 tamdiu] namd- R   **12** inhabitaturos B; -tatores R   aequa *ex*
eaque B^2; aequae K^1 S   **13** mentes K S   patiendum] p. est B P;
inferendum K S   **14** in *om.* D V K S   integra D V   **15** illi *om.* H M
homines P   **16** principes B^{ac} **17** scriptum D^1 V^1 *(-bt-)*

animarum, et ad summum nefas philosophi auctoritate compulsus est. et hic tamen aliquam moriendi causam uidetur habuisse, odium seruitutis. quid Ambraciotes ille, qui cum eundem librum perlegisset, praecipitem se dedit nullam aliam ob causam nisi quod Platoni credidit? exsecrabilis prorsus ac fugienda doctrina, si abigit homines a uita. quodsi scisset Plato atque docuisset, a quo et quomodo et quibus et quae ob facta et quo tempore immortalitas tribuatur, nec Theombrotum impegisset in mortem uoluntariam nec Catonem, sed eos ad uitam et iustitiam potius erudisset. nam mihi Cato uidetur causam quaesisse moriendi non tam ut Caesarem fugeret, quam ut Stoicorum decretis obtemperaret, quos sectabatur, suumque nomen grandi aliquo facinore clarificaret; cui quid mali potuerit accidere, si uiueret, non inuenio. Gaius enim Caesar ut erat clemens, nihil aliud efficere uolebat etiam in ipso belli ciuilis ardore, quam ut bene mereri de re publica uideretur duobus optimis ciuibus Cicerone et Catone seruatis. sed redeamus ad eos, qui mortem pro

Auct.: **3** §§ 9–10] *cf.* Cic. Scaur. 4. Tusc. 1, 84 *ex* Callim. epigr. 23

Test.: **3** §§ 9–10] *cf.* Aug. ciu. 1, 22 p. 36, 26–30

1 philosophia M; -iae K S   **2** et *om.* P   tamen *om.* H M   moriendi aliquam B   **3** ambraciotes *edd.*, -achi- B *(bra in ras. 4 litt. m.3) cet.*   **4** praecipitem] -cepit et D¹ V¹   dedit ⟨de muro⟩ Br *(in addendis) cl. Cic. et Aug.*   **4–5** nulla alia causa H M   **7** et *ante* quibus *om.* H M K S   quae ob] qua ob Vᵃᶜ; quo D   ob facta] confacta K S   **8** theombrotum D *(u pro o s.l. m.1)* V *(pr. m exp.)* H M K R *ut codd.* Cic., -opro-, p *in eras.* mb?, B, -brit- P, -osbr- S; cleo- *edd. ex Callim.*   pegisset P¹, *corr.* P²; peregisset H M K S   **9** ne catonem H M   et iustitiam] et ad i. P H M K S R *ft. recte*   **11** ut *post* quam *om.* B   stoicum K¹ S   **12** quos *om.* H M   suumque] -m quoque Hᵖʳ K S, -m quodque Hᵃʳ M   **13** clarificare H M   quod D V   occidere Kᵃᶜ   **14** uiuere K¹ S   Gaius] ·c· R   **15** etiam] quam ut H M   ardorem P¹, *corr.* P³   quam ut *om.* H M   **16** mereri de] merende R   de . . . uideretur] praeuideretur D *(preu-)* V; *cf.* 3, 17, 3   **17** redeamus *s.l.* S²   qui] quaeui Dᵃᶜ V¹; quae Dᵖᶜ

bono laudant.   de uita quereris, quasi uixeris aut umquam tibi   13
ratio constiterit, cur omnino sis natus. nonne igitur tibi uerus ille
et communis omnium pater Terentianum illud iure increpauerit:
        'prius disce quid sit uiuere,
    si displicebit uita, tum istoc utitor.'
indignaris te malis esse subiectum, quasi quidquam merearis   14
boni qui patrem, qui dominum, qui regem tuum nescis, qui
quamuis clarissimam lucem intuearis oculis, mens tamen caeca
est et in profundis ignorantiae tenebris iacet. quae ignorantia
effecit, ut quosdam dicere non puderet idcirco nos esse natos, ut
scelerum poenas lueremus; quo quid delirius dici possit non
uideo.   ubi enim uel quae scelera potuimus admittere qui om-   15
nino non fuimus? nisi forte credemus inepto illi seni, qui se in
priore uita Euphorbum fuisse mentitus est. hic credo quod erat
ignobili genere natus, familiam sibi ex Homeri carminibus adoptauit.   o miram et singularem Pythagorae memoriam et o   16
miseram obliuionem nostrum omnium, qui nesciamus qui ante

Epit.: 3, 18, 15–18] 31, 9–10

Auct.: **4–5** Ter. Haut. 971 sq., *om. quaeso et ubi scies*   **8–9** mens ... iacet] *cf.* Lucr. 2, 14–16   **10** quosdam] *u. § 18*   **13–16** *cf. e. g.* Ou. met. 15, 160–164

1 bona P¹, *corr.* P³   quereris P³ Hᵖʳ K S, quaer- B *(alt.* e *ex* i*?)* P¹ Hᵃʳ *cet.*   **2** uerus] unus B   **3** et *om.* D V   terentianus B¹, *corr.* B³
4 quit B   **5** uita tum] uitam M   istoc utitor Bᵃʳ H M K S, istuc u. R; i. utito Bᵖʳ; -tudcu- D V¹ *(uel discutitor s.l.* V²*)*, -tudc u., c *del. m.3*, P
6 indigneris H; -nans *ex* -naris S²   **8** mente P *recc., edd.;* mens ⟨tua⟩ *coni.* Br   caeca est B V² H M K S, caecest D (cec-) V¹, -ca es R; -cus es P *recc., edd.*   **9** iaces P *recc., edd.*   **10** effecit *recc., edd., Br;* -fic- *codd. (etiam* R*)*   pudoret Dᵃᶜ Vᵃᶜ   **11** caelorum Vᵃᶜ   lucremus K S   quo] quod Hᵃʳ M K S   posset R   **13** credamus *ex* -dem- D²; -dim- H M   illo H M   **14** priori P H *(alt.* i *ras. ex* a*)* M K S   uitae P¹, *corr.* P³   euforbium Dᵃʳ S, eupo- Vᵃᶜ
16 et o] o S   **17** miseram] miram H M K S   nostram omnium P; o. nostrum M K S; o. nostrorum H   quia nesciamus Hᵃʳ Mᵃʳ   quid ante, d *s.l. m.3,* P; *u.* Br *ad l.*

fuerimus! sed fortasse uel errore aliquo uel gratia sit effectum, ut ille solus Lethaeum gurgitem non attigerit nec obliuionis aquam gustauerit. uidelicet senex uanus, sicut otiosae aniculae solent, fabulas tamquam infantibus credulis finxit. quodsi bene sensisset de iis quibus haec locutus est, si homines eos existimasset, numquam sibi tam petulanter mentiendi licentiam uindicasset. sed deridenda hominis leuissimi uanitas. quid Cicerone faciemus? qui cum in principio Consolationis suae dixisset 'luendorum scelerum causa nasci homines', iterauit id ipsum postea quasi obiurgans eum qui uitam non esse poenam putet. recte ergo praefatus est 'errore ac miserabili ueritatis ignorantia se teneri'.

19. At illi qui de mortis bono disputant quia nihil ueri sciunt, sic argumentantur: si nihil est post mortem, non est malum mors; aufert enim sensum mali. si autem supersunt animae, etiam bonum est, quia immortalitas sequitur. quam sententiam Cicero de legibus sic explicauit: 'gratulemurque nobis, quoniam mors aut meliorem quam qui est in uita aut certe non deteriorem

Auct.: 7 § 18] Cic. consol. frg. 1 + 2 a + 7 Vitelli = phil. frg. IX 8 Müller; cf. 3, 14, 20   **17–p. 273, 2** Cic. leg. frg. 1 Ziegler–Görler = 4 Powell

Codd.:   **6** a numquam *incipit* G *p. 87 fere tota lecta; hinc extant* B G D V P H M K S R

1 aliqua V[1] (D *deest*)   sit effectum] esse fact- H M   **3** sic S odiosae B[1], *corr.* B[3]   **4** infantulis P   **5** iis R, *om.* P, his *cet.* haec *om.* H M   est] es P[ac]   aestimasset H M K S   **6** tam sibi R tam *om.* G H M   **7** deridenda] d. est B G   cicerone D[1] V[1] K S R; de c. B G; -ni D[2] V[2] (*et s.l.* de) P H; -nem M; *cf.* 2, 3, 3   **9** nasci *om.* H; nacendi P[ac]   iterauit ad ipsam B[1], *corr.* B[3]   **10** poenam non esse H M K S   **11** profanatus, na *exp. m.*2, V (*in* D *extat* profa) est *s.l.* V[2]   **13** at] et H M   ille H[ac]   quidē | ortis G; quidē m. S **14** si argumentatur H[1]   si *om.* B; quia H M   **15** auferat S sensu G   **16** est *om.* R   sententia G   **17** explicabit P[1], *corr.* P[3] gratuleturque P, -lamurque K S   **18** meliorem] leuiorem D V quam *om.* G; qua K[1]

adlatura est statum; nam sine corpore animo uigente diuina uita
est, sensu carente nihil profecto est mali.' argute, ut sibi ui- 3
dentur, quasi nihil esse aliud possit. atquin utrumque hoc falsum
est. docent enim diuinae litterae non extingui animas, sed aut
pro iustitia praemio adfici aut poena pro sceleribus sempiterna.
nec enim fas est aut eum, qui sceleratus in uita feliciter fuerit, 4
effugere quod meretur aut eum, qui ob iustitiam miserrimus
fuerit, sua mercede fraudari. quod adeo uerum est, ut idem 5
Tullius in Consolatione non easdem sedes incolere iustos atque
impios praedicauerit. 'nec enim omnibus' inquit 'idem illi 6
sapientes arbitrati sunt eundem cursum in caelum patere. nam
uitiis et sceleribus contaminatos deprimi in tenebras atque in
caeno iacere docuerunt, castos autem animos, puros integros
incorruptos, bonis etiam studiis atque artibus expolitos leui quodam et facili lapsu ad deos id est ad naturam similem sui peruolare.' quae sententia superiori illi argumento repugnat. illud 7
enim sic adsumptum est, tamquam necesse sit omnem hominem
natum immortalitate donari. quod igitur erit discrimen uirtutis 8

Epit.: 3, 19, 3 docent ... animas] *cf.* 31, 6

Auct.: 10–16 Cic. consol. frg. 22 Vitelli = phil. frg. IX 12 Müller

Codd.: 8 *in* sua mer| *desinit* G *p. 87, seq. p. 88, in qua usque ad § 6*
tene[bras] *plurima et ex §§ 7–9 perpauca legi possunt; ceterum extant*
B DV P HM KS R

1 est] sit P   statu K¹   sine] si in HM   2 carente] pereunte BG
argutae B^ar G   uidentur] -ebatur locutus est HMKS   3 esse *om.* V
(D *deest);* esset HM   posset H¹   atqui KS   hoc *om.* V *(D deest)*
4 aut *om.* HMKS   5 adfeci B   6 aut eum *om.* B   feliciter fuerit]
fuerit *tantum* BGPR² *(s.l. pro del.* fel- potuerit *[sic])*   9 consolati-
onem P¹*, corr.* P³   incolore V¹ M   10 impio H¹   praedicarit BG
ft. recte numeri causa   11 cursus D¹ V   12 scelere HM
tenebris B *(G inc.)*   14 laeui B¹*, corr.* B³   15 sui similem BHMKS
post peruolare *1 litt. eras.* B; prouocari P   16 sententia] scientia DV¹
superiore D¹ V¹; -ior R¹   17 sumptum B   neces sit B¹*, corr.* B³
18 igitur] autem V¹

ac sceleris, si nihil interest utrumne Aristides sit aliquis an Phalaris, utrum Cato an Catilina? sed hanc repugnantiam rerum sententiarumque non cernit nisi qui tenet ueritatem. si quis igitur nos roget utrumne bonum sit mors an malum, respondebimus qualitatem eius ex uitae ratione pendere. nam sicut uita ipsa bonum est, si cum uirtute uiuatur, malum, si cum scelere, sic et mors ex praeteritis uitae actibus ponderanda est. ita fit, ut si uita in dei religione transacta sit, mors malum non sit, quia translatio est ad immortalitatem; sin aliter, malum sit necesse est, quoniam ut dixi ad aeterna supplicia transmittit. quid ergo dicemus nisi errare illos, qui aut mortem appetunt tamquam bonum aut uitam fugiunt tamquam malum? nisi quod sunt iniquissimi, qui pauciora mala non pensant bonis pluribus. nam cum omnem uitam per exquisitas et uarias traducant uoluptates, mori cupiunt, si quid forte iis amaritudinis superuenit, et sic habent, tamquam illis numquam fuerit bene, si aliquando fuerit male. damnant igitur uitam omnem plenamque nihil aliud quam malis opinantur. hinc nata est inepta illa sententia, hanc esse mortem quam nos uitam putemus, illam uitam quam nos pro morte timeamus; ita primum bonum esse non nasci, secundum, citius

Auct.: **18–20** cf. Cic. rep. 6, 14; u. et Eur. Polyid. TrGF F 638 **20–p. 275, 1** cf. Cic. Tusc. 1, 114

1 ac] et R   si] sint D V¹   fallaris D (alt. l s.l.) P; fala- cet. **2** utrum ... an] utrum tantum B¹; ne cato an s.l. B³   catillina B^ar G H M R   haec B¹, corr. B³   repugnantia B¹ (corr. B³) H M rerum] pr. r s.l. B²   **3** sententiamque B   **4** interroget B P H M ft. recte   **5** ipsa uita B   **6** uiuatur] utatur R   **7** pondera B¹, corr. B³ post ita eras. ut P   **8** malum] bonum sit m. H M   qui D¹ **9** si D V   alter V^ac; autem B P   **10** quoniam] quia H M   ad aeterna ut dixi H M K S   aeternam P¹, corr. P³   **11** post qui aut *1 litt. eras.* P   **13** quia? P^ar   **14** traducunt K S R   **15** iis P^pr R, his P^ar cet. haberent K¹   **17** damnat R   omnem ... malis] o. bonis plenam quam solis malis (s.l. m.2) P   **18** opinantur] alt. n exp. R **19** pr. quam s.l. V², om. D   **20** ita] si i. R¹, sit itaque R²

mori. quae ut maioris sit auctoritatis, Sileno attribuitur. Cicero 14
in Consolatione 'non nasci' inquit 'longe optimum nec in hos
scopulos incidere uitae, proximum autem, si natus sis, quam
primum tamquam ex incendio effugere fortunae.' credidisse illum uanissimo dicto exinde apparet, quod adiecit de suo aliquid,
ut ornaret. quaero igitur cui esse optimum putet non nasci, cum 15
sit nullus omnino qui sentiat; nam ut bonum sit aliquid aut malum, sensus efficit. deinde, cur omnem uitam nihil esse aliud 16
quam scopulos et incendium putauerit; quasi aut in nostra fuerit
potestate, ne nasceremur, aut uitam nobis fortuna tribuat, non
deus, aut uiuendi ratio quidquam simile incendio habere uideatur. non dissimile Platonis illud est, quod aiebat 'se gratias 17
agere naturae: primum quod homo natus esset potius quam mutum animal, deinde quod mas potius quam femina, quod Grae-
cus quam barbarus, postremo quod Atheniensis et quod temporibus Socratis.' dici non potest quantam mentibus caecita- 18
tem, quantos pariat errores ignoratio ueritatis. ego plane conten-
derim numquam quidquam in rebus humanis dictum esse delirius. quasi uero si aut barbarus aut mulier aut asinus denique

243

Auct.: **2–4** Cic. consol. frg. 9 Vitelli = phil. frg. IX 9 Müller
12–16 cf. Plut. Marius 46, 1

1 sinelo P   **2** in] sic in HMKS   optimum] o. est HM
hos] huius HM   **3** scopulas M   uitam R   proximus B
qua D^1; quia V^1 **4** ex om. DV   fortunae] f. uiolentiam HM
illo P   **5** nauissimo V^1 docto D^{ac} **6** ut s.l. B^3 **6–7** ut . . . aliquid
om. P^1, in mg. inf. P^2; cf. § 21 in fine   **6** ornaret] ret in ras. B^3
quero, ro in ras., B^3 **8** sensu KS   post esse eras. d P   aliud esse
DVHMKS   **9** scopulas M   et] aut B   putauit B
aut om. P   **9–10** nostram fuerit potestatem M   **11–12** uidere
habeatur R   uidebatur H (b s.l. m.2) M   **12** quo P   agebat KS
se om. B   gratias se P   **13** est B   **14** masculus HMKSR; u. Heck,
1972, 182   **15** athenienses P^1, corr. P^2 **16** Socratis] i ex e? B^2;
sacr- DV^1 quamtam P^{ac} **17** quantos] quos B   pariet P^{ac}
erroris P^1, corr. P^3 contenderim] nt et nd in ras. m.3 B
19 asianus D   denique om. KS; post d. del. quod M

natus esset, idem ipse Plato esset ac non illud ipsum quod natus
fuisset. sed uidelicet Pythagorae credidit, qui ut uetaret homines animalibus uesci, dixit animas de corporibus in aliorum animalium corpora commeare. quod et uanum et impossibile est:
uanum, quia necesse non fuit ueteres animas in noua corpora
inducere, cum idem artifex, qui primas aliquando fecerat, potuerit semper nouas facere; impossibile, quia rectae rationis anima tam immutare naturam status sui non potest quam ignis aut
deorsum niti aut in transuersum fluminis modo flammam suam
fundere. existimauit igitur homo sapiens potuisse fieri, ut anima quae tunc erat in Platone, in aliquod mutum animal includeretur essetque humano sensu praedita, ut intellegeret ac do-
leret incongruenti se corpore oneratam. quanto sanius faceret,
si gratias agere se diceret, quod ingeniosus, quod docilis natus
esset, quod in iis opibus, ut liberaliter erudiretur! nam quod
Athenis natus est, quid in eo beneficii fuit? an non plurimi extiterunt in aliis ciuitatibus excellenti ingenio atque doctrina uiri,
qui meliores singuli quam omnes Athenienses fuerunt? quanta

Epit.: 3, 19, 19 ... commeare] 31, 7

Auct.: **2–4** qui ... commeare] *cf.* Ou. met. 15, 171–175

1 ipse] inde H M   platon D R^{ar}; -oni H M   illum B^1 *(corr.* B^3*)*
D V^1 ipsum illud K S   quo natuse P^1, *corr.* P^2 natum H M K S
2 ut *om.* H M   **3** animalibus ... dixit] -busue sciditH M
aliorum *om.* M   animalibus V^{ac} **4–6** quod ... inducere *om.* K S
5 qui D^1 V^1 ueteres *om.* P   **6** *ante* idem *4 litt.* (idem?) *eras.* B
7 nouas] naues M   **7–8** rectae ... tam] anima *tantum* P   recte
H M K S R   **8–10** quam ... fundere *om.* P   quam] tamquam B
9 moda V^1 *(*D *deest)*   suam *om.* K S   **11** aliquid H M
12 ut] aut R   ac] aut R   doceret D V   **13** sanius] nan- D V^1
(inan- *m. post.*)   **14** si ... diceret *om.* P   **15** iis K R, is S, his *cet.*
post erudiretur *add.* P^1 *§ 14 omissa* ut ornaret ... igitur qui *(sic)* esse
... bonum sit aliquid, *del.* P^2 **16** in *s.l.* B^3 in eo] ei H M
17 excellentie B^1, -tiae B^2; -te B^3 D^2 R; incellente D^1 V^1; praecellen-
te V^2 **18** fuerint K S R   quanto H M

hominum milia fuisse credamus, qui et Athenis nati et temporibus Socratis indocti tamen ac stulti fuerint? non enim parietes aut locus, in quo quisque est effusus ex utero, conciliat homini sapientiam.   quid uero attinuit Socrates se temporibus natum gratulari? num Socrates ingenia discentibus potuit commodare? non uenit in mentem Platoni Alcibiaden quoque et Critian eiusdem Socratis adsiduos auditores fuisse, quorum alter hostis patriae acerrimus fuit, alter crudelissimus omnium tyrannorum?

20. Videamus nunc quid in Socrate ipso tam magnum fuerit, ut homo sapiens merito gratias ageret illius temporibus esse se natum.   non infitior fuisse illum paulo cordatiorem quam ceteros, qui naturam rerum putauerint ingenio posse comprehendi. in quo illos non excordes tantum fuisse arbitror, sed etiam impios, quod in secreta caelestis illius prouidentiae curiosos oculos uoluerint immittere.   Romae et in plerisque urbibus scimus esse quaedam sacra, quae aspici a uiris nefas habeatur. abstinent

Epit.:   3, 20, 1 – 22, 11] 32, 1 – 33, 5   3, 20, 1–2. 5–9] 32, 1–2

Auct.:   6 § 25] *cf.* Cic. de orat. 3, 139

1 fuis credemus P^1; f. credimus P^3 nati *om.* D V   **2** socrates B^1, *corr.* B^3 indoctrina V^{ar} fuerint B^1 D^{pc} H M; -runt B^3 D^{ac} *cet. numero peiore*   **3** quis M^1 est effusus] e. sit P   conciliati H M   **4** sapientiam] s. sumministrat H, s. sumministrant, *alt.* n *s.l. m.2*, M   quod B; qui id D V^1 attinuit] addidit B   sorcates P^1, *corr.* P^3 **5** nam S   socratis B D V^1 commodare] dare P   **6** alcibiaden P H^1, -dē K S, -dem H^2 *cet.* (acli- V, -cipi- R; D *deest*)   **6–7** quoque ... eiusdem *om.* D *(spatio indice)* V   **6** critian P R, -iā K, -iam *cet.* (criam M^1), Br   **7** adiutores P^1, *corr.* P^3 alteri P^{ar} hostes P^1, *corr.* P^3 **8** fuit *om.* K S; fuerit B   aliter P^1, *corr.* P^2 *post* omnium *s.l. ex* V^2 **10** illius] se *(s.l. m.2)* i. B; i. se K S; illis P   se P R^2, *om.* R^1 *cet.; cf.* 3, 19, 24. 20, 17   **11** infiteor B; -fortior M; -ficior S   ceteros] et *(s.l. m.1?)* c. V; a *(sic)* c. H   **12** putauerunt K S   conprendi D   **13** illis V^1 non *s.l.* V *(D inc.)*   **14** secrete V *(D inc.)*   **15** uoluerunt P^{ac} H M   **16** a *om.* K S   habeantur, n *s.l. m.2*, B; -betur D V H M   astinent B^1, *corr.* B^2

igitur aspectu quibus contaminare illa non licet, et si forte uel
errore uel casu quopiam uir aspexit, primo poena eius, deinde
instauratione sacrificii scelus expiatur.   quid his facias qui in-
concessa scrutari uolunt? nimirum multo sceleratiores qui arcana mundi et hoc caeleste templum profanare impiis disputationibus quaerunt quam qui aedem Vestae aut Bonae Deae aut
Cereris intrauerit. quae penetralia quamuis adire uiris non liceat,
tamen a uiris fabricata sunt.   hi uero non tantum impietatis
crimen effugiunt, sed, quod est multo indignius, eloquentiae fa-
mam et ingenii gloriam consequuntur.   quid si aliquid inuestigare possent? sunt enim tam stulti in adseuerando quam improbi
in quaerendo, cum neque inuenire quidquam possint nec defendere, etiamsi inuenerint.   nam si uerum uel fortuito uiderint,
quod saepius contingit, committunt ut ab aliis id pro falso re-
fellatur. non enim descendit aliquis e caelo, qui sententiam de
singulorum opinionibus ferat.   quapropter nemo dubitauerit eos
qui ista conquirant stultos ineptos insanos esse.   aliquid ergo
Socrates habuit cordis humani, qui cum haec intellegeret non

1 aspectus HMKS   comminare DV   et *om.* DV
2 quispiam BHMKSR; *cf. Heck, 1972, 182*   aspecxit, c *del. m.3*, B;
-xerit HMKS   eius deinde] eiusdem in P   **3** instaurationes HM
quod KS   his facias] hi HM   **4** uoluit KS   nemirum P¹, *corr.*
P³, nimium R   sceleratiores] s. sunt BR *ft. recte;* -tiones DVM
archanam, m *del. m.3*, P   **6** qui aedem] quidem B^ac, qui eadem B^pc
7 ceteris DV; cele-, le *in ras. m.2?*, H   intraueris DV¹
quae *exp.* B²   penetralia *om.* P; -trabilia R   quamquis D^ar V^ar
uires P¹, *corr.* P³; uis M   **8** a *s.l.* DV²   fabricatae P
hic? V^ar; hii R   **9** effugiat K^ac; -git S   multa HM   **10** genii P¹,
corr. P²; indigni HM   quid si] quasi HM   **11** enim *om.* DV
tam *s.l.* P²   **12** in quaerendo] inquir- P¹, *corr.* P³; in inquir- HM
inueniri DV   possit M¹   **13** uero P^ac   fortuitu PM; *cf. 1, 2, 1*
14 contigit DVP¹ *(corr. P³)*   committunt *om.* HM   **15** discendit
D¹ V   e] ae VP^ac, ę KS; de HM   **16** opibus KS; |[o]pinibus R
(mg. resecto; u. p. LIX)   quipropter D¹ V¹   **18** socratis B¹, *corr.* B²
haec *om.* KS   intellegere DV^ac

LACT. INST. III 20 279

posse inueniri, ab eiusmodi quaestionibus se remouit, uereorque
ne in eo solo. multa enim sunt eius non modo laude indigna, sed
etiam reprehensione dignissima, in quibus fuit suorum simillimus. ex his unum eligam, quod ab omnibus sit probatum. 10
celebre hoc prouerbium Socrates habuit: 'quod supra nos, nihil
ad nos.' procumbamus igitur in terram et manus ad praeclara 11
opera nobis datas conuertamus in pedes; nihil ad nos caelum, ad
cuius contemplationem sumus excitati, nihil denique lux ipsa
pertineat. certe uictus nostri causa de caelo est. quodsi hoc 12
sensit, non esse de rebus caelestibus disputandum, ne illorum
quidem rationem poterat comprehendere quae sub pedibus habebat. quid ergo? num errauit in uerbis? ueri simile non est, sed   *247*
nimirum id sensit quod locutus est, religioni minime seruiendum; quod si aperte diceret, nemo pateretur. quis enim non 13
sentiat hunc mundum tam mirabili ratione perfectum aliqua prouidentia gubernari, quandoquidem nihil est quod possit sine ullo
moderatore consistere? sic domus ab habitatore deserta dila- 14

Epit.: 3, 20, 10–12] 32, 3

Auct.: **5–6** Min. Fel. 13, 1 *(Epicuro tribuit Tert. nat. 2, 4, 15)*

1 quaesitionibus R   uereorque] que *eras.* B; -quae ^{Par} S
2 ne *om.* K S   solo] loco R   eius] reius D *(r in ras.)* V^1 *(n ex r, deinde exp. m.2);* quae H M K S   non *om.* H M   digna P R
4 ex] et D V^1 hiis P, iis K   **5** socratis B^1, *corr.* B^2
nihil *in mg.* P^2 **6** nos *s.l.* P^3 **7** data P R   caelum] in c. B
8 summus R^{ar} ipsa *ex* ipse P^3 **9** pertiat D V   ⟨at⟩ certe *Br*
uictus] uita B   **11** potuit P   qua R^1 sub pedibus] superius P
habeat M^1 **12** quid] o *pro* i *s.l.* V^2 num errauit] n. errauerit B;
numerauit D V P^{ac}; nunc e. H M   **13** nimirum] mirum B; enim
mirumi P^1, *corr.* P^2 *(ult. i eras.)*   sentit B^1, *corr.* B^3 minimae P^1,
corr. P^3 **14** aperti D^1 V^1 **15** sentiat] sen *s.l.* B^3 hunc] nc *s.l.* H^2
16 quid D^{ac} V^1 **17** consisteret K^1 S   sic] c *exp.* P
ab] ad P^1, *corr.* P^2; sine *in ras.,* e *s.l.,* B^2 abitatore H, abitore M
diserta M   delabitur P

bitur, nauis sine gubernatore abit pessum et corpus relictum ab
anima diffluit, nedum putemus tantam istam molem aut construi
sine artifice aut stare tamdiu sine rectore potuisse.   quodsi
publicas illas religiones uoluit euertere, non improbo, quin etiam
laudabo, si ipse quod est melius inuenerit. uerum idem per ca-
nem et anserem deierabat. o hominem 'scurram', ut ait Zeno
Epicureus, ineptum perditum desperatum, si cauillari uoluit religionem, dementem, si hoc serio fecit, ut animal turpissimum
pro deo haberet!   quis iam superstitiones Aegyptiorum audeat
reprehendere quas Athenis Socrates auctoritate sua confirmauit?
illud uero nonne summae uanitatis, quod ante mortem familiares
suos rogauit, ut Aesculapio gallum quem uouerat prosecrarent?
timuit uidelicet ne apud Rhadamanthum reciperatorem reus uoti
fieret ab Asclepio. dementisse hominem putarem, si morbo ad-

Epit.: 3, 20, 15–17] 32, 4 quam . . . 5 probauit

Auct.: **5–6** *cf.* Theophil. Autol. 3, 2, 4. Tert. apol. 14, 7   **6–7** scurram . . . Epicureus] Cic. nat. deor. 1, 93; *cf.* Min. Fel. 38, 5   **11–12** *cf.* Plato Phaed. 118 a. Tert. apol. 46, 5

1 abiit Par H M   relictum] et r. H M   ab *om.* B D V R
2 defluit D V   necdum P; nondum V1   tantum D V
3 stare] const- H M   potuisse] fuisse H M   **4** publica H1
5 carnem Bar V1   **6** deierebat M K1 S; defereb- R   o *om.* P
scrurram D Vac   **6–7** scurram . . . Epicureus] scurramuta id zenoni
epicurus H M   **6** zeno *codd.* (z in ras. m.3 B) *praeter* H M, *edd.*
7 epycureus K S   *post* perditum *fere 15 litt. eras.* B   disperatum P
sic B   **8** sic B   **9** quis] is *in ras. m.3* B   **10** socrates (e *ex* i *m.3*)
athenis P   sua *om.* P, *s.l.* H2   **11** uanitatis] est u. B
12 rogitauit V *(D inc.)*   callum D V   uocauerat D V
prosecrarent P1 R *et epit. (u. Heck–Wlosok, 1996, 151 et n. 24)*, Buen;
proseca- B *Br*; procura-, u *s.l. m.2*, V *(D deest)*; pro se sacra-, sa *s.l.*, P3
recc., edd.; seca- H M; consecra- K S   **13** rhadamanthum H M, -tum
B, ra- V P R *(D inc.)*; iha- K, yha-, y *ins. m.2*, S   reciperatorem B R,
-cup- V2 H M K S; retip- D1 V1; imp- D2; recept- P   uoti *om.* P
14 dementisse B D1 (-tasse D2) H R1 (-tis se; -tem se R2; -tisse *in mg. m. post.*); -tissime V M; -tissimum P K S   hominum K S

fectus perisset. cum uero sanus hoc fecerit, est ipse insanus, qui eum putat fuisse sapientem. en cuius temporibus natum esse se homo sapiens gratuletur!

21. Videamus tamen quid illum Socrates docuerit. qui cum totam physicam repudiasset, eo se contulit, ut de uirtute atque officio quaereret. itaque non dubito, quin auditores suos iustitiae praeceptis erudierit. docente igitur Socrate non fugit Platonem iustitiae uim in aequitate consistere, siquidem omnes pari condicione nascuntur. 'ergo nihil' inquit 'priuati ac proprii habeant, sed ut pares esse possint, quod iustitiae ratio desiderat, omnia in commune possideant.' ferri hoc potest, quamdiu de pecunia dici uidetur. quod ipsum quam impossibile sit et quam iniustum, poteram multis rebus ostendere, concedamus tamen ut possit fieri; omnes enim sapientes erunt et pecuniam contemnent. quo ergo illum communitas ista perduxit? 'matrimonia quoque'

Epit.: 3, 21, 1 qui ... repudiasset] *cf.* 32, 2 ... oportebat   2 ergo ... 10 natura] 33, 1 in primis ... 4 alienam

Auct.: 7 21, 2 – 22, 11] *sunt qui haec necnon epit. 33, 1–5 ex Cic. rep. lib. IV sumpta putent; cf. Winger, 1999, 327 n. 2188; 517 n. 3447*
9–11 *cf.* Plato resp. 3, 416 d; ad iustitiae ratio *cf. ibid.* 4, 420 b
15–p. 282, 1 *cf. ibid.* 5, 457 c sq.

Test.: 4 §§ 1–2. 4–12. 22, 6–8] Salu. gub. 7, 101–105

1 hoc sanus P   est *in ras.*, t *s.l.* B³   **2** eam Vᵃᶜ; tum M esse DV   en] eum, *exp. m.3*, B; in, i *pro exp. e s.l. m.2*, D **3** hosmo D¹ V¹   gratulet V¹; -latur V² H *(in ras. m.2)* M K S
4 socratis B¹, *corr.* B²   **6** non *eras.* M   dubito quin *om.* HM
7–8 praeceptis ... iustitiae *om.* P   **8** aequitatem DV   **9** inquit] quid, *del. m.3*, P   priuatim R   **10** quod] ut B; sed H; *eras.* M omne M   **11** possidebunt B   fieri B¹ *(corr.* B³) HMR potest] non p. HM   quemdiu DV¹   **12** uideatur P quod] quam R¹   sit] est HM   iustum V¹   **13** poterat B¹, *corr.* B³ ut *eras. in spatio fere 6 litt.* M   posset HM *(t eras.)*   **14** et] ut HM
15 cum unitas D

inquit 'communia esse debebunt', scilicet ut ad eandem mulierem multi uiri tamquam canes confluant et is utique obtineat qui uiribus uicerit aut, si patientes sunt ut philosophi, expectent, ut uicibus tamquam lupanar obeant.   o miram Platonis aequitatem! ubi est igitur uirtus castitatis? ubi fides coniugalis? quae si tollas, omnis iustitia sublata est.   at idem dixit 'beatas ciuitates futuras fuisse, si aut philosophi regnarent aut reges philosopharentur'. huic uero tam iusto, tam aequo uiro regnum dares, ⟨qui⟩ aliis abstulisset sua, aliis condonasset aliena, prostituisset pudicitiam feminarum? quae nullus umquam non modo rex, sed ne tyrannus quidem fecit.   quam tamen intulit rationem turpissimi huius consilii? 'sic' inquit 'ciuitas concors erit et amoris mutui constricta uinculis, si omnes omnium fuerint et mariti et patres et uxores et liberi.'   quae ista confusio generis humani est? quomodo seruari caritas potest, ubi nihil certum est quod

Auct.: **6–8** *cf.* Plato resp. 5, 473 c sq.   **12–14** *cf.* ibid. 5, 463 c – 464 a

1 debunt K^1; debent K^2 S *(alt. e in ras. m.2)*   ad *s.l.* B^2 eadem H M   **2** et] ex H M   his B^{ar} H M S   **3** patientes P H; sapicet.   ut] et V *(D deest)*; aut H M K S   philosophia H M   expectabunt H M   ut *om.* H M; et K S R   **4** lupar *sic* D V   habeant P   **5** fidis B^1, *corr.* B^3 coniugalis] *post* n *1 litt. eras.* D; -les P^{ac} M *(e ex* i?*)*; -gatis R   **5–6** quae si tollas] quaesito illas V^1, quam cito illa V^2 *(D deest praeter final.* as*)*; quam si t. H M   **6** sublato D^{ac} at *ex* ad P^3 R, *om.* H M   dicit B   ciuitas K^1, -ites S^1 **7** fuisse futuras P   fuesse, *pr. e ex i m.2,* V *(D deest), unde* esse *coniecisse uid. Br*   philosophantur D V^1 M^{ac} K^1 S; -sofauerent P^1, -sofarent P^3 **8** tam *post* uero] tamquam H^{ar} *post* uiro *s.l.* si R^2 **9** qui *solum* V^2 *s.l., om.* V^1 *cet., dubitanter recepimus cum recc., edd., Br, sed postea aliter distinximus; ft. cogites de asyndeto cl. 3, 23, 1, signo interrogationis post* dares, *exclamationis post* feminarum *posito*   abstulisses B   condonaret H M   alienam B, -nas H M   **10** pudicitiam *ex* prudent-? P   femineam, ˜ *m.2,* B   **11** nec B^{ar} **12** consiliis H^{ar} amores P^1, *corr.* P^3 **13** mutuis B^{ar}, motui D^{ac} V^{ac} omnes *om.* P   fuerint *om.* P   **14** qua M   confusio] c. est B   **15** est *om.* B H M   certi B   est *om.* P   quod] aut V

ametur? quis aut uir mulierem aut mulier uirum diliget, nisi habitauerint semper unanimes, nisi deuota mens et seruata inuicem fides indiuiduam fecerit caritatem? quae uirtus in illa promiscua uoluptate locum non habet.   item si omnes omnium liberi sint, quis amare filios tamquam suos poterit, cum suos esse aut ignoret aut dubitet? quis honorem tamquam patri deferet, cum unde natus sit nesciat? ex quo fit, ut non tantum alienum pro patre habeat, sed etiam patrem pro alieno.   quid quod uxor potest esse communis, filius non potest? quem concipi non nisi ex uno necesse est. perit ergo illi uni communitas ipsa reclamante natura.   superest ut tantummodo concordiae causa uxores uelit esse communes. at nulla uehementior discordiarum causa est quam unius feminae a multis maribus appetitio.   quod Plato si ratione non potuit, exemplis certe potuit admoneri et mutorum animalium, quae ob hoc uel acerrime pugnant, et hominum, qui semper ob eam rem grauissima inter se bella gesserunt.

22. Restat ut communio ista nihil aliud habeat praeter adulteria et libidines, propter quas funditus eruendas uirtus est uel

---

1 amotur D^ac V^ac; amat- V^pc M   aut uir] a tuis D V¹   diligat, a *ex e m.3?*, P   **2** unanimes R *Heck, 1972, 185 n. 90 cl. 4, 29, 8*; una *cet., edd., Br*   nisi *ex si* P³   **3** in *s.l.* B³   promiscuam, ˜ *m.3*, B; -ca D¹ V¹ P¹ *(corr. P³)* H M; *cf. 1, 16, 11*   **4** uoluptatem, locum *om.*, B   habent B^ar   **6** ferat P¹, deferat P²   **7** unde] de D^ac   necsciat D V; nescit P¹, *corr.* P²   tantum *edd.*; etiam *codd.; cf. Heck, 1972, 198*   **9** concipi] *pr.* i *in ras. m.3* B   **10** illa, a *ex* i, K¹ S²   uni D V, una *cet.*   **11** tantummodo ut P   **12** uxoris V^ac   uellit D V¹; uelint P H M at] a *in ras. m.2* D   nulla] ne illa H M   uehementius K^ac S   **13** moribus D¹ V¹; amar- M   **14** quod] in quo P   **15** admoueri K S et *om.* H M   multorum H^ac   mutorum ... quae] multorum animaliumque D V¹ *(que del.* V²*)*   uel *in ras.* B³   pugnent D V   **16** qui] quae P^ac   semper] s. est, est *exp.*, D V¹; saepe V² grauissime H M K S R   se *om.* D, *s.l.* V²   **17** cesserunt D; cessarunt V¹; gesserint K² (i *pro* a *ex* u *facta*) S   **18** praeterea B^ar adulteri D¹; -rium H M   **19** et *s.l.* D²; ac *s.l.* V²   propterea? R^ar eruendas B^ar V² P³ K¹ S^ar, -da B^pr D V¹ P¹ H M K² S^pr R

2 maxime necessaria. itaque non inuenit concordiam quam quaerebat, quia non uidebat unde oriatur. nam iustitia in extra positis nihil momenti habet, ne in corpore quidem, sed tota in hominis mente uersatur. 3 qui ergo uult homines adaequare, non matrimonia, non opes subtrahere debet, sed adrogantiam superbiam tumorem, ut illi potentes et elati pares esse se etiam mendicissimis sciant. 4 detracta enim diuitibus insolentia et iniquitate nihil intererit, utrumne alii diuites, alii pauperes sint, cum animi pares fuerint, quod efficere nulla res alia praeter religionem dei potest. 5 putauit igitur se inuenisse iustitiam, cum eam prorsus euerteret, quia non rerum fragilium, sed mentium debet esse communitas. nam si iustitia uirtutum omnium mater est, cum illae singulae tolluntur, ipsa subuertitur. 6 tulit autem Plato ante omnia frugalitatem, quae utique nulla est ubi proprii nihil habetur, tulit abstinentiam, siquidem nihil fuerit quo abstineatur alienum, tulit temperantiam, tulit castitatem, quae uirtutes in utroque sexu maximae sunt, tulit uerecundiam pudorem modestiam, si honesta et legitima esse incipiunt quae solent flagitiosa 7 et turpia iudicari. sic uirtutem dum uult omnibus dare, omnibus ademit. nam rerum proprietas et uitiorum et uirtutum materiam

---

2 nam] iam R   in extra *bis, pr. del.* D V   3 monenti V^ac   ne *om.* P   4 adaequature P^ac   6 pares] p. suos B   esse se] esse B H M; e. sed D V¹; se P¹, sese P²   mendicissimi D; -dac- K¹   7 deuitibus D   insolentiam et iniquitatem, *sed utroque loco* ˜ = m *ab m.2 add. postea eras.*, B   8 utrumnam alii H M   ante diuites *1 litt. eras.* V   9 fuerunt H^ar, -rit S¹   efficeres K¹   10 igitur] ergo B   inuenisse se P   prosus P¹, *corr.* P³   11 euerterit B³ (i *ex* e) H M K S   quia] cum H M   12 iustitiam M^ar   13 antea D V   14 fragilitatem B¹, *corr.* B³   proprium H M   15 nihil] ni *ras. ex* null?, *deinde s.l. m.2 us* B; cum (s.l. m.2) n. D   quo D V *edd., Buen, Br;* qui B; quod P H M K S R *Isaeus (1646, repet. Migne, PL 6, 951) cl. 7, 17, 2 et Liu. 8, 24, 18, Le, ft. recte (Thes. I 193, 30 – 194, 15 nihil stricte respondet)*   abstinent B^ar, -net B^pr, -netur D V   16 alieno B   temperantiam . . . quae] castitatem temperantiam quae *(ult. a eras.)* P   18 flagitiosa et] -osae H M   19 uirtutum P¹, *corr.* P³   dum] cum B D V M R   20 adimit B P¹ *(corr.* P³)   proprietas rerum H M K S

continet, communitas autem nihil aliud quam uitiorum licentiam. nam uiri, qui multas mulieres habent, nihil aliud dici   8
possunt quam luxuriosi ac nepotes. item mulieres, quae a multis
habentur, non utique adulterae, quia certum matrimonium nullum est, sed prostitutae ac meretrices sint necesse est. redegit   9
ergo humanam uitam ad similitudinem non dicam mutorum, sed
pecudum ac beluarum. nam uolucres paene omnes matrimonia
faciunt et paria iungunt et nidos suos tamquam geniales toros
concordi mente defendunt et fetus suos quia certi sunt amant et
si alienos obieceris abigunt. at homo sapiens contra morem   10
hominum contraque naturam stultiora sibi quae imitaretur elegit,
et quoniam uidebat in ceteris animalibus officia marum femi-
narumque non esse diuisa, existimauit oportere etiam mulieres
militare et consiliis publicis interesse et magistratus gerere et
imperia suscipere. itaque his arma et equos adsignauit; consequens est ut lanam et telam uiris et infantium gestationes. nec   11
uidit impossibilia esse quae diceret et ex eo, quod adhuc in orbe
terrae neque tam stulta neque tam sapiens ulla gens extitit, quae
hoc modo uiueret.

Epit.: 3, 22, 10] 33, 5 . . . occupabunt

3 luxoriosi H M   ac *s.l.* B¹, *inde et* B³   nepotes] perditi H M
5 redigit R   **6** hominis uitam B   **7** matrimonia] moenia P
8 coniungunt H *(alt.* n *s.l. m.2)* M; -nter S¹, -ntur S²   genia P
9 concordia D^ar V   et *ante* si *om.* V (D *deest*)   **10** obieceris
B H M K S R; abi- D (s *ex* t m.2?); adi- P; -rit V; subi- *Wölfflin, ALL 4,
1887, 298 (dubitanter), Br; cf. Thes. IX 2, 59, 24–36*   **11** eligit P¹,
corr. P³; legit K S   **12–13** marium (i *s.l. m.2)* ac feminarum non R
13 mulierem B¹, *corr.* B³   **14** gerere] agere P; genere K^ac S^ac
14–15 gerere . . . suscipere] ge|pere H¹, rere . . . susci *in mg.* H²
15 itaque] tam P   hiis, h *s.l. m.2,* R   arma et equos] armacte
quosquos D (c *exp.*) V   **16** ut] ut etiam B; ut et P *(et s.l.)* K S R
et *s.l.* P, *om.* R   tela H M   infantibus B   gestationis P¹, *corr.* P³
17 uidit] dit *in fine pag. eras.* R   diceres K^ac   et D V *Br, om. cet.,
edd. uix recte*   **18** sapiens] uana P *recc., edd., Buen, Le*
ex|istit R; ex(s)titerit *recc., edd. (non V)*   **19** mundo K S

1   23. Cum igitur in tanta uanitate ipsi philosophorum principes deprehendantur, quid illos minores putabimus? numquam sibi tam sapientes uideri solent quam cum pecuniae contemptu gloriantur. – fortis animus. – sed expecto, quid faciant et quo ille
2 contemptus euadat. tradita sibi a parentibus patrimonia tamquam malum fugiunt ac deserunt et, ne in tempestate naufragium faciant, in tranquillum se ultro praecipitant, non uirtute, sed peruerso metu fortes, sicut illi, qui cum timent ne ab hoste iugu-
3 lentur, ipsi se iugulant, ut mortem morte deuitent. sic isti unde possent gloriam liberalitatis adquirere, sine honore, sine gratia
4 perdunt. laudatur Democritus, quod agros suos reliquerit eosque pascua publica fieri passus sit. probarem, si donasset. nihil autem sapienter fit, quod si ab omnibus fiat, inutile est ac malum.
5 sed haec neglegentia tolerabilis. quid ille qui patrimonium in nummos redactum effudit in mare? ego dubito, utrumne sanus an demens fuerit. 'abite' inquit 'in profundum malae cupiditates,
6 ego uos mergam, ne ipse mergar a uobis.' si tantus pecuniae contemptus est, fac illam beneficium, fac humanitatem, largire

Epit.: 3, 23, 1 – 24, 10] 33, 6–8. 34, 1–4   3, 23, 1 ... 2 deserunt] *cf.* 33, 4   4 ... passus sit] 34, 3

Auct.: 11 Democritus] *cf.* VS 68 A 15. 169 = Cic. fin. 5, 87   14 ille] Crates Thebanus; *cf. Hier. adu. Iouin. 2, 9, PL 23, 312 a*

1 ipsi *om.* HMKS; et i. P   2 minores *om.* KS   putauimus DV   numquam] qui n. HM   4 gloriantur] n *exp.* D   fortis animus *om.* HM   faciunt DV; -ciat HM   quos HM   5 contentus, *alt.* n *ex* m, R   matrimonia B¹ *(corr.* B³*)* HM   6 fugiant ac deserant B¹, *corr.* B³   7 faciunt V¹ K^ac (D *deest*)   tranquillo HMKS   uirtutes P¹, *corr.* P³   8 fortis V (D *deest*)   9 morte *s.l.* B³   diuient P^ac H, diuid- M   10 possent] putant HMKS   libertatis B   11 demotus B^ac   quos DV¹   13 fuit M¹; sit S   13–14 si ab ... malum] i. sit ac m. si ab o. fiat HM   13 hominibus KS   inutili P¹, *corr.* P³   esse V   ac *in ras.* P   malum] m. est P   14 neglegentia] putanda est n. HM   15 infudit HM   16 an] ac KS   inquit *om.* HMKS   in *s.l.* K², *om.* S   male DHMKS   17 inmergar B   18 illum BP

pauperibus; potest hoc quod perditurus es multis succurrere, ne
fame aut siti aut nuditate moriantur. imitare insaniam saltem   7
furoremque Tuditani; sparge populo diripiendam. potes et pecuniam effugere et tamen bene collocare, quia saluum est quidquid pluribus profuit. Zenonis autem paria peccata quis probat?   8
sed omittamus id quod est ab omnibus semper inrisum; illud
satis est ad coarguendum furiosi hominis errorem, quod inter
uitia et morbos misericordiam ponit. adimit nobis adfectum quo
ratio humanae uitae paene omnis continetur. cum enim natura   9
hominis imbecillior sit quam ceterorum animalium, quae uel ad
perferendam uim temporum uel ad incursiones a suis corporibus
arcendas naturalibus munimentis prouidentia caelestis armauit,
homini autem quia nihil istorum datum est, accepit pro istis
omnibus miserationis adfectum qui plane uocatur humanitas,
qua nosmet ipsos inuicem tueremur. nam si homo ad conspec-   10
tum alterius hominis efferaretur, quod facere uidemus animantes
quarum natura soliuaga est, nulla esset hominum societas, nulla
urbium condendarum uel cura uel ratio, sic ne uita quidem satis

Epit.: 3, 23, 8–10] 33, 6–8

Auct.: **3** Tuditani] *cf.* Cic. Phil. 3, 16   **5** Zenonis] *cf.* Cic. fin. 4, 77
(paria peccata*)*. Tusc. 4, 18 (*misericordia); neglegenter* SVF I 213

1 potest *codd., Buen cl. 6, 18, 7;* -tes *recc., Hm, Br*   est P^{ar}
succurre H M   **3** *sup.* tuditani *m.2 uel dementium* R   *post* sparge *s.l.*
pecuniam R^2 diripienda D V   potes et] potest D^{ar} *(alt. t eras.)* V
et] t *in ras.* B^2 **4** bene *om.* P   **5** autem *om.* M   paria] propria
H M K S   **6** hominibus H, omini- M   **7** coercendum D V
quo P^{pr} *(d eras.)*   **10** uel *in fine lin.* B^3 **11** uim *s.l.* P^3
cursiones D V; incussio- R^1 **12** arcenda D V   munumentis
D *(alt.* m *s.l.)* V   ornauit H M   **13** humani R^{ac} *post* quia
eras. d H   accipit H M   omnibus istis P   **14** mirationes B^{ac}
adfectum] d *eras.* P   qui] *sup.* i *m.2* e D   **15** qua] quia D^1 V
ipsos B R, *om. cet., edd., Br, sed potius ante* inuicem *excidit quam ex §*
10 inrepsit   tuemur B   a conspectu B   **16** auferretur B
uidentur B; -deamus D^1 V   **17** quorum D V   **18** condidarum *sic* V
(et D^{ac} *ut uid.;* condiearum, *e ex* d*?, sed exp.* D^{pc})   sic *ex* si B^3

tuta, cum et ceteris animalibus exposita esset imbecillitas hominum et ipsi inter semet ipsos beluarum more saeuirent.   non minor in aliis dementia. quid enim dici potest de illo qui nigram esse dixit niuem? quam consequens erat, ut etiam picem albam esse diceret! hic est ille qui se idcirco natum esse dixit, ut caelum ac solem uideret, qui in terra nihil uidebat sole lucente. Xenophanes dicentibus mathematicis orbem lunae duodeuiginti partibus maiorem esse quam terram stultissime credidit et, quod huic leuitati fuit consentaneum, dixit intra concauum lunae sinum esse aliam terram et ibi aliud genus hominum simili modo uiuere, quo nos in hac terra uiuimus.   habent igitur illi lunatici homines alteram lunam, quae illis nocturnum lumen exhibeat sicut haec exhibet nobis, et fortasse noster hic orbis alterius inferioris terrae luna sit. 'fuisse' Seneca 'inter Stoicos' ait 'qui deliberaret, utrumne soli quoque suos populos daret'; inepte scilicet, qui dubitauerit. quid enim perderet, si dedisset? sed credo calor deterrebat, ne tantam multitudinem periculo committeret, ne si aestu nimio perissent, ipsius culpa euenisse tanta calamitas diceretur.

Epit.: 3, 23, 11 quid . . . niuem] 34, 1 tolerabilius . . . dixit   12] 34, 1

Auct.: 3 illo] Anaxagora; *cf.* Cic. ac. 2, 72; *u. et 3, 9, 4 et VS 59 A 30*   7 Xenophanes] *cf.* Cic. ac. 2, 82. 123; *Heck, Hyperboreus 8, 2002, 330–332*   **14–15** Sen. frg. 22 Haase; *cf. Lausberg, 1970, 124–126*

1 tuta] *post* u *eras.* 1? D   et cum B; et *om.* D V   imbeccillitas, *pr.* c *del.*, B; -belcill-, *pr* l *exp.*, D; *u. ind. form*   2 ipsi *ex* ipsum? B; si H M semet *ex* met P³   3 aliis *ex* alis B²   4 *ante* erat *eras.* est D   6 uiderunt M^ac, -rit M^pc   uideat D^ac   7 *sup.* xenofanes *m.2* proprium R   9 laeuitati B   dixit in *(s.l.)* contra cauum V   10 ibi] i. esse H M   humanum P   11 uiueret? K^ar   12 exhibet B¹, *corr.* B³   13 sicut . . . exhibet *s.l.* B³   14 luna *ex* lune P³ senecam B^ar, -cas K¹   histoicos B, isto- H M   15 deliberare D¹ V ineptae H M   16 qui] quod, d *s.l. m.3*, P   diedisset D¹ V; ediss- S   17 nec V K S^ar   18 ne si] nisi P¹ *(corr.* P³) H M   perisset P culpa euenisse B³ H^pc K S, -pae uen- D V H^ac M R, -pa uen- B¹ P tante D^ac

24. Quid? illi qui esse contrarios uestigiis nostris antipodas putant num aliquid loquuntur? aut est quisquam tam ineptus, qui credat esse homines quorum uestigia sint superiora quam capita? aut ibi quae apud nos iacent inuersa pendere, fruges et arbores deorsum uersus crescere, pluuias et niues et grandines sursum uersus cadere in terram? et miratur aliquis hortos pensiles inter septem mira narrari, cum philosophi et agros et urbes et maria et montes pensiles faciant? huius quoque erroris aperienda nobis origo est. nam semper eodem modo falluntur. cum enim falsum aliquid in principio sumpserint ueri similitudine inducti, necesse est eos in ea quae consequuntur incurrere. sic incidunt in multa ridicula, quia necesse est falsa esse quae rebus falsis congruunt. cum autem primis habuerint fidem, qualia sint ea quae sequuntur non circumspiciunt, sed defendunt omni modo, cum debeant prima illa utrumne uera sint an falsa ex consequentibus iudicare. quae igitur illos ad antipodas ratio perduxit? uidebant siderum cursus in occasum meantium, solem atque lunam in eandem partem semper occidere et oriri semper ab eadem. cum autem non perspicerent quae machinatio cursus

Epit.: 3, 24, 1–10] 34, 2 . . . uestigia

Auct.: 1 antipodas] *cf.* Cic. ac. 2, 123

Test.: 1 §§ 1–11] *cf.* Aug. ciu. 16, 9. Isid. orig. 9, 2, 133

2 aliquod P¹, *corr.* P³   **4** ubi H R   **5** deorsus P   et niues *om.* P grandines S, *dubitanter recepimus cum recc., edd., Br;* -nem *cet., recc., Le (sine nota), ft. recte*   **6** uersus *s.l.* P³   caedere D V ortos D K S   **7** septos *sic ex* septem B³; *post* mira *1 litt. eras.* B **9** nam] n *in ras. ex* eti *m.3, s.l.* en *(m.2?) eras.* B   fallantur K^ac **10** sumpserunt D (-ms-) V; senserint P   **11** necesse est eos *om.* P **11–12** eos in . . . necesse est *om.* H M   **11** currere D V; incurrunt P¹, -rentes P³   **13** quilia D¹ V   sunt P H M   **15** cum] tamquam B sequentibus D V   **16** ad antipodas] podas P¹, *s.l. suppl.* P³ **19** eodem P   quae] nec q. B

eorum temperaret nec quomodo ab occasu ad orientem remearent, caelum autem ipsum in omnes partes putarent esse deuexum, quod sic uideri propter immensam latitudinem necesse est, existimauerunt rotundum esse mundum sicut pilam et ex motu siderum opinati sunt caelum uolui; sic astra solemque, cum occiderint, uolubilitate ipsa mundi ad ortum referri.   itaque et aereos orbes fabricati sunt quasi ad figuram mundi eosque caelarunt portentosis quibusdam simulacris, quae astra esse dicerent.   hanc igitur caeli rotunditatem illud sequebatur, ut terra in medio sinu eius esset inclusa. quod si ita esset, etiam ipsam terram globo similem; neque enim fieri posse, ut non esset rotundum quod rotundo conclusum teneretur.   si autem rotunda etiam terra esset, necesse esse, ut in omnes caeli partes eandem faciem gerat, id est montes erigat, campos tendat, maria consternat. quod si esset, etiam sequebatur illud extremum, ut nulla

1 ab] ob P   occasum H^{ar} M   remeant D V^2, -maneant V^1
2 in ... partes] homines (h *et* i *eras.*) in p., *ord. lineolis rest. m.3,* B; in
o. fere p. P; homini ex parte H M   omnis D^1 V R^1, oīs K
4 aestimauerunt H M K S   rotundum D^2 P^3 H M K S R^{pc}, rut-
B D^1 V P^1 R^{ac}; rotund- *in inst. nonnisi 3, 24, 5–8*   motus M; modo P
5 sic *in fine lin.* B^3; sicut R   cum occiderint] occidere et B H M
6 uolubilitate] ex u. H M K S   7 aeris B^1, *corr.* B^2; aer et H M
orbis P H M   fabrica V   ad] et K S   mundi *s.l.* B^2
celarunt B M; caelauer- P   8 portentosis] -tose *(ult. e s.l. m.2)* in B;
-tos his H M   9 rutunditatem B D^1 V S R^{ac} 10 modio K^{ac}
sinu eius] siue ius D *(iu exp.)* V *(deinde* s*? eras.)*   conclusa K S
quid H   esset] esse *Hm,* e. ⟨esse⟩ *Br; trad. def. Buen* esse *ante*
similem *subaudiens*   11–12 fieri ... rotundo *om.* D *(spatio indice)* V
11 posse *Thilo, Br;* -sset *codd., sed cf. § 8* necesse esse   ut *om.* B
esse B   rutundum B R^{ac} 12 rutundo B R^{ac} concluso M
teneretur] tenere t. D *(tenere exp.)* V; tenetur P H M   autem *om.* H M
rutunda B V   etiam rotunda H M   13 esse] est B^1 *(corr.* B^3) P; esset
H M, *quod uix commendat § 7 trad.* posset   in *s.l.* B^3; ad H M
omnis D V R^1; omne P^1, *corr.* P^3 eadem H M   14 gerant B
⟨ex⟩tendat *Br*   15 esset] ita e. R   iam B D V *ft. recte*

sit pars terrae quae non ab hominibus ceterisque animalibus incolatur. sic pendulos istos antipodas caeli rotunditas adinuenit. quodsi quaeras ab iis qui haec portenta defendunt, quomodo ergo non cadant omnia in inferiorem illam caeli partem, hanc respondent rerum esse naturam, ut pondera in medium ferantur et ad medium conexa sint omnia, sicut radios uidemus in rota, quae autem leuia sunt, ut nebula fumus ignis, a medio differantur, ut caelum petant. quid dicam de his nescio, qui cum semel aberrauerint, constanter in stultitia perseuerant et uanis uana defendunt, nisi quod eos interdum puto aut ioci causa philosophari aut prudentes et scios mendacia defendenda suscipere, quasi ut ingenia sua in malis rebus exerceant uel ostendant. at ego multis argumentis probare possem nullo modo fieri posse, ut caelum terra sit inferius, nisi et liber iam concludendus esset et adhuc aliqua restarent, quae magis sint praesenti operi necessaria. et quoniam singulorum errores percurrere non est unius libri opus, satis sit pauca enumerasse, ex quibus possit qualia sint cetera intellegi.

25. Nunc pauca nobis de philosophia in commune dicenda sunt, ut confirmata causa peroremus. summus ille noster Plato-

---

2 rutunditas BD¹ VR^ac   adinuenitur D¹ V   **3** iis KR, his *cet.*
4 ergo *om.* P   cadunt DVHMKS   inferiore HM
4–5 respondent hanc HMKS   **5** respondeant P¹, -debunt P³
in medio M   **5–6** ferantur ... medium *om.* B¹ *(in mg. inf. cum signis*
hd *et* hs· *suppl.* B³) P   **6** sunt P^ar   sicut *om.* KS   rotam B
7 laeuia B^ac   ut *om.* BHM   differuntur B; deferantur PR² *(ex* diff-*)*
9 aberrauerit M; -runt KSR   stultitiam H   uanis *om.* HM
11 inscios B; socios HM   defendenda] enda *in ras. 1–2 litt.* B²
12 at ego] adeo B¹, *corr.* B³; *post* e *1 litt. (uix* r*) eras.* D; ego HM; at ergo KS   **13** possum B; -sim HM   **14** nisi] ni HM
et] ut *(del. m.3)* et P; ad, *antea s.l.* et?, K; et ad, ad *exp.,* S
claudendus KS   **15** sunt PKS   praecepti M   opere B; -ris HM
16 unius *om.* P   **17** possint BR, -sent HM   **18** sunt P
cetera] et c. HMKS   **19** uobis R   **20** sint DV   confirmatam
causam B   summus] cicero s. B

nis imitator existimauit philosophiam non esse uulgarem, quod
eam non nisi docti homines adsequi possint. 'est' inquit 'philosophia paucis contenta iudicibus multitudinem consulto ipsa
fugiens.' non est ergo sapientia, si ab hominum coetu abhorret,
quoniam sapientia, si homini data est, sine ullo discrimine omnibus data est, ut nemo sit prorsus, qui eam capere non possit.
at illi uirtutem humano generi datam sic amplexantur, ut soli
omnium publico bono frui uelle uideantur, tam inuidi quam si
uelint deligare oculos aut effodere ceteris, ne solem uideant.
nam quid est aliud hominibus negare sapientiam quam mentibus
eorum uerum ac diuinum lumen auferre? quodsi natura hominis sapientiae capax est, oportuit et opifices et rusticos et mulieres et omnes denique qui humanam formam gerunt doceri, ut
sapiant, populumque ex omni lingua et condicione et sexu et
aetate conflari. maximum itaque argumentum est philosophiam
neque ad sapientiam tendere neque ipsam esse sapientiam, quod
mysterium eius barba tantum celebratur et pallio. senserunt hoc
adeo Stoici, qui et seruis et mulieribus philosophandum esse
dixerunt, Epicurus quoque, qui rudes omnium litterarum ad phi-

Auct.: **2–4** Cic. Tusc. 2, 4; *de fontibus c. 25 cf. Lausberg, 1970,
127–142*   **10** §§ 4–8. 12–15] Epicur. frg. 227^a Usener

1 philosophia K^1 S   uulgare K^1 S   **2** adsequi] ad se D^1 V
possent HMKS   filosofiam D^{ar} VR^{ac} **3** contenda D^{ac} V; -tempta
KS   ipsam BPHM; -se KS   **4** homine K^1 S   aborret D^{ac} V;
aberret D^{pc}; abhoret KS   **5** si] si soli R   **6** ea KS   possint V^1
8 uelle] illa R   **9** delicare B^1, *corr.* B^3; dilica- DV; diligere K^1 S,
diliga- K^2 **10** num M   necare M   **11** ferre P^1, *corr.* P^2
quo si P^1, *corr.* P^3 hominum B   **12** et *ante* opifices] ut KS
13 omnis D^1 V   docere B   **14** populumque ⟨sapientum⟩ *Hm cl. § 7,
Usener, -tium*⟩ *Br, Lausberg 129, sed subaudias* p. ut sapiat docendum
et *ante* aetate *s.l.* P^2 **15** est *ex* et P^3 **16** ad *om.* B   ostenderet, *ult.* t
eras., B; tenere R   **17** eius *om.* HM   **18** mu erieribus, *post* mu
membrana damno adfecta, s.l. lie *m.2?*, R   **19** duxerunt P
qui *del.* D^2

losophiam inuitat, item Plato, qui ciuitatem de sapientibus uoluit componere. conati quidem sunt illi facere quod ueritas exigebat, sed non potuit ultra uerba procedi, primum, quia multis artibus opus est, ut ad philosophiam possit accedi. discendae istae communes litterae propter usum legendi, quia in tanta rerum uarietate nec disci audiendo possunt omnia nec memoria contineri. grammaticis quoque non parum operae dandum est, ut rectam loquendi rationem scias; id multos annos auferat necesse est. ne oratoria quidem ignoranda est, ut ea quae didiceris proferre atque eloqui possis. geometria quoque ac musica et astrologia necessaria est, quod hae artes cum philosophia habent aliquam societatem. quae uniuersa perdiscere neque feminae possunt, quibus intra puberes annos officia mox usibus domesticis profutura discenda sunt, neque serui, quibus per eos annos uel maxime seruiendum est quibus possunt discere, neque pauperes aut opifices aut rustici, quibus in diem uictus labore quaerendus est. ob eam causam Tullius ait 'abhorrere a multitudine philosophiam'. – at enim rudes Epicurus accipiet. – quomodo

Auct.: 17 Tullius] *u. § 2 et Lausberg, 1970, 128*

1 inuitat . . . Plato] inuitat *(ult.* t *m.3?)* | item (i *in ras. ex* tu *uel* tii *m.3)* plato (o *ex* u*? m.3, deinde 3 litt. eras.)* B; inuitati *(ult.* i *eras.)* templato D; inu- idem p. R   2 comprehendere K^{ac} S; *cf. p. XXII*   quidem . . . illi] illi *s.l.* V; s. i. q. P; q. i. s. H M K S   3 progredi H M K S R   4 discendendae P   5 communis D^1 V   6 discendi audiendi M   7 operae B^2; horae *ex* orere P^3; opere B^1 *cet.*   est *om.* P   8 sciam *ex* -as D^2; -ant H M   id *om.* H M   auferant H M; afferat *ex* auf- K^2 R^2 10 possit D^1 V^{pc}, -sset V^{ac} geometrica B^{ar} K S R; geum- H M   10–11 quoque . . . astrologia *om.* P^1; q. a. m. (et *om.)* astroligia *(sic) in mg. inf.* P^2 10 ac . . . et] ad musicae H M   11 astronomia *ex* -ologia B^3 quo P^{ac} hae *s.l.* B^3; eae D V H M R^1 cum . . . habent] h. c. p. P   habeant, *alt.* a *s.l. m.3*, B   13 infra B   pubere D^1 V   mos K^1 S   14 annos *om.* D V   16 labor D^1 V   17 ob *om.* D V   abhorrere] *ult.* e *exp.* D; aborr- V^{ac} H M K^{ac} a *om.* R   **18–p. 294, 3** quomodo . . . rebus *in* B *partim macula operta; cf. 3, 26, 11*

ergo illa quae de principiis rerum dicuntur intellegent, quae perplexa et inuoluta uix etiam politi homines adsequuntur? in rebus igitur obscuritate implicatis et ingeniorum uarietate confusis et eloquentium uirorum exquisito sermone fucatis quis imperito ac rudi locus est? denique nullas umquam mulieres philosophari docuerunt praeter unam ex omni memoria Themisten neque seruos praeter unum Pythagoram, quem male seruientem redemisse ac docuisse traduntur. enumerant etiam Platonem ac Diogenem, qui tamen non serui fuerunt, sed his seruitus euenerat; sunt enim capti. Platonem quidem redemisse Anniceris quidam traditur sestertiis octo. itaque insectatus est conuiciis hunc ipsum redemptorem Seneca, quod Platonem paruo aestimauerit, furiosus, ut mihi uidetur, qui homini fuerit iratus, quod non multam pecuniam perdidit. scilicet aurum appendere

Auct.: **12** Seneca] frg. 23 Haase; cf. Lausberg, 1970, 126 sq.; K. Gaiser, Ges. Schr., 2004, 595–616; ad § 15 sq. cf. et Gell. 2, 18, 1–9

1 illam D^{ar} rerum *om.* P intellegunt HM (-lig-); B *inc.* perplexa] per propheta V^1 **3** igitur *s.l.* P inplicitis PK^2 S^2; -plicitatis K^1 S^1 confusis et] confuisset V **4** eloquentiam HM exquisito] et e. B sermones K^1 S^{ar} fugatis P^{ac} R **5** locutus V^{ar} R^{ar} denique *om.* DV unquam *ex* inquam B^3 **6** docuerant R themistem HM; themenstem (˜ *sup. pr.* m) KS **7** pythagoram *codd.* (phyta- V), *auctoris errorem rati def.* Lausberg *131 sq.*; Heck, 1993, 411; Phaedonem *Parrhasius (1509), Betuleius (1573) cl. Gell. 2, 18, 1, edd. (inde* K *s.l. m. rec.)*, Br quae S **8** tradunt HMKS, *unde* Cebetem tradunt *edd.*; philosophi traduntur *subaudit* Br *(in addendis) cl. Gell. 2, 18, 4 et Diog. Laert. 2, 105* **9** diogenen PV (D *inc.*) *ft. recte*; -gentem R^{ar} **9–10** *de* Diogenem . . . capti *dubitat* Br *ad l., def.* Lausberg *131* **9** erunt K^{ac} hiis, h *s.l. m.2*, R **10** euenerant DV aniceris P, aniceres HM; annigeris R^1, *s.l.* cyprium R^2 **11** quidem DVKS insecutus DV^1 **12** hinc DV paruo Platonem HM; parua pl- KS paruos V (D *inc.*) **13** aestimarit, *sup.* e *m.3* i, P; existimauerit B **14** scilicet] s. et P appendere BP; pendere KS; perdere DV^2 *(ex* perdedere*)* HM; ponderare R

debuit tamquam pro mortuo Hectore aut tantum ingerere nummorum, quantum uenditor non poposcit.   ex barbaris uero nullum praeter unum Anacharsin Scytham, qui philosophiam ne somniasset quidem, nisi et linguam et litteras ante didicisset.

26. Quod ergo illi poscente natura faciendum esse senserunt, sed tamen neque ipsi facere potuerunt neque a philosophis fieri posse uiderunt, sola haec efficit doctrina caelestis, quia sola sapientia est.   illi scilicet persuadere cuiquam potuerunt, qui nihil persuadent etiam sibi, aut cuiusquam cupiditates oppriment, iram temperabunt, libidinem coercebunt, cum ipsi et cedant uitiis et fateantur plus ualere naturam?   dei autem praecepta quia et simplicia et uera sunt, quantum ualeant in animis hominum, cottidiana experimenta demonstrant.   da mihi uirum qui sit iracundus maledicus effrenatus, paucissimis dei uerbis 'tam placidum quam ouem reddam'.   da cupidum auarum tenacem, iam tibi eum liberalem dabo et pecuniam suam plenis manibus largientem.   da timidum doloris ac mortis, iam cruces et ignes et Perilli taurum contemnet.   da libidinosum adulterum ganeonem, iam sobrium castum continentem uidebis.   da crudelem

Auct.: 14–15 Ter. Ad. 534

2 nullum *om.* P; n. ⟨nominant⟩ *coni.* Br, *sed ex* § 16 *subaudias* enumerant   **3** anacharsin D K² S, -syn V, -sen H M, -sim P R; anacar- B; anarchar- K¹   scytan D V; scithiam S^ac   **5** illi *om.* D V   poscente] *post* s *1 litt. eras.* V   esse *om.* P   **6** neque *ante* ipsi *exp.* S²   facere] factis H M   **7** posse] non p. B D V R   hoc B   sapiens B   **8** poterunt D V; non p. H M   quia H M   **9** cupiditatem R   **10** libidinem coercebunt *in mg.* H², *om.* M   coherceburnt B   cadant V¹; caed- H M K   **12** et *ante* uera *s.l.* H²   sunt *om.* M   **13** cottidiana, *pr.* t *eras.*, B; cotid- *cet.; cf. 3, 7, 4*   experimenta] et e. R   da ihi D¹ V   **15** quam] quasi *pars codd. Ter.*   reddo *codd. Ter.*   **17** ignis H   **18** et ... taurum *om.* P   perilli taurum D V, phalaris *(sic, ex 3, 27, 5)* t. K S; pericula et aurum H M; periculum omne B, pericula omnia R, *unde ft. restituas* ignes ⟨omnes⟩ et P. t.   adulterium H^ar

et sanguinis appetentem, iam in ueram clementiam furor ille mutabitur. da iniustum insipientem peccatorem, continuo et aequus et prudens et innocens erit; uno enim lauacro malitia omnis abolebitur. tanta diuinae sapientiae uis est, ut in hominis pectus infusa matrem delictorum stultitiam uno semel impetu expellat; ad quod efficiendum non mercede, non libris, non lucubrationibus opus est. gratis ista fiunt, facile, cito, pateant modo aures et pectus sapientiam sitiat. nemo uereatur; nos aquam non uendimus nec solem mercede praestamus. dei fons uberrimus atque plenissimus patet cunctis, et hoc caeleste lumen uniuersis oritur quicumque oculos habent. num quis haec philosophorum aut umquam praestitit aut praestare si uelit potest? qui cum aetates suas in studio philosophiae conterant, neque alium quemquam neque se ipsos, si natura paulum obstitit, possunt facere meliores. itaque sapientia illorum, ut plurimum efficiat, non excindit uitia, sed abscondit. pauca uero dei praecepta sic totum hominem immutant et exposito uetere nouum reddunt, ut non cognoscas eundem esse.

Auct.: 17 exposito ... nouum] *cf.* Eph. 4, 22–24; *u. Vet. Lat. ed. Frede ad l.*

1 sangis *sic* D¹, -guis V   appenitentem P^ar   ueram *codd., def. Buen*; meram *Hm, Br*   furori D^ar   2 iustum K S   et *ante* aequus] a et P; *om.* HM   3 innocuus, *alt.* u *s.l. m.3*, B   enim uno D V   4 aboleuitur HM; oboleb- R¹   tantae HM   sapientia eius D¹, -tiae ius D²   ominis K^ac   5 infusam B^ar PHMKS   delictorem V (dil-) P^ac   6 ad *ex* ex B³   quod *om.* HM, *post* q. *exp.* non V² faciendum HM   non *post* libris] aut HMKS   7 pareant V^ac 8 et pectus *s.l.* P²   9 uindimus D^ac V¹   sole HM   mercedem P¹, *corr.* P³   9–11 dei ... habent *in* B *partim eadem macula operta qua 3, 25, 13*   10 atque] aquae B   11 quicumque] que *s.l.* B²; q. ... habent *in mg.* H²   12 aut umquam] autem qu- D¹ V   13 aetate HM; et etates K S   in *om.* HM   philosophorum HM   14 aliud D¹ V paululum R *Br contra numerum*; parum HM; *u. St 444*   15 efficiat] a *in ras. m.2?* D; -cit V   16 excidit D V P H M   17 si K^ac S hominem *om.* D V; h. insipientem H M   mutant B   et *om.* B D V

27. Quid ergo? nihilne illi simile praecipiunt? immo permulta, et ad uerum frequenter accedunt, sed nihil ponderis habent illa praecepta, quia sunt humana et auctoritate maiore id est diuina carent.   nemo igitur credit, quia tam se hominem putat esse, qui audit, quam est ille, qui praecipit.   praeterea nihil apud eos certi est, nihil quod a scientia ueniat, sed cum omnia coniecturis agantur, multa etiam diuersa et uaria proferantur, stultissimi est hominis praeceptis eorum uelle parere, quae utrum uera sint an falsa dubitatur; et ideo nemo paret, quia nemo uult ad incertum laborare.   uirtutem esse Stoici aiunt, quae sola efficiat uitam beatam.   nihil potest uerius.   sed quid si cruciabitur aut dolore adficietur? poteritne quisquam inter carnifices beatus esse? immo uero inlatus corpori dolor materia uirtutis est, itaque ne in tormentis quidem miser est.   Epicurus multo fortius 'sapiens' inquit 'semper beatus est et uel inclusus in Phalaridis tauro hanc uocem emittet: suaue est et nihil curo.' quis eum non inrisit, maxime quod homo uoluptarius personam sibi uiri fortis imposuit et quidem supra modum? non enim fieri potest, ut quisquam cruciatus corporis pro uoluptatibus ducat, cum satis sit ad officium uirtutis implendum perferre ac sustinere.   quid

Auct.: 14 § 5] Epicur. frg. 601 Usener; *cf.* Cic. Tusc. 2, 17–18. *al.*

1 nihilne] nihil P¹, *corr.* P²; ne K S   simile *om.* H M K S
3 maiora P¹, *corr.* P²   **4** carent] terrentur, ur *s.l. m.*2, B
se *om.* H M   **5** praecepit D V   **6** ad scientiam B H M K S
uenit B¹ *(corr.* B²*)* K¹ S   coniucturis D¹ V   **7** aguntur P
etiam] et H¹ M, e. et H²   proferuntur P   **9** et *om.* H M K S
10 esse] autem K S   solam R   efficit P   **11** potest uerius] p. esse
u. P; p. u. dici H M; *cf.* 5, 10, 4 *et* St 243   quid si] quid P¹; cum P³
12 adficitur H M   potestne H M   esse *om.* D¹ V, *ante* beatus *s.l.* D²
13 uerus P   **14** ne *in fine lin.* P²   **15** inquit *om.* D V
uelut P H M   **16** taurum H M   hanc *ex* haec? B²   emittet B² D V;
mitt- B¹ H Mᵖᶜ K S R; mittit P; mittat Mᵃᶜ   et *om.* B   **17** inrisit
codd. (irr- K S); -serit *edd.*, Br; *ind. perf. ponitur, quia iam Cic. l. c.
hoc inriserat*   sibi ... fortis] uiri s. uirtutis D V

dicitis Stoici? quid tu Epicure? 'beatus est sapiens, etiam cum torquetur.' si propter gloriam patientiae, non fruetur; in tormentis enim fortasse morietur. si propter memoriam, aut non sentiet, si occidunt animae, aut si sentiet, nihil ex ea consequetur. quis ergo alius in uirtute fructus est? quae beatitudo uitae? 'aequo aiunt 'ut animo moriatur.' bonum mihi adfertis unius horae aut fortasse momenti, propter quod non expediat in tota uita miseriis et laboribus confici. quantum autem temporis mors occupat? quae cum uenit, utrum aequo an iniquo animo subieris, iam nihil refert. ita fit, ut nihil aliud ex uirtute captetur nisi gloria. sed haec aut superuacua et breuis est aut prauis hominum iudiciis non sequetur. nullus igitur ex uirtute fructus est, ubi uirtus mortalis est et caduca. ita qui haec locuti sunt, umbram quandam uirtutis uidebant, ipsam uirtutem non uidebant. defixi enim fuerunt in terram nec uultus suos in altum erigebant, ut eam possent intueri, quae sese 'a caeli regionibus ostentabat'. haec causa est cur praeceptis eorum nullus obtemperet, quoniam aut ad uitia erudiunt, si uoluptatem defendunt, aut si uirtutem

Auct.: **5–6** cf. e. g. Cic. Tusc. 4, 37   **16** Lucr. 1, 64

Codd.: **2** hinc fere coepit G p. 172 bis rescripta, in qua paucissima uidit Brandt, 1884, 289; ceterum extant B DV P HM KS R

1 stoicis K[1]   est] e. et D; et V   etiam om. B   **2** torqueatur DVP fraudetur, a et d s.l. m.2, B; fruatur R   **3** si ante propter om. DV   **4** sic occidunt H[ac]   sentient, alt. n s.l. m.2, B   consequentur P[1], corr. P[2]   **5** quae] quo DV   uitae om. P   **5–6** aequo aiunt ut Heck, 1972, 185 n. 90, quo ut aiunt R, aequo aiunt HM Br; quo aiunt BDVKS; ut aequo P recc., edd.   **6** affectis VKS   **7** totam uitam P miseris R[ac]   **8** temporibus B[ar]   **9** ueniat HM   an iniquo om. B subieris] eam s. P   iam om. DV   **11** aut s.l. B[3], om. KS superuacua et] -perba HM; -perbia KS   est] et B   **12** ex] rex D[ar] V   ubi ex tibi? B[3]   est mortalis P   **13** ita qui] -aque HM umbram] ut u. DV   quadam HM   **14** uidebat ipsam K[1] S **16** sese a] se P   caeli regionibus] a et lireg in ras., ion s.l. B[3]; c. religion- HM   ostendebat codd. Lucr.   **18** ad om. DV uitam HM   uoluntatem V[1]   defendant B[1], corr. B[3]

adserunt, neque peccato poenam minantur nisi solius turpitudinis neque uirtuti ullum praemium pollicentur nisi solius honestatis et laudis, cum dicant non propter aliud, sed propter se ipsam expetendam esse uirtutem.   beatus est igitur sapiens in 12
tormentis. sed cum torquetur pro fide, pro iustitia, pro deo, illa patientia doloris beatissimum faciet.   est enim deus qui solus 13 potest honorare uirtutem, cuius merces immortalitas sola est. quam qui non appetunt nec religionem tenent, cui aeterna subiacet uita, profecto neque uirtutis uim sciunt, cuius praemium ignorant, neque in caelum spectant, quod ipsi facere se putant, cum res non uestigabiles quaerunt, quia ratio in caelum spectandi nulla est alia nisi aut religionem suscipere aut animam suam immortalem esse credere.   quisquis enim aut deum co- 14 lendum esse intellegit aut immortalitatis spem propositam sibi habet, mens eius in caelo est et licet id non aspiciat oculis, animi tamen lumine aspicit.   qui autem religionem non suscipiunt, 15 terreni sunt, quia religio de caelo est, et qui animam putant cum corpore interire, aeque in terram spectant, quia ultra corpus, quod est terra, nihil amplius uident quod sit immortale.   nihil 16 igitur prodest ita fictum esse hominem, ut recto corpore spectet in caelum, nisi erecta mente deum cernat et cogitatio eius in spe uitae perpetuae tota uersetur.

Codd.: 3 *hinc fere coepit* G *p. 171, in qua nihil legi potuit*

2 ni K[ac]   solus R[ac]   **4** expetenda HM   est *om.* B; igitur est HMKS   **8** quam] qua HM   regionem K[ac]   aeternitas DV   **9** profecto] c *s.l.* B[2]; -ctione, *om.* neque, DV   uiam R   **10** ignorat B[1], *corr.* B[2]   expectant HM   **11** res] aes B[ac], rex? K[1]   non *om.* P, *s.l.* H[2]   uestigabiles BDVP[1] R, inu- P[2] HMKS   in caelum *om.* P   **12** alia *ex* alie P[3]   **13** inmortale HM   enim *bis* R   **15** id] inde HM   **16** lumen HMKS   non *in mg.* P   **17** de] in P   et *s.l.* P   qui] quia DV   **18** aeque *ex* eaquae? B[3]; aequae D   expectant HM   quia] qui DV   **19** quod *ante* sit] quam V   **20** prodeest BHM[ac] (-de-ē HM); *cf. 2, 3, 1*   expectet HM; resp- KS   **21** nisi ut recta HM

1   28. Quapropter nihil est aliud in uita, quo ratio, quo condicio
nostra nitatur, nisi dei qui nos genuit agnitio et religiosus ac pius
cultus; unde quoniam philosophi aberrarunt, sapientes utique
2 non fuerunt. quaesiuerunt illi quidem sapientiam, sed quia non
rite quaerebant, prolapsi sunt longius et in tantos errores inci-
3 derunt, ut etiam communem sapientiam non tenerent. non enim
tantum religionem adserere noluerunt, uerum etiam sustulerunt,
dum specie falsae uirtutis inducti conantur animos omni metu
4 liberare. quae religionis euersio naturae nomen inuenit.   illi
enim cum aut ignorarent, a quo esset mundus effectus, aut persuadere uellent nihil esse diuina mente perfectum, naturam esse
dixerunt rerum omnium matrem, quasi dicerent omnia sua sponte esse nata; quo uerbo plane imprudentiam suam confitentur.
natura enim, remota prouidentia et potestate diuina, prorsus nihil
5 est. quodsi deum naturam uocant, quae peruersitas est naturam
potius quam deum nominare? si autem natura est ratio uel necessitas uel condicio nascendi, non est per se ipsa sensibilis, sed
necesse est mentem esse diuinam, quae sua prouidentia nascendi
principium rebus omnibus praebeat, aut si natura est caelum
atque terra et omne quod natum est, non est deus natura, sed dei
6 opus.   non dissimili errore credunt esse fortunam quasi deam

Codd.: **2** *a* nostra *incipit* G *p. 48 paene tota lecta*   **21** *in* fortuna *(˜ inc.) desinit* G *p. 48; seq. p. 47, in qua nihil nisi* § 6 es humanas *et* nesciunt unde sibi *legitur; ceterum extant* B DV P HM KS R

1 est *om.* R   in *om.* HM   quo *post* ratio *om.* H   **2** dei *ex* deus P   generauit BG   **3** philosophia P¹, *corr.* P³   aberrauerunt BGPHM *edd., Br numero peiore*   *ante* sapientes *eras.* hi B   **4** non *s.l.* B   quaesierunt G   quia] quoniam BG *(ut uid.)* DV   **5** in tantos] intentos D¹ V; in altos HM   **7** noluerunt] *pr.* n *ex* u? B³, uo- G *ut uid.*   sust[ull]erunt? G *(suppl. Br)*   **8** speciem H   falsa B¹, *corr.* B³ *(G inc.)*; -se M   uirtutes V^ac   **10** aut *om.* HM   ignorent KS   effectus mundus DV   **14** prouidentia] prud- P   **16** esset BG   uel *post* ratio] aut HM   *post* necessitas *del.* est K²   **17** noscendi D^ac   sensibilis] sedsi- DV   **19** si ... est] si naturae si DV   **20** terram P¹, *corr.* P³   deus] dei *ex* deus P   **21** dissimile R^ac

quandam res humanas uariis casibus inludentem, quia nesciunt
unde sibi bona et mala eueniant. cum hac se compositos ad
proeliandum putant nec ullam tamen rationem reddunt a quo et
quam ob causam, sed tantum cum fortuna se digladiari momen-
5 tis omnibus gloriantur. iam quicumque consolati sunt aliquos
ob interitum amissionemque carorum, fortunae nomen acerrimis
accusationibus prosciderunt nec omnino ulla eorum disputatio
de uirtute est, in qua non fortuna uexetur. Marcus Tullius in sua
Consolatione 'pugnasse se semper contra fortunam' loquitur
10 'eamque a se esse superatam, cum fortiter inimicorum impetus
rettudisset; ne tum quidem se ab ea fractum, cum domo pulsus
patria caruerit; tum autem, cum amiserit carissimam filiam,
uictum se a fortuna' turpiter confitetur. 'cedo' inquit 'et manum
tollo.' quid hoc homine miserius, qui sic iaceat? 'insipienter'
15 inquit, sed qui se profitetur esse sapientem. quid ergo sibi uult

Epit.: 3, 28, 10–22. 30, 1–10] 35, 1 – 36, 1   3, 28, 10–11] 35, 2

Auct.: **9–14** Cic. consol. frg. 3 Vitelli = phil. frg. IX **13** Müller
14–15 ibid. frg. 3a V.

Test.: **1** § 6] Isid. orig. 8, 11, 94 *(nihil ad 3, 29, 1–11)*

1 rem? *ex* res *m. rec.* S   humanis K S   **2** et] aut H M K S
ueniant K S   hanc B; haec, e *exp.*, P; ac K¹   se *in fine lin. m.2?* H
3 tam *ex* talem V²   **4** fortunam K S¹   degladiari P¹, *corr.* P³
montis D V   **5** aliquos *codd. (antea exp.* in P*), Buen; alios edd., Br,
sed Cic. se, non alios consolatus est*   **6** ab interitu amissioneque H M
interitus P   **7** prosiderunt K S¹, prodid- S²   eorum ulla H M K S
8 uersetur *(sic)* fortuna, *ord. lineolis rest. m.1?*, B   Marcus] ·m·
D V R, m̃· P   **9** consolatio B¹, *corr.* B²   se *om.* D V P R
10 a *om.* K S   esse] semper e. H M K S   **11** redtudisset D, retud-
P H M K S; *cf.* 1, 2, 2   tunc B   se] sed K S   fructum V
12 caruerit Hm, Buen, Br; -ruit *codd., ft. suadente numero recipiendum*
13 caedo P H M K   **14** iacet B   insipientem B   **15** sed *om.* H M
quis D V P K *(s s.l. m.1)* S R   se ... esse] se p. se e. R

adsumptio nominis? quid contemptus ille rerum, qui magnificis
uerbis praetenditur? quid dispar ceteris habitus? aut cur omnino
praecepta sapientiae datis, si nemo adhuc qui sapiat inuentus
est? et quisquam nobis inuidiam facit, quia philosophos negamus esse sapientes, cum ipsi nec scire se quidquam nec sapere
11 fateantur? nam si quando ita defecerint, ut ne adfingere quidem
quidquam possint, quod faciunt in rebus ceteris, tum uero ad-
monentur ignorantiae et quasi furibundi exsiliunt et exclamant
12 caecos esse se et excordes. Anaxagoras pronuntiat circumfusa
esse tenebris omnia; Empedocles angustas esse sensuum semitas
queritur, tamquam illi ad cogitandum raeda et quadrigis opus
13 esset; Democritus quasi in puteo quodam sic alto, ut fundus
nullus sit, ueritatem iacere demersam; nimirum stulte, ut cetera.
14 non enim tamquam in puteo demersa ueritas est, quo uel descendere uel etiam cadere illi licebat, sed tamquam in summo
montis excelsi uertice uel potius in caelo, quod est uerissimum.
15 quid est enim, cur eam potius in imum depressam diceret quam
in summum leuatam? nisi forte mentem quoque in pedibus aut
in imis calcibus constituere malebat potius quam in pectore aut

Epit.: 3, 28, 12–13] 35, 3 Anaxagoras ... 4 testatur

Auct.: 9 §§ 12–13] *cf.* Cic. ac. 1, 44 = VS 59 A 95

1 hominis S   qui contemptus D V; quod c. H^{ac} M   **2** abitus H
5 sapientis D^1 V^1 nescire P H M K S R   se *s.l.* P^2 quidquam] q.
possint H M   **6** quidem *om.* H M K S   **7** quid R   **8** exiliunt *codd.*;
cf. 6, 20, 32   **9** anexagoras K S   **10** esse sensuum] se sensum B^1,
corr. B^2 **11** quaeritur B^{ac} D V H^{ar} R   illi *om.* H M
raeda B *(e s.l.)* P, redaa, *pr. a hic s.l.*, D^2, reda D^1 V R, rheda K S; redis
H M   et] set M   **12** est D V   quaesi D V   **12–14** quodam ...
puteo *om.* R   quoddam P^1 *(corr.* P^3*), om.* H M K S   **13** sit] s. sic H M
facere D V   nimiarum D; ne mirum P^1, *corr.* P^3 **14** puteum
H M K S   demersa ... est] dimersa e. u. M   **15** etiam *om.* P
sed *om.* D V, *del. et s.l.* et non R^2 **16** uerticem P^1, *corr.* P^3
17 dicere P^1 *(corr.* P^3*)* H M   **18** laeuatam B^{ar} fortem K
19 catcibus D^1 V   mallebat P

in capite. adeo remotissimi fuerunt ab ipsa ueritate, ut eos ne
status quidem sui corporis admoneret ueritatem illis in summo
esse quaerendam. ex hac desperatione confessio illa Socratis
nata est, qua se nihil scire dixit nisi hoc unum, quod nihil sciat,
hinc Academiae disciplina manauit, si tamen disciplina dici potest, in qua ignoratio et discitur et docetur. sed ne illi quidem,
qui scientiam sibi adsumpserunt, id ipsum, quod scire se putabant, constanter defendere potuerunt. qui, quoniam ratio illis
non quadrabat per ignorantiam rerum diuinarum, tam uarii, tam
incerti fuerunt sibique saepe contraria disserentes, ut quid sentirent, quid uellent, statuere ac diiudicare non posses. quid
igitur pugnes aduersus eos homines, qui suo sibi gladio pereunt?
quid labores ut eos destruas, quos sua ipsos destruit atque ad-
fligit oratio? 'Aristoteles' inquit Cicero 'ueteres philosophos ac-
cusans ait eos aut stultissimos aut gloriosissimos fuisse, qui
existimauissent philosophiam suis ingeniis esse perfectam; sed
se uidere, quod paucis annis magna accessio facta esset, breui
tempore philosophiam plane absolutam fore.' quod igitur fuit
illud tempus? quando est aut a quibus absoluta? nam quod ait

Auct.: 3 § 17] *cf.* Cic. ac. 1, 45   **14–18** Cic. Tusc. 3, 69 = Arist. frg. 53, 1 Rose *(cf. Flashar, Arist. Werke 20, 1, 2006, 178)*

2 *ante* ueritatem *eras.* ui B   illis *om.* P   **3** ex] in P   has D¹ V   disperatione P   socrates D¹ V   **4** qua] qui Pac; quae Har   **6** ignoratio Bar   **7** sibi ... scire] si scire P¹, *s.l. suppl.* P²   se *om.* H M   putant P   **8** qui] quia, a *s.l. m.2,* D   quoniam] quam D *(del. m.2)* V   illis ratio R   **10** saepe] semper P   sentiant H *(alt.n s.l. m.2)* M   **11** uelint H M   statuere] satis s. P   possis B² *(i s.l. pro* e*)* H M   **12** sibi suo K S   **13** distruas P¹, *corr.* P²; destruas Kac   quos *ex* quod? B²   ipsa H M   distruit P¹, *corr.* P³   adfigit, g *ex* c *m.3,* P; inflig- H M   **14** uteres D¹ V   **15** ait ... fuisse *post* esse perfectam *codd. Cic.*   eos ... fuisse] eos stultissimos f. P; *pr.* aut *s.l.* S²   **16** existimassent B; -mauisse K¹; extissimau- Rac   perceptam R   **17** magna *s.l.* D   **18** plane *om.* K S   fore *om.* D V   **19** tempus] t. quo more P   esset B   a *s.l.* H², *om.* M

'stultissimos fuisse, qui putassent ingeniis suis perfectam esse sapientiam', uerum est, sed ne ipse quidem satis prudenter, qui aut a ueteribus coeptam aut a nouis auctam aut mox a posterioribus perfectuiri putauit. numquam enim potest inuestigari quod non per uiam suam quaeritur.

29. Sed repetamus id quod omisimus. fortuna ergo per se nihil est, nec sic habendum est, tamquam sit in aliquo sensu, siquidem fortuna est accidentium rerum subitus atque inopinatus euentus. uerum philosophi, ne aliquando non errent, in re stulta uolunt esse sapientes; qui fortunae sexum mutant eamque non deam sicut uulgus, sed deum esse dicunt. eundem tamen interdum naturam, interdum fortunam uocant, 'quod multa' inquit idem Cicero 'efficiat inopinata nobis propter obscuritatem ignorationemque causarum'. cum igitur causas ignorent propter quas fiat aliquid, et ipsum qui faciat ignorent necesse est. idem in opere ualde serio, in quo praecepta uitae deprompta ex philosophia filio dabat, 'magnam' inquit 'esse fortunae uim in utram-

Auct.: **12–14** Cic. ac. 1, 29   **17–p. 305, 2** Cic. off. 2, 19 *(om.* uel secundas ... aduersas*; alia mutata u. infra)*

Codd.: **12** *a* multa *incipit* G *p. 43 paene tota lecta; hinc extant* B G D V P HM K S R

1 fuisse qui] suis sequi D[1] V   perceptam R   **2** ipsi K S
3 *a om.* D V   ueterioribus H M   ceptam K S   actam K S
aut *ante* mox *del.* Hm, Br   posteribus H   **4** perfectuiri D[1] V P[1], -tum
iri B D[2] H M K S; -tam iri P[3]; perceptum iri R; *cf. 1, 6, 13. 3, 1, 5*
inuesti inuestigari P   **5** suam *om.* H M; sūā, *i. e.* sumam K
9 euentus *s.l.* P[3]   errent] essent B[1], *corr.* B[3]   **10** qui *s.l.* B[3]
secum D V   **10–11** eamque ... dicunt *in mg. inf.* H[2]   **10** non *om.*
D V   **11** deum] deeā, *i. e.* de eam, *deinde* u *ut uid. pro* a, D
dicant B   **12** naturam interdum *om.* P   **12–13** multa ... inopinata]
efficiat m. improuisa et necopi- *codd. Cic.*   **13** propter] *alt.* r *s.l.* P[3]
14–15 propter quas ... ignorent *om.* R   **15** post et *s.l.* id B[3]
qui *in mg.* H[2]   ignoret G   **16** ualde ... in *om.* P; uel desiderio in
H M   **17** esse ... uim] u. e. in fortuna *codd.Cic.*   utroque K[1] S[1]

que partem quis nesciat? nam et cum prospero flatu eius utimur,
ad exitus peruenimus optatos, et cum respirauit, adfligimur'.
primum, qui negat sciri posse quidquam, sic hoc dixit, tamquam
et ipse et omnes sciant. deinde, qui etiam quae clara sunt dubia
conatur efficere, hoc putauit esse clarum, quod illi esse debuit
uel maxime dubium; nam sapienti omnino falsum est. 'quis'
inquit 'nescit?' ego uero nescio. doceat me, si potest, quae sit
illa uis, qui flatus iste et qui reflatus. turpe igitur, hominem
ingeniosum id dicere, quod si neges probare non possit. postremo, quod is qui dicit 'adsensus esse retinendos, quod stulti sit
hominis rebus incognitis temere adsentire', is plane uulgi et im-
peritorum opinionibus credidit, qui fortunam putant esse quae
tribuat hominibus bona et mala. nam simulacrum eius cum copia
et gubernaculo fingunt, tamquam haec et opes tribuat et humanarum rerum regimen obtineat. cui opinioni et Vergilius adsen-
tit, qui 'fortunam omnipotentem' uocat, et historicus, qui ait:

Auct.: **10–11** *cf.* Cic. ac. 1, 45. nat. deor. 1, 1   **16** Verg. Aen. 8, 334

Codd.: **16** *in* stoi|cus *(sub fine lin. ultimae, recte Brandt, 1984, 290) desinit* G *p. 43; seq. p. 44 (incipiens ab* ait*) maximam partem lecta*

1 nesciat *codd.;* -scit *Hm, Br cl.* § 6; ignorat *codd.* Cic.   **2** peruenimus] -uehimur *codd.* Cic., Buen   et BP *ut codd.* Cic., *om. cet.* (G *inc.*)   respirauit *codd.;* -uerit *recc.;* reflauit *codd.* Cic., *Br cl.* § 6   reflatus; reflauerit *recc., edd. ante Br*   **3** qui] quidem B *(et* G *spatio indice)*   quiquam V¹   sic *om.* HM; si KS   **4** et *ante* ipse *om.* HM   clara] uera P   **5** conatur *edd.,* -netur *codd.*   putauerit P; -aui HM   **7** uero *om.* G   **8** et *om.* BG   turpem HM   homine? G   **9** id] it Bᵃᶜ; ad Dᵃᶜ; *om.* HM   **10** quod] quid B¹ *(corr.* B³*)* G; *om.* R   is] his GDM   dicet D   sit *in ras.* B³ (G *inc.*)   **11** hominis *ex* hominibus? B³; -ni V   adsentiri HMKS (ass- KS)   is] s *tantum* V¹; his HM; iis R (G *inc.*)   **12** opinionem HM *post* credidit *exp.* ite D; credit HMS   **13** tribuit HM   homini D   **14** fingunt] pingitur f. R; *cf.* Heck, 1972, 188   **15** rerum *om.* P   cuius KS; ad cuius HM   opinionem HM   et] adest et P   uirgilius DVMKS   adsensit DVR, *ft. recte; om.* P   **16** stoicus B¹ G, storicus B³   qui *ante* ait *om.* G

9 'sed profecto fortuna in omni re dominatur.' quid ergo ceteris diis loci superest? cur non aut ipsa regnare dicitur, si plus potest, aut sola colitur, si omnia? uel si tantum mala immittit, aliquid causae proferant cur, si dea sit, inuideat hominibus eosque perditos cupiat, cum ab iis religiose colatur, cur aequior sit malis, iniquior autem bonis, cur insidietur adfligat decipiat exterminet,
10 quis illam generi hominum uexatricem perpetuam constituerit, cur denique tam malam sortita sit potestatem, ut 'res cunctas ex
11 libidine magis quam ex uero celebret obscuretque.' haec, inquam, philosophos inquirere oportuit potius quam temere innocentem accusare fortunam, quae etiamsi sit aliqua, nihil tamen adferri ab iis potest, cur hominibus tam inimica sit quam putatur.
12 itaque illae omnes orationes quibus iniquitatem fortunae lacerant suasque uirtutes contra fortunam superbissime iactant, nihil sunt aliud quam deliramenta inconsideratae leuitatis.
13 quare non inuideant nobis, quibus aperuit ueritatem deus, qui sicut scimus nihil esse fortunam, ita scimus esse prauum ac subdolum spiritum, qui sit inimicus bonis hostisque iustitiae, qui contraria faciat quam deus, cuius inuidiae causam in secundo

19 in secundo libro] 2, 8, 4 sq.; cf. Heck, 1972, 47 sq.

Auct.: **1** Sall. Catil. 8, 1   **8–9** ibid.

1 qui P   diis ceteris H M K S   **2** locus P   potes R^{ac}
3 *ante* sola *s.l.*   cur R^2 immittit] immo B^1, immittat B^3
4 proferent V^{ac}; -rat H M; -rt K S   **5** iis R, hiis P^{ar}, his *cet.*
religiose] -gio sola H M   cur *ante* aequior] cum V   sit] fit S
malis] in m. H M   **6** iniquior autem bonis] rebus b. i. P
7 illam *om.* H M   generis H M   hominem V^{ac} **8** multam B^1,
corr. B^3 *(G inc.);* malum D^{ac} sortitam B^{ar} **9** libidinem P^1, *corr.* P^3
10 filosofis D V; -phi H M   oportuit] fuit H M   timere B^1,
corr. B^3 innocentem *bis, pr. del.* P   **11** etiam P^1, *corr.* P^3
12 iis R, hiis P^{ar}, his *cet.*   potest] tamen R   **13** iniquitates B *(G inc.)*
14 suasque] se s. P; suaque S^1 superbissimam P; -mę K S
15 deliramen D *(in mg. inf. m.1)* V; -ta *ex* -tę P^3 **16** indeant D V;
inuideat H M; uideant K; uideatur S   **17** fortunae K^{ac} paruum K;
patruum S   **18** bonis] nobis H M   **19** causa H; -se M

libro explicauimus.   hic ergo insidiatur uniuersis. sed eos qui
deum nesciunt errore impedit, stultitia obruit, tenebris circumfundit, ne quis possit ad diuini nominis peruenire notitiam, in
quo uno et sapientia continetur et uita perpetua; eos autem qui
deum sciunt dolis et astu adgreditur, ut cupiditate aut libidine
inretiat, ut peccatis blandientibus deprauatos impellat ad mortem, uel si dolo nihil profecerit, ui et uiolentia deicere conatur.
idcirco enim in primordiis transgressionis non statim ad poenam
detrusus a deo est, ut hominem malitia sua exerceat ad uirtutem;
quae nisi agitetur, nisi uexatione adsidua roboretur, non potest
esse perfecta, siquidem uirtus est perferendorum malorum fortis
atque inuicta patientia. ex quo fit ut uirtus nulla sit, si aduersa-
rius desit.   huius itaque peruersae potestatis cum uim sentirent
uirtuti repugnantem, nomen ignorarent, fortunae sibi uocabulum
inane finxerunt. quod quam longe a sapientia sit remotum, declarat Iuuenalis his uersibus:

Auct.: **11–13** *cf.* Sen. dial. 1, 2, 4

Codd.: **2** *in* [obruit] *desinit* G *p. 44; seq. p. 45 usque ad § 16 a deo magnam partem lecta; ceterum extant* B DV P HM KS R

2 stultitia . . . circumfundit *om.* HM   obruat D¹ V   **3** diuinis K¹   notitiam peruenire R   in *om.* HM   **5** dominum P   nesciunt DV   dolis *s.l.* P³   aestu DV; astutia, tia *s.l. m.3,* P; austum K¹   adgreditur *om.* HM   ut] et ut Bᵃʳ *(sim. habuit* G *spatio indice);* et DV; ut aut HM   **6** inretiat *om.* P   ut] aut PHM   blandibus HM   deprauaǀtos, ua *m.2 ut uid.,* B *(*G *inc.)*   inpellat, in *in ras.,* P   **7** proficerit HM   ui et *om.* DV, ui *om.* HM   decedere B¹, *corr.* B³; de[ice]ǀre G; deiecere Dᵃᶜ V   **8** in *om.* HMKS   **9** ad] et KS   **10** non] non tam R   **12** patientia] sapientia DV   si] nisi P   aduersarios D¹ V   **13** desit] detur P   itaque] denique KS   sentire KS¹   **14** repugnantem . . . ignorarent] repugnarent P   nomenque, que *s.l. m.2,* S   ignorent Bᵃᶜ; *deinde s.l.* scilicet philosophi S   **15** fixerunt Vᵃᶜ R   a *s.l.* P³   **16** his] in h. R   uerbus Bᵃᶜ; uerbis S¹

271

'nullum numen habes, si sit prudentia. nos te,
nos facimus, fortuna, deam caeloque locamus.'

18 stultitia igitur et error et caecitas et, ut Cicero ait, 'ignoratio'
rerum atque 'causarum' naturae ac fortunae nomina induxit.
19 sed ut aduersarium suum nesciunt, sic ne uirtutem quidem sciunt, cuius scientia ab aduersarii notione descendit. quae si coniuncta est cum sapientia uel, ut ipsi dicunt, eadem ipsa sapientia
20 est, ignorent necesse est in quibus rebus sita sit. nemo enim potest ueris armis instrui, si hostem contra quem fuerit armandus ignorat, nec aduersarium uincere qui in dimicando non hostem uerum, sed umbram petit. prosternetur enim qui alio intentus uenientem uitalibus suis ictum nec praeuiderit ante nec cauerit.

1 30. Docui, quantum mea mediocritas tulit, longe deuium philosophos iter a ueritate tenuisse, sentio tamen quam multa

Epit.: 3, 30, 1–8] *cf.* 35, 5

Auct.: **1–2** Iuu. 10, 365 sq.   **3** Cicero] *u. § 3*

Codd.: **7** *ab* eadem *incipit* G *p. 46 tota lecta; hinc extant* B G D V P H M K S R

1 numen P *cum codd. Iuu., edd., Br*; nomen *cet.; cf. anteced.* nomen ... finxerunt   nos te] nostra H M; nunc te *ex* noste R²   **2** nos *s.l.* R² fortunam B¹ *(corr.* B³*)* H M   **3** error et] errore B^ac   et *ante* ut *om.* H M   **4** ac] atque K S; acque H, acquae M   **5** sic ne] sic nec D V P³ K S *ft. recte (cf. 1, 6, 7); sine* P¹   **6** aduersari D¹ V notione] ment- H M   quae] idque B   si] sic H M
7 eandem ipsam B   sapientiam, m *in ras. 3 litt. m.2,* B
8 est *om.* B   ignorant D V   sita *om.* B¹ *(s.l.* B³*)* G; ita D V
9 quem *in fine lin.* D², *om.* V   **10** *post* nec 2 litt. eras. B uinceret K¹ S   qui in] qui H M; quin K S¹   **11** uero D¹ proternetur B^ac; prosterneretur, *tert. r partim inc.,* G   **12** hictum K S^ac nec *post* ictum *s.l.* H²   **12–13** ante nec cauerit *om.* P; a. necau- B¹ *(corr.* B³*)* G; a. n. cauit D V (cau͂ *in fine lin.*)   **14** mea *ex* me P³ deuiuum? B^ar   **15** filosofis R   senti D¹ (senū D²) V; scio K S

praeterierim, quia non erat mihi propria contra philosophos disputatio. sed huc necessario deuertendum fuit, ut ostenderem tot ac tanta ingenia in rebus falsis esse consumpta, ne quis forte a prauis religionibus exclusus ad eos se conferre uellet tamquam certi aliquid reperturus. una igitur spes homini, una salus in hac doctrina quam defendimus posita est, omnis sapientia hominis in hoc uno est, ut deum cognoscat et colat; hoc nostrum dogma, haec sententia est. quanta itaque uoce possum, testificor proclamo denuntio: hic, hic est illud, quod philosophi omnes in tota sua uita quaesierunt nec umquam tamen inuestigare comprehendere tenere ualuerunt, quia religionem aut prauam retinuerunt aut totam penitus sustulerunt. facessant igitur illi omnes, qui humanam uitam non instruunt, sed turbant. quid enim docent aut quem instruunt qui se ipsos nondum instruxerunt? quem sanare aegroti, quem regere caeci possunt? huc ergo nos omnes, quibus est cura sapientiae, conferamus. an expectabimus, donec Socrates aliquid sciat aut Anaxagoras in tenebris lumen inueniat aut Democritus ueritatem de puteo extrahat aut Empedocles

Epit.: 3, 30, 3–4] *cf.* 47, 1

Auct.: **5–7** *cf.* CH I 120, 8–10 (serm. 10, 15)

Codd.: **12** *in* igitur *desinit* G *p. 46; hinc extant* B DV P HM KS R
1 praeterieris S¹   propria] pro patria P   filofos GK^ac (ph)
2 hunc G; hoc *ex* huc *ut uid.* K   **3** ac ... consumpta] sumpta *tantum* R
ingenia *om.* DV   a *om.* HM   **4** prauis] p. peius G
uelit *ex* uellit P³; uelle HM   **5** certi *om.* P   hominis HMKS
6 posita est] potest, *deinde 2–3 litt. inc. in fine lin.*, G   **8** est *om.* HM
quanta itaque] -ntaque HM   possum uoce *ex* possumus P
9 *alt.* hic *om.* DVHMKS   **10** uita sua R; suauit D¹ V¹
qu(a)esiuerunt HMKS   conprendere R   tenere compraehendere
HMKS   **11** qua D¹ V   **12** facessent D¹ V; fatiscent D²
homines P^ar   **13** humanas S¹   instruunt] r *ex* it? B³
14 ipse D^ac   quem *ante* sanare] quam V¹   **16** sapientiae *bis* DV
expectauimus DVHM   **18** de puteo *s.l.* B³   aut *post* extrahat
om. HM

dilatet animi sui semitas aut Arcesilas et Carneades uideant sentiant percipiant? uox ecce de caelo ueritatem docens et nobis sole ipso clarius lumen ostendens. quid nobis iniqui sumus et sapientiam suscipere cunctamur, quam docti homines contritis in quaerendo aetatibus suis numquam reperire potuerunt? qui uult sapiens ac beatus esse, audiat dei uocem, discat iustitiam, sacramentum natiuitatis suae norit, humana contemnat, diuina suscipiat, ut summum illud bonum ad quod natus est possit adipisci.

Dissolutis religionibus uniuersis et omnibus quaecumque in earum defensionem dici uel solebant uel poterant refutatis, deinde conuictis philosophiae disciplinis, ad ueram nobis religionem sapientiamque ueniendum est, quoniam est ut docebo utrumque coniunctum, ut eam uel argumentis uel exemplis uel idoneis testibus adseramus et stultitiam, quam nobis isti deorum cultores obiectare non desinunt, ut nullam penes nos, sic totam penes ipsos esse doceamus. et quamquam prioribus libris, cum falsas arguerem religiones, et hoc, cum falsam sapientiam tollerem, ubi ueritas sit ostenderim, planius tamen quae religio et quae sapientia uera sit liber proximus indicabit.

Epit.: 3, 30, 9–10] 36, 1

1 animae suae B[1], *corr.* B[3] arcesilas BR, arch- *cet.* **3** sele D[ac] V ipsius P simus D[ac] R[ac] **4** qua K docti] dati K S omnes M **5** in quaerendo] inquir- P **6** ac] aut H M uocam B[ac] **7** norit] noscat B; *om.* D V **8** suspiciat B illud *om.* D V **10** regionibus D[1] uniuersis et omnibus *om.* P uniuersis *del. et s.l.* uanis D[2] **11** eorum R defensione H M K S solebat K[ac] **13** est *ante* quoniam *om.* K S **14** uel *ante* exemplis *om.* H M exempli S[1] **15** adseram P et] ut II M **17** et] ut D V quanquam D V K S; quam H M liberis R[ar] falsas] has *ex* sas S[2] **18** hoc *om.* H M **19** ostenderem D[ac] *(in* V im *in ras.)* **20** indicauit D[ac] *subscriptiones u. p. XXVI*

L. CAELI FIRMIANI LACTANTI

DIVINARVM INSTITVTIONVM

LIBER QVARTVS

DE VERA SAPIENTIA ET RELIGIONE

1. Consideranti mihi, *Constantine imperator,* et cum animo meo saepe reputanti priorem illum generis humani statum et mirum pariter et indignum uideri solet, quod unius saeculi stultitia religiones uarias suscipientis deosque multos esse credentis in tantam subito ignorationem sui uentum est, ut ablata ex oculis ueritate neque religio dei ueri neque humanitatis ratio teneretur, hominibus non in caelo summum bonum quaerentibus, sed in terra.   quam ob causam profecto saeculorum ueterum mutata felicitas est. coeperunt enim relicto parente et constitutore omnium deo insensibilia digitorum suorum figmenta uenerari. quae

Auct.: **5–6** *cf.* Cic. de orat. 1, 1. Min. Fel. 1, 1 *(uterque* cogitanti mihi*)*

Codd.: *ab initio extant* B G D V P H M K S R, *sed* G *p. 42 nusquam legi potest*

4 *de inscriptione u. p. XXVI. XXVIII*   **5** consideranti B H M K S R Heck, *1972, 128 n. 3, Mo;* cogitanti D V P *edd., Br*   constantine imperator K S R *tantum; cf. Heck l. c. 128*   **7** quod *om.* H M   saeculi *om.* P   stultitiam D V   **8** suscipientes B H M   credentes B *(tert.* e *ex* i *m.2 uel 3)* P¹ *(corr.* P³*)* H M   **9** ignorationes | ui H¹; -rantiam sui D V   ex] ab H M   **10** ueritatem H^ar M^ar   neque ... ueri *om.* P   ueri dei B   tenetur H M   **11** caelum P¹ *(corr.* P³*)* K S R   **12** terram B^ar   **14** insẽ|sensibilia B; -lium P digiorum D¹ V; *om.* P

prauitas quid effecerit aut quid malorum attulerit, res ipsa de-
3 clarat. auersi namque a summo bono, quod ideo beatum ac
sempiternum est, quia uideri tangi comprehendi non potest, et a
uirtutibus ei bono congruentibus, quae sunt aeque immortales,
ad hos corruptos et fragiles deos lapsi et studentes iis rebus,
quibus solum corpus ornatur alitur delectatur, mortem sibi perpetuam cum diis et cum bonis corporalibus quaesierunt, quia
4 morti corpus omne subiectum est. insecuta est igitur huiusmodi
religiones iniustitia et impietas, sicuti fuerat necesse. desierunt
etenim uultus suos in caelum tollere, sed deorsum mentes hominum depressae terrenis ut religionibus, sic etiam bonis inhaere-
5 bant. secutum est discidium generis humani et fraus et nefas
omne, quia spretis aeternis atque incorruptis bonis, quae sola
debent ab homine concupisci, temporalia et breuia malueruni
maiorque hominibus ad malum fides fuit, qui prauum recto, quia
6 praesentius fuerat, praetulerunt. sic humanam uitam prioribus
saeculis in clarissima luce uersatam caligo ac tenebrae comprehenderunt, et quod huic prauitati congruens erat, postquam
sublata sapientia est, tunc demum sibi homines sapientium no-

Codd.: **6** *post* delec| *in* K *excid. tria folia usque ad 4, 6, 8* cui
10 *a* mentes *incipit* G *p. 41 maximam partem lecta; extant* B G D V P
H M S R

1 efficerit B¹ *(corr.* B³*)* H M   **2** bono *om.* P   **3** qui auderi R^{ac}
et B^{ar} *(nunc eras.)* R, *om.* P K S; ut D V H M   **4** ei] et B³ *(ex* ei*)* P K S
quae ... immortales *om.* P   **5** faciles R   iis R¹ *Br,* hiis R², his *cet.,*
Mo   **6** pertuam P¹, *corr.* P³   **7** corporibus D V H M   quaesiuerunt
H M   **8** omne corpus B   huius mundi S   **9** religionis D² *(tert.* i
ex e*)* P¹ *(corr.* P³*)* H   et impietas *om.* R   sicut P H M
10 etenim D V; enim *cet.,* Mo   suos *ex* uos P³   sed] et B
muntes B^{ac} hominis P   **11** religionis P¹, *corr.* P³   inhaeserunt
B *(a s.l. m.2)* G *(-hes-)*   **13** omnes P¹, *corr.* P³; *om.* H M
14 temporalia] corp- H M   uoluerunt D   **15** maior H M
malum] prauum H M   fide P^{ac} prauam P^{ac} rectum S¹
quia] quoniam S; qui R   **16** praesentium B; -tis H M *(G non legitur)*
17 uersata H M   **18** huc V¹   erit R^{ac} **19** tum B³ *(ex* tunc; *G non
legitur)* S   sapientiae B *(G inc.)*

men uindicare coeperunt. tum autem nemo sapiens uocabatur, cum omnes erant; utinamque nomen illud aliquando publicum quamuis ad paucos redactum tamen uim suam retineret. possent enim fortasse pauci illi uel ingenio uel auctoritate uel adsi-
5 duis hortamentis liberare populum uitiis et erroribus. sed adeo in totum sapientia occiderat, ut ex ipsa nominis adrogantia nullum eorum qui uocarentur appareat fuisse sapientem. et tamen priusquam haec philosophia quae dicitur esset inuenta, septem fuisse traduntur, qui primi omnium quia de rebus naturalibus
10 quaerere ac disputare sunt ausi, sapientes haberi appellarique meruerunt. o miserum calamitosumque saeculum, quo per orbem totum septem soli fuerunt qui hominum uocabulo cierentur! nemo enim potest iure dici homo nisi qui sapiens est. sed si ceteri omnes praeter ipsos stulti fuerunt, ne illi quidem sapien-
15 tes, quia nemo sapiens esse uere iudicio stultorum potest. adeo ab iis afuit sapientia, ut ne postea quidem increscente doctrina et multis magnisque ingeniis in id ipsum semper intentis potuerit

Codd.: **11** *in* calamitosum | *desinit* G *p. 41, seq. p. 178 bis rescripta nusquam legibilis; ceterum extant* B DV P HM SR

1 tu D^{ac} H¹; tunc D^{pc}   **2** utinam HM   aliquando *om.* HM
3 ad] apud HM   retinerent B^{ar} *(G inc.)*   **4** uel *ante* adsiduis *om.*
HM; uel ... hortamentis *om.* R   **5** uitiis] a u. P   **6** occiderant D¹ V
adrogantia] -ti adsumtione R; *cf. Heck 1972, 188*   **7** uocaretur GHM
et] sed DV   **8** philosophia quae] -iaque quae D, -ia quaeque V
esset inuenta] esse i. DVS¹; inueniretur P   septem] p *in ras.* D,
semt- V, VII PS   **10** ac] aut HM   **11** quo] in q. HM
12 VII PS   hominis HM   **13** iure potest B   iuridici S
dico V^{ac}   homini si P¹, *corr.* P²   **14** omnes] homines HM
14–15 ne ... sapientes *om.* HM   **15** quia ... sapiens *om.* V¹, *in parte lin. uacua suppl.* V²   **16** ab iis afuit] abusa fuit D   iis V *(cf.* D*)* R, his *cet., Mo*   afuit *ex* fuit B³   sapientia *ex* stultitia B³
ne *om.* P; nemo D   **17** in id ipsum BPS; id in ip- HM; et id ip- DV; in ipsam R   potuerit SR; filosofia non *(s.l. m.3)* p. B; non p. DVP; non potuit HM; *cf. Heck, 1972, 177*

perfici ac ueritas comprehendi. nam post illorum septem sapientium gloriam incredibile est, quanto studio inquirendae ueritatis Graecia omnis exarserit. ac primum nomen ipsum sapientiae adrogans putauerunt seque non sapientes, sed studiosos sapientiae uocauerunt. quo facto et illos, qui temere sapientium sibi nomen adsciuerant, erroris stultitiaeque damnarunt et se quoque ipsos ignorantiae, quam quidem non diffitebantur. nam ubicumque rerum natura ingeniis eorum quasi manus opposuerat, ne rationem possent aliquam reddere, testificari solebant nihil scire se, nihil cernere. unde multo sapientiores inueniuntur qui se aliqua ex parte uiderunt quam illi qui se sapere crediderant.

2. Quare si neque illi fuere sapientes qui sunt appellati neque posteriores qui non dubitauerunt insipientiam confiteri, quid superest nisi ut alibi sit quaerenda sapientia, quia non est ubi quaerebatur inuenta? quid autem putemus fuisse causae cur tot ingeniis totque temporibus summo studio ac labore quaesita non reperiretur, nisi quod eam philosophi extra fines suos quaesierunt? qui quoniam peragratis et exploratis omnibus nusquam ullam sapientiam comprehenderunt et alicubi esse illam necesse

Epit.: 4, 2, 2] *cf.* 35, 5

Codd.: 18 *hinc fere coepit* G *p. 177 bis rescripta nusquam legibilis; ceterum extant* B DV P HM SR

1 percipi *ex* perfici B³; prof- DV   ac ueritas] ac *(sed del. m.1?)* u. et P   VII PS   2 quantum DVP¹ *(corr.* P³*);* quia nos Hᵃʳ*;* qua nos Hᵖʳ M   3 gratia DV; gratiae M   nomen *om.* DV   sapientiae] -iens B   4 sapientis sed DVR¹   6 adsciuerunt BHMS *(asc-* BS*)* stultitiae quae D¹ Vᵖᵃʳ   damnauerunt B   quodque Hᵃʳ M *ut saepe; u. ad 2, 9, 10*   7 quidam, a *ex* e, B³   diffidebantur HM, -fitab- S¹ 8 naturam HM   opposuissent *ex* -uerant B²; adp- HM *(ex* -rant*),* app- S¹   9 nec BR   aliquam possent BPS   11 se ⟨insipientes esse⟩ Br, *sed* se *i. q.* suam ignorantiam*; cf. Buen ad l.; trad. def. et Mo* uidere *(inf.) edd. quidam, Hm*   qui *om.* S   crediderunt HM 15 causa M   cur *om.* R   16 ac] et PHMS   17 repperiretur PHMSR*; u. ind. form.*   quaesiuerunt HM   18 nusquamquam Pᵃᶜ 19 illam DV¹ HM   aliubi DV   esse *om.* DV

est, apparet ibi potissimum esse quaerendam, ubi stultitiae titulus apparet; cuius uelamento deus, ne arcanum sui diuini operis in propatulo esset, thesaurum sapientiae ac ueritatis abscondit. unde equidem soleo mirari, quod cum Pythagoras et postea Plato amore indagandae ueritatis incensi ad Aegyptios et magos et Persas usque penetrassent, ut earum gentium ritus et sacra cognoscerent – suspicabantur enim sapientiam in religione uersari –, ad Iudaeos tantum non accesserint, penes quos tunc solos erat et quo facilius ire potuissent.   sed auersos esse arbitror diuina prouidentia, ne scire possent ueritatem, quia nondum fas erat alienigenis hominibus religionem dei ueri iustitiamque notescere. statuerat enim deus appropinquante ultimo tempore ducem magnum caelitus mittere, qui eam perfido ingratoque populo ablatam ceteris nationibus reuelaret. qua de re in hoc libro adgrediar disputare, si prius ostendero sapientiam cum religione sic cohaerere, ut diuelli utrumque non possit.

3. Deorum cultus, ut in primo libro docui, non habet sapientiam, non modo quia diuinum animal, hominem, terrenis fra-

Epit.: 4, 2, 6 ... reuelaret] *cf.* 38, 5 ut alium ... congregaret

Auct.: 1 stultitiae titulus] *cf.* I Cor. 3, 19 *et 3, 3, 16*

1 stultitia H M   **2** uelamento] sub *(m. rec. ante lin.)* |u. P
deus ne *om.* H M   nec P[ac] *(c exp.)* S[ar]; de D¹ V; dum? D²
sui] summi s. B   diuini sui S   **3** in *s.l.* B³   esse H M R¹
thesaurum D V S, tens- B, thens- P *(n exp. m.3)* H M R *(n exp.); u. ind. form.*   **4** equidem] *ante* q *s.l.* o *uel* c B³; quid- S   **5** indigandae V; inuestiga- H M   accensi R   et magos] ac m. R   **6** ritus et *om.* D V
7 suspicantur D V P¹ *(corr.* P³*)*   **8** paenes B *(a s.l. m.3)* D V P, pęn-
H S   solus M   **9** ire] scire H² *(pro eras.* i *in mg.* sci*)* M
10 scire *om.* P   *post* ueritatem *s.l.* cognoscere P³   quia *ex* uia P³;
qua H   **11** aligenigenis D[ac], aligenis D[pc]   ueri dei H M
innotescere, in *s.l. m.3*, P   **13** perfido] *ex* permitto? V; o *in ras.* 2
litt. H²   **14** ceteris *codd., def. Mo;* exteris *edd., Br*   adgredior H
15 sapientia H M   religio P¹*, corr.* P³   cohereret H M
17 priore D V P S   habuisse P   **18** fragilibus H

gilibusque substernit, sed quia nihil ibi disseritur quod proficiat
ad mores excolendos uitamque formandam; nec habet inquisi-
tionem aliquam ueritatis, sed tantummodo ritum colendi, qui
non officio mentis, sed ministerio corporis constat. et ideo non
est illa uera religio iudicanda, quia nullis iustitiae uirtutisque
praeceptis erudit efficitque meliores. ita philosophia quia religionem id est summam pietatem non habet, non est uera sapientia. nam si diuinitas, quae gubernat hunc mundum, incredibili beneficentia genus hominum sustentat et quasi paterna in-
dulgentia fouet, uult profecto gratiam sibi referri et honorem
dari, nec constare homini ratio pietatis potest, si caelestibus beneficiis extiterit ingratus, quod non est utique sapientis. quoniam igitur ut dixi philosophia et religio deorum diiuncta sunt
longeque discreta, siquidem alii sunt professores sapientiae, per
quos utique ad deos non aditur, alii religionis antistites, per quos
sapere non discitur, apparet nec illam esse ueram sapientiam nec
hanc religionem. idcirco nec philosophia potuit ueritatem comprehendere nec religio deorum rationem sui, qua caret, reddere.
ubi autem sapientia cum religione inseparabili nexu cohaeret,
utrumque esse uerum necesse est, quia et in colendo sapere
debemus, id est scire quid nobis et quomodo sit colendum, et in

Epit.: 4, 3, 3 – 4, 5] 36, 1–5 *(u. iam ad 3, 30, 9–10)*   4, 3, 3 uult . . . dari] 36, 3 ut . . . referret   4–6] 36, 4 et ideo . . . 5 necesse est

1–3 quia nihil . . . ueritatis sed *om.* S   **1** disserit B   proficiatur, ur *s.l. m.3,* B   **2** colendos P   uitam P   **4** restat H M   et *om.* H M   **5** religio uera H M   **6** quia] quae H M   religionem] ueram r. B   **8** si *del.* P³   incredibilibus R^ar   **9** beneficientia B *(alt. i s.l. m.2)* D *(-fiti-)* V H M S R *(alt. i s.l.); u. ind. form.*   humanum R^ac   sustinuit B¹, *corr.* B³   et *s.l.* P   **10** uult] ut H M   gratia H M   **11** sic D^al   **12** Iustiterit H   ingratis R¹   utuque B^ar   sapienti P   **13** diiuncta B M^pc R¹, disiu- M^ac R² *cet.; cf. 3, 10, 9*   **15** additur V^ar P^ac   religiones M^ac B r errore, *corr. in addendis*   antestites D V H M   **16** esset V^ar   ueram esse H M   **21** in *om.* B

sapiendo colere id est re et actu quod scierimus implere. ubi
ergo sapientia cum religione coniungitur? ibi scilicet ubi deus
colitur unus, ubi uita et actus omnis ad unum caput et ad unam
summam refertur, denique idem sunt doctores sapientiae qui et
5 dei sacerdotes. nec tamen moueat quemquam, quia et saepe
factum est et fieri potest, ut philosophus aliquis deorum suscipiat sacerdotium. quod cum fit, non tamen coniungitur philosophia cum religione, sed et philosophia inter sacra cessabit, et
religio, quando philosophia tractabitur. illa enim religio muta
10 est, non tantum quia mutorum est, sed quia ritus eius in manu et
in digitis est, non in corde aut in lingua, sicut nostra, quae uera
est. idcirco et in sapientia religio et in religione sapientia est.
ergo non potest segregari, quia sapere nihil aliud est nisi deum
uerum iustis ac piis cultibus honorare. multorum autem deo-
15 rum cultum non esse secundum naturam etiam hoc argumento
colligi et comprehendi potest: omnem deum qui ab homine colitur necesse est inter sollemnes ritus et precationes patrem nuncupari, non tantum honoris gratia, uerum etiam rationis, quod et
antiquior est homine et quod uitam salutem uictum praestat ut

Epit.: 4, 3, 8] 36, 4 neque in philosophia ... tractatur   10] *cf.*
36, 1–2. 5   11. 13–23] *cf.* 2, 2

1 re] et re HM   actum P^{ac} quod] qui B   scimus R
ibi *ex* ubi S   **2** sapienti P^1, *corr.* P^3 ibi *om.* B, *del.* S
3 ad *ante* unam *om.* B   **5** et *ante* saepe *om.* PS   **6** deorum *om.* P
suscitat D^1 V; -citet D^2 **7** sacerdotum D^1 V H^1 S^{ac} fit] uiuit S
8 cessauit S   **9** tractatur HM   **10** est *post* muta *ex* et P
sed] d *s.l.* P^3 **10–11** manu ... digitis] m. et d. HM; manus (s *s.l.*
m.2) d. R   **11** in *ante* lingua *om.* R   **12** religio et in *s.l.* P^3
12–13 religio ... non] religio s. est ergo et in religione non R
13 potes D^{ac}; potesit *sic (uoluitne* poterit?*)* P   uerum deum R
14 mutorum D^1 V   **15** cultus P *edd.*   esset D^{ar} V   **16–17** omnem ... colitur] omne enim quod ab h. c. HM; deum *tantum* R
16 qui *ex* quia P^3 **18** gratia] causa B   uerum etiam *om., sed et s.l.
m.3* P   rationes M^{ac} et quod D V   **19** hominem B^{ar}
uictumque, que *s.l. m.3*, B   ut] aut? V^{ar}

12 pater. itaque et Iuppiter a precantibus pater uocatur et Saturnus et Ianus et Liber et ceteri deinceps, quod Lucilius in deorum concilio inridet:

'ut
nemo sit nostrum, quin aut pater optimus diuum
aut Neptunus pater, Liber, Saturnus pater, Mars,
Ianus, Quirinus pater siet ac dicatur ad unum.'

13 quodsi natura non patitur, ut sint unius hominis multi patres – ex uno enim procreatur –, ergo etiam deos multos colere contra
14 naturam est contraque pietatem. unus igitur colendus est, qui potest uere pater nominari; idem etiam dominus sit necesse est,
15 quia sicut potest indulgere, ita etiam coercere. pater ideo appellandus est, quia nobis multa et magna largitur, dominus ideo, quia castigandi ac puniendi habet maximam potestatem. dominum uero eundem esse qui sit pater etiam iuris ciuilis ratio demonstrat. quis enim poterit filios educare, nisi habeat in eos
16 domini potestatem? nec immerito pater familias dicitur, licet

---

Auct.: 4–7 Lucil. 19–22 Marx   15 iuris ciuilis] *cf. e. g.* Vlp. dig. 50, 16, 195, 2 *et Wlosok, 1960, 232–246 passim*

1 et *om.* DVHM; ut S   iuppitur D¹ V   a *om.* R   et *post* uocatur *om.* HM   saturnis DV; satur P¹, *corr.* P³   2 *post* liber *ins.* saturnus ... quirinus pater, *suo loco om.,* HM   lucillius HM   4 ut DV Br, Marx, alii edd. Lucil. (*ultima uersus syllaba*); uti BPRS Mo neglecto metro; utine HM; uti ⟨nunc⟩ E. Baehrens, RhM 29, 1874, 359 (*ft. hic uel similis finis uersus fuit*)   5 siet BDV   6 aut] atque DV   neptunus] neminus P   *pr.* pater *in fine lin.* B³   liber? eras. H   6–7 saturnus ... quirinus pater *om.* HM   6 *alt.* pater *om.* B   7 siet] sicet V; et HM   ac] hoc HM; hac S; hoc ac R   ad unum *om.* P   8 patietur R   unus D^{ac} P^{ac}   9 ego V^{ac}   etiam] et B   10 unius D^{ar} V   colendum D^{ac} V   11 pater nominari] promin- D¹, domin- D², pomin- V   12 qui B   sio S¹   indulgere] intelleg- M   cohercere BDMS   13 muta D¹ V   dominus] deum HM   14 ac] et B   15 uero *om.* HM   demonstrat ratio B S^{ac}   16 poterit filios] f. possit B; f. poterat DV

tantum filios habeat; uidelicet nomen patris complectitur etiam
seruos, quia 'familias' sequitur, et nomen familiae complectitur
etiam filios, quia 'pater' antecedit. unde apparet eundem ipsum
et patrem esse seruorum et dominum filiorum. denique et filius
manu emittitur tamquam seruus et seruus liberatus patroni nomen accipit tamquam filius. quodsi propterea pater familias
nominatur, ut appareat eum duplici potestate praeditum, quia et
indulgere debet, quia pater est, et coercere, quia dominus, ergo
idem seruus est qui et filius, idem dominus qui et pater. sicut
igitur naturae necessitate non potest esse nisi unus pater, ita nec
dominus nisi unus. quid enim faciet seruus, si multi domini
diuersa imperauerint? ergo contra rationem contraque naturam
sunt religiones multorum deorum, siquidem nec patres multi
possunt esse nec domini, deos autem et patres et dominos nuncupari necesse est. teneri ergo ueritas non potest, ubi homo
idem multis patribus dominisque subiectus est, ubi animus in
multa dispersus huc atque illuc diuagatur, nec habere ullam
firmitatem religio potest, quando certo et stabili domicilio caret.
cultus igitur deorum ueri esse non possunt, eodem modo, quo
matrimonium dici non potest, ubi mulier una multos uiros habet,

1 tanti *ex* tantum B   habet HM   etiam seruos] e. et s. HM
2–3 seruos ... etiam *om.* BP   familias ... filios quia *om.* HM
2 familias] -ia DVR   **3** filius BDV   unde *s.l.* P². **5** mittitur
HMR   patroni] a patrono P   **6** accepit DV   quidsi B¹, *corr.* B³;
quod id HM   **7** apparet M   et *om.* S   **8** quia *post* debet] qua DV;
ut P   est *om.* P   coherere BMS; coepere R¹, capere R²
quia] qua DV; ut P   **8–9** ergo ... pater *om.* B¹, *s.l. suppl., sed alt.*
idem *et alt.* et *om.* B³   **9** idem *post* filius] eidem R¹, et idem R²
10 natura M   **11** domini] do *tantum* P^{ac}; -nis S^{ar}   **13** deeorum? V^{ar}
nec *om.* P   pates D¹ V¹   **14** possent B   esse possunt HM
nec *del., s.l.* et P³   dominos] -nus M   nuncupari] i *ins. m.1?* B
15 ergo] e. uero S   **16** partibus M   **17** illuc] subiectus est ubi animo
i. D¹ *(antea s.l.* illuc D²) V   diuigatur V¹; diuulg- B; uag- R
18 potestati? P^{ar}   certe *uel* -ti S¹   et *om.* DV   **19** possent V^{ac}
idem D¹ V   **20** una *om.* M

sed haec aut meretrix aut adultera nominabitur; a qua enim pudor castitas fides abest, uirtute careat necesse est. sic et religio deorum impudica est et incesta, quia fide caret, quia honos ille instabilis et incertus caput atque originem non habet.

4. Quibus rebus apparet, quam inter se coniuncta sint sapientia et religio. sapientia spectat ad filios, quae exigit amorem, religio ad seruos, quae exigit timorem. nam sicut illi patrem diligere debent et honorare, sic hi dominum colere ac uereri. deus autem, qui unus est, quoniam utramque personam sustinet et patris et domini, et amare eum debemus, quia filii sumus, et timere, quia serui. non potest igitur nec religio a sapientia separari nec sapientia a religione secerni, quia idem deus est qui et intellegi debet, quod est sapientiae, et honorari, quod est religionis. sed sapientia praecedit, religio sequitur, quia prius est deum scire, consequens colere. ita in duobus nominibus una uis est, quamuis diuersa esse uideantur; alterum enim positum est in sensu, alterum in actu, sed tamen similia sunt duobus riuis ex uno fonte manantibus. fons autem sapientiae et religionis deus

---

Epit.: 4, 4, 1–2] 36, 3 ut . . . referret

1 aut adultera aut meretrix P; ut m. aut ad- S¹   nominabitur] bi *exp.*, B   a] at B^ac   **3** incesta] incerta est D V   careat B^ac   caret] c. dum multis seruit S R; *cf. Heck, 1972, 178 sq.*   honus *sic ex* bonus B³ *(anteane* u *ex* o?)   **4** instabilis] in *exp.* B   et *om.* H M   incertus] in *exp.* B, incestus S   **5** se] sit S¹   sit P H M   **6** sapientia *ante* spectat *s.l. m.2?* R   expectat, e *exp.*, B   quia H M   exigat? B^ac   **6–7** amorem . . . exigit *om.* S¹, *in mg.* am- cultus uero ad s. qui e. S²   **7** religio] sapientiae r. R   quia H M   **8** debent] bent B^ac   hii P^ar; et hi H, et i M   ac] et D H M   uenerari P H M   **10** et *ante* patris *atque ante* amare *om.* D V   dominum R^ar   eundem H M   fili B¹, *corr.* B³   **11** a *post* religio *s.l.* B   **12** a *post* sapientia *om.* H   **13** sapientia D V H M (-ncia)   **15** ita] ita ut D V   hominibus D V   **16** uidetur H M   **17** sensum B¹ *(corr.* B³*)* P^ar   actum? P^ar   riuos D¹ V   ex] et ex H M^ar

est, a quo hi duo riui si aberrauerint, arescant necesse est; quem
qui nesciunt, nec sapientes esse possunt nec religiosi. sic fit ut
et philosophi et qui deos colunt similes sint aut filiis abdicatis
aut seruis fugitiuis, quia neque illi patrem quaerunt neque hi
dominum. et sicut abdicati hereditatem patris non adsequuntur
et fugitiui impunitatem, ita neque philosophi immortalitatem accipient, quae est regni caelestis hereditas, id est summum bonum, quod illi maxime quaerunt, neque cultores deorum poenam
sempiternae mortis effugient, quae est animaduersio ueri domini
aduersus fugitiuos suae maiestatis ac nominis. deum uero esse
patrem eundemque dominum utrique ignorauerunt, tam cultores
deorum quam ipsi sapientiae professores, quia aut nihil omnino
colendum putauerunt aut religiones falsas approbauerunt aut,
etiamsi uim potestatemque summi dei intellexerunt, ut Plato, qui
ait 'unum esse fabricatorem mundi deum', et Marcus Tullius,
qui fatetur 'hominem praeclara quadam condicione a supremo
deo esse generatum', tamen ei debitum cultum tamquam summo
patri non reddiderunt, quod erat consequens ac necessarium.
deos autem neque patres neque dominos esse posse non tantum

Epit.: 4, 4, 5] 36, 4 et ideo . . . religionem   6] cf. 33, 1

Auct.: 15 Plato, Tim. 28 c; cf. 1, 5, 23. 8, 1   16–17 Cic. leg. 1, 22

1 hii B P^{ac} duo riui *ex* duorum? H^2 3 et *post* ut *om.* R
sunt D^{ac} 4 hi *ex* in V^2, hii P^{ac} 5 et] set H M   sic D
adsequitur H^1 6 impunitate H M   philosophi neque S
philosophiam R^{ar} 7 quae] nec *(c s.l.)* quae B^{ar}; qua P^1, *corr.* P^3
8 ille D^{ac} V   9 sempiternae *om.* P   effugiunt P^1, *corr.* P^3
animaaduersio B M   ueri *om.* B   10 ac *om.* H M   uerum? V^{ac}
esse patrem *om.* D V   11 parentem B   dominum] deum D
utrimque H M   12 deorum *s.l.* H^2 quia B^{ar} S R; qui B^{pr} *cet.*
autem P; ut S   14 etiamsi uim] etiam suum D V   15 marcus B R^2,
·m· S R^1, ·m̄· *cet.*   Tullius] emtull- *sic* S   16 quandam D^{ac};
quidem S^2 *(e ex a)* R^2 *(ex quuin?)*   contendicione D^1 *(-diti-)* V
summo B^3 *(ex supremo)* D V   19 esse non posse non B^{ar}

multitudo, ut supra ostendi, sed etiam ratio declarat, quia neque
fictum esse a diis hominem traditur neque deos ipsos antecedere
originem hominis inuenitur,   siquidem fuisse in terra homines
antequam Vulcanus et Liber et Apollo et ipse Iuppiter nasceren-
tur apparet; sed neque Saturno fictio hominis neque Caelo patri
eius adsignari solet. quodsi nullus eorum qui coluntur formasse
a principio atque instituisse hominem traditur, nullus igitur ex
his pater hominis nuncupari potest, ita ne deus quidem. ergo fas
non est uenerari eos a quibus non sit homo generatus, quia neque a multis generari potest. unus igitur ac solus coli debet qui
Iouem, qui Saturnum, qui caelum ipsum terramque antecessit. is
enim necesse est hominem figurauerit, qui ante hominem caelum terramque perfecit.   solus pater uocandus est qui creauit,
solus dominus nuncupandus qui regit, qui habet uitae ac necis
ueram et perpetuam potestatem. quem qui non adorat, et insi-
piens seruus est, qui dominum suum aut fugiat aut nesciat, et
impius filius, qui suum uerum patrem uel oderit uel ignoret.

1 supra] 4, 3, 11–23

2 fictu B[1] *(corr.* B[3]*);* defictum D*;* finctum H M   a diis] ab his B
*(*b*? et* h *in ras.)* P   **3** hominis originem H M   homines V[1]
3–5 inuenitur ... fictio hominis *in mg. inf.* P[2]   **3** hominis M[ac]
4 et *ante* ipse *om.* P[2]*, post* i. *s.l.* quoque P[3]   iupiter P[2] M, iuppiter
D[1] V   nasceretur B   **5** Saturno] sa *in ras.* D[2]*;* ficturno V
finctio H M   patri eius] e *in ras.?* D*;* patritius V   **6** nulli H M
7 instruisse *sic* S   **8** his] is M, iis R[1], hiis R[2]   **9** a *s.l.* H[2]
post neque *lac. stat.* Br.*; trad. def.* J. Christes, RhM 127, 1984, 92, Mo
10 generare, *tert.* e *exp.,* D   unus ... debet *in mg. inf.* P[2]
coli debet] quolibet D[1], quilib- D[2]   **11** qui *post* Iouem *om.* D V
ipsum] i. qui R   terram quae R[ar]   his R[ar]   **12** furauerit B[ac]
14 dominus nuncupandus] deus n. est H M   **14–15** ac necis ueram]
necisue D *(*e *final. in ras.* 2–3 *litt.)* V   **15** et] ac P   **16** est *om.* D V
dominum] deum P H M   et] aut H M   **17** uero D[ac]
ignorat V[ac] *(*D *inc.)*

5. Nunc, quoniam docui sapientiam et religionem non posse diduci, superest ut de ipsa religione ac sapientia disseramus. sentio quidem, quam sit difficilis de rebus caelestibus disputatio, sed tamen audendum est, ut inlustrata ueritas pateat multique ab errore atque interitu liberentur, qui eam sub uelamine stultitiae latentem aspernantur ac respuunt. sed priusquam incipiam de deo et operibus eius dicere, pauca mihi de prophetis ante dicenda sunt, quorum testimoniis nunc uti necesse est, quod in prioribus libris ne facerem temperaui. ante omnia qui ueritatem studet comprehendere, non modo intellegendis prophetarum uocibus animum debet intendere, sed etiam tempora per quae quisque illorum fuerit diligentissime requisita cognoscere, ut sciat et quae futura praedixerint et post quot annos praedicta completa sint. nec difficultas in his colligendis inest ulla. testati sunt enim sub quo quisque rege diuini spiritus fuerit passus instinctum, multique scriptos libros de temporibus ediderunt initium facientes a propheta Moyse, qui Troianum bellum

Epit.: 4, 5, 1 – 10, 4] 37, 1 – 38, 2 *(ordine mutato)*   4, 5, 1] 37, 1 . . . religiosa

Auct.: **17–p. 324, 1** *cf.* Theophil. Autol. 3, 21, 6. 29, 3. Tert. apol. 19 frg. Fuld. 2 *et Heck, 1993, 413 cum n. 55*

1 num B   **2** diduce D^{ac}, deduci P^1 *(corr.* P$^3)$ H M R; diuelli B *ex 4, 2, 6*   ut *om.* P   de *s.l.* S   **4** audiendum D^{ac} V   pateat] *pr.* t *in ras. m.3* B; -tet M   **5** atque] ab P; a. ab H M   **6** latentea |, *alt.* a *exp.?,* B   **7** eius *om.* P   mihi pauca S   **8** sunt *om.* B   **9** libris *s.l.* P^2 ne *om.* B; nec, c *exp. m.2,* V   facere B   temperari V   **10** comprehendere] cognoscere B   intellegendo V^1 **11** que *s.l.* P^2 **12** fuit R   requisita cognoscere R *Heck, 1972, 185 n. 90;* inquirere B; requirere *cet., edd., Br*   **13** predixerit V^1 P^1 *(corr.* P$^3)$ post . . . annos] postquam nos M^{ac} quot] quod B D^{ac} V P^1 *(corr.* P$^3)$ H; quo R^1 **14** nec difficultas *om.* D V   iis R   **15** diuinis H   **16** instinctu S   multisque R^{ar} scriptos *codd.* (-bt- H R), *edd.* (*post* temporibus *Cellarius, 1698*), *Mo;* -tores *Fasitelius (1535), Br*   **17** propheta . . . qui] -tam sequi D^1 V   moyse D^2 P S, -sen B H M, mose R   quo P^1, *corr.* P^3

nongentis fere annis antecessit. is autem cum per annos quadraginta populum rexisset, successorem habuit Iesum, qui septem ac uiginti annis tenuit principatum. exinde sub iudicibus fuerunt per annos trecentos septuaginta. tum mutato statu reges habere coeperunt. quibus imperium tenentibus per annos quadringentos quinquaginta usque ad Sedeciae regnum oppugnati a rege Babylonio captique Iudaei diuturnum seruitium pertulerunt, donec septuagesimo post anno Cyrus maior captiuos Iudaeos terris ac sedibus suis redderet, qui per idem tempus in Persas suscepit imperium quo Romae Tarquinius Superbus. quare cum omnis temporum series et ex Iudaicis et ex Graecis Romanisque historiis colligatur, etiam singulorum prophetarum tempora colligi possunt; quorum sane ultimus Zacharias fuit, quem constat sub Dario rege, secundo anno regni eius octauo mense cecinisse. adeo antiquiores etiam Graecis scriptoribus prophetae reperiuntur. quae omnia eo profero, ut errorem suum sentiant, qui scripturam sacram coarguere nituntur tamquam nouam et recens fictam ignorantes, ex quo fonte religionis sanctae origo

Auct.: **13–15** *cf.* Zach. 1, 1

1 nungentis B D V, DCCCC S, *corr. Br cl. Theophil. et Tert.*; septing- P H M R *edd., Mo uix recte* fere] facere, ac *in ras.,* S² annos D¹ V his Pᵃʳ per annis M XL P S R; *numeri q. d. Romani numeris plenis receptis congruentes hinc noniam notantur* **2** Iesun D V **2–3** VII et XX P S, septem ac XX R **4** CCCLXXX H M tum] et B **5** tenentibus imperium H M **6** sedeciae B P² M, -chiae D² V² H S R²; sedeae D¹ V¹, seciae P¹; -cia R¹ oppugnanti P¹, *corr.* P² **7** captique] captiui B; -pitique M, -ptiuique S **8** septuagesimo D V Pᵃᶜ, -gessi- M; *u. ind. form* postea H M annos S captiuos Iudaeos *om.* S Br **9** perderet Dᵃᶜ persis D V Rᵃᶜ; -sidis H M **10** quare cum] qua regum D V **11** iudaeis B ex *om.* H M graegis R; caecis D¹ V **12** colliguntur B **13** possent D V sane] tamen P zaccarias, *pr.* c *m.3 in ras.,* B, zaccha- V R *(D inc.)* **14** sub] cum P **15** adeo *om.* D V; ad haec S antiores D¹ V gregis H M **16** refero B sentiat B¹, *corr.* B² **17** sanctam B H M **18** regens R¹ ignorant D V fonte *om.* D V manauerit. quodsi quis collectis perspectisque temporibus fundamentum doctrinae salubriter iecerit, et ueritatem penitus comprehendet et errorem cognita ueritate deponet.

6. Deus igitur machinator constitutorque rerum, sicut in secundo libro diximus, antequam praeclarum hoc opus mundi adoriretur, sanctum et incorruptibilem spiritum genuit, quem filium nuncuparet. et quamuis alios postea innumerabiles creauisset, quos angelos dicimus, hunc tamen solum primogenitum diuini nominis appellatione dignatus est, patria scilicet uirtute ac maiestate pollentem. esse autem summi dei filium, qui sit potestate maxima praeditus, non tantum congruentes in unum uoces prophetarum, sed etiam Trismegisti praedicatio et Sibyllarum uaticinia demonstrant. Hermes in eo libro qui λόγος τέ-

Epit.: 4, 6, 1. 2 patria ... pollentem] 37, 1 deus ... respondentem 2 ... dignatus est] 37, 3   3–9] 37, 2. 4–7   4] 37, 5

4 in secundo libro] 2, 8, 3–7; cf. Heck, 1972, 48 sq.

Auct.: 8 primogenitum] cf. Cypr. testim. 2, 1

Test.: 13 § 4] Quodu. (olim Ps. Aug.) haer. 3, 4–5. 7. 16

1 perspectusque DV: perfectisque S   2 conpraehenderit HM   3 et om. H   ueritatem R^{ar} 4 dei ex deus P   constitutor machinatorque B   constitutoque HM   sic S^1; sicuti R   6 oriretur DV; adoreretur HMS   incorruptibilem] inc. et inreprehensibilem HM   spiritum s.l. B^3 spiritum ... quem om. P   7 nuncuparit, i ex e m.2, P   et om. P   aliosi P^{ac} postea alios HM   innumerabiles PS^{2}R; num- S^1; per ipsum i. BDV; inm̃·num- per ipsum HM^{ar} (ut uid.; inter duas n ras.); cf. Heck, 1972, 48 n. 9   creuisset HM   8 angelos] ante a. DV   tamenē S^{ar} 9 ac] et HM   12 trismegesti B   et om. R   13 uatinationes sic P   demonstrant] post s 2 litt. eras., pr. t in ras. m.2, B; -rat S   demonstrant. Hermes om. P   in eo libro om. H^1, in l. in mg. H^2; eo om. M   quia B; quibus HM   **13–p. 326, 1** λόγος τέλειος] λοcοc νελειοc B^1; λ. τελιοc B^3; λ. τειιοc V (D inc.); sermo perfectus, om. graec., P

λειος inscribitur, his usus est uerbis: ὁ κύριος καὶ τῶν πάντων ποιητής, ὃν θεὸν καλεῖν νενομίκαμεν, ἐπεὶ τὸν δεύτερον ἐποίησε θεὸν ὁρατὸν καὶ αἰσθητόν — αἰσθητὸν δέ φημι οὐ διὰ τὸ αἰσθάνεσθαι αὐτόν, περὶ γὰρ τούτου, πότερον αὐτὸς αἴσθεται ⟨ἢ μή, εἰσαῦθις ῥηθήσεται⟩, ἀλλὰ ὅτι εἰς αἴσθησιν ὑποπέμπει ⟨καὶ⟩ εἰς ὅρασιν — ἐπεὶ οὖν τοῦτον ἐποίησε πρῶτον καὶ μόνον καὶ ἕνα, καλὸς δὲ αὐτῷ ἐφάνη καὶ πληρέστατος πάντων

Auct.: **1–p. 327, 2** test. CH II 304, 20 – 305, 9 (Ascl. 8); *cf. Löw, 2002, 197–203*

1 inscribtus est R   *Graeca quatenus habent litt. graec. reddunt* H *(renouauit m.2)* M   κυρος HM   **2** ποςτης HM   ὂν] ο P; cov S   θεὸν καλεῖν *om.* P; θεὸν *om.* HM   καλιν DV   νηνομικαμεν B^ac, νενομαικ- DV; ενομ- P; -καμλλαοεν R   επει B *(π inc.)* S, επι HM; ενπι DV, επ P, *om.* R   τὸν] ον P¹ (οτι add. P³) R   **3** δεύτερον] *hinc usque ad alt.* αἰσθητὸν *perperam, reliquam § 4 om.* M   εκποιησεν B, ειποιησες, *alt.* ι *s.l.,* P   θεον *s.l.* P³   καὶ … *alt.* αἰσθητὸν *om.* D *extante interpr.*   κι V   *alt.* αἰσθητὸν *om.* S; *hinc ad* γὰρ *perperam, reliquam § 4 om.* H   **4** φημει DV   οὐ *om.* P   τὸ] τοοιο? B; τι, τ *in ras.* S   αισθανεσθαι B; αισθεσθαι DVR; αισθςαι P, εςεςθαι S   αὐτόν περὶ γὰρ] ουταρπερι B   **5** τούτου πότερον] του το|τερον, *post* υ *ras.,* B; τ. ποτε S   αυτας B   αισθεται *codd.* (-θητοι B, διc- DV, caic- R), αἴσθεται edd., *Nock, Löw, nos dubitanter;* αἰσθάνεται *Br, Mo, ft. recte; cf. Liddell–Scott–Jones s. u.* αἴσθομαι   **5–6** ⟨ἢ … ῥηθήσεται⟩ *Wachsmuth, Br cl. Ascl.*   **6** ἀλλὰ *Br ex Sedul. (cf. p. XVI n. 51),* αμα BR; ααα D, λλλ V, *unde* ἀλλ' *edd.; hic om., sed post* αἴσθησιν *ins.* αμα P, αλλα S   εςθηςιμ B, αιςθηςτ P; αςθ̇c·τ S   υποπεμπει *codd.* (-πεμπι B, -πενπει DV, -πεντει P, -πελαπει S; -πεπει R); *hoc scripsisse Lact. ostendit epit.* mittat, *sed perperam; cf. Ascl.* incurrrit, *unde* ὑποπίπτει *sim. coniciebatur; cf. Br et Nock ad l.*   ⟨καὶ⟩ *Wachsmuth, Br cl. epit.*   ες DVS, *om.* R   ὅρασιν *Wachsmuth, Br ex* ορωςιν R *cl. epit.* uisum *et Ascl.* uidentium; νουν *cet., edd.*   **7** επι B; οτι DV   εκποιησε B, επουησε DV, ηποιησεν P   πρωον B¹, *corr.* B³; πρωςτον P   καὶ μόνον *om.* S   **8** καααως B¹, καθως B³   ουτω B; αυτου DV; ατυω P^ac

LACT. INST. IV 6   327

τῶν ἀγαθῶν, ἠγάσθη τε καὶ πάνυ ἐφίλησεν ὡς ἴδιον
τόκον. Sibylla Erythraea in carminis sui principio, quod a   5 *289*
summo deo exorsa est, filium dei ducem et imperatorem omnium his uersibus praedicat:
5   παντοτρόφον κτίστην, ὅστις γλυκὺ πνεῦμα ἅπασιν
κάτθετο χἠγητῆρα θεὸν πάντων ἐποίησεν.
et rursus in fine:
ἄλλον ἔδωκε θεὸς πιστοῖς ἄνδρεσσι γεραίρειν.
et alia Sibylla praecipit hunc oportere cognosci: *290*

Epit.: 4, 6, 5] 37, 6

Auct.: **5–6** Orac. Sib. frg. 1, 5–6 Geffcken = Theophil. Autol. 2, 36, 1
8 Orac. Sib. 3, 775

Test.: **2** § 5] Quodu. haer. 3, 10–12. 20

1 αγαθον P   ηγασθη R, ηργασθ B; ηγιασεν DV; ητπη P;
ηγαπη S   τε] γε *ut uid.* B; τεια DV; ιε R   εφιλεσεν B¹, *corr.*
B³; -σε D   ιαιον B¹ *(corr.* B³*)* R, τιδιον DV; ισαιον S
2 carminibus B^Par R   suis B *(alt.* s *s.l. m.2)* R   principium HM
quo B   a *om.* P   **3** exsorsa, *pr.* s *s.l.,* B   sit HM
dei *om.* M   **3–6** dei ... ἐποίησεν *post* § 4 ἀγαθῶν *transp.* S
4 his uersibus *om. m.1,* his uerbis *s.l. m.3?* P; is u. S   **5** παντον-
τροφον PHM   ὅστις] οετο *uel* οειο B   πνεῦμ' ἐν ἅπασιν
codd. Theophil.   δπασειν D, τπασευν V   **6** κάτθετο S. Castalio
(ed. Sib. 1555; u. Geffcken, Ed. XI), Br, alii; καεθετο R, καθετο, *post*
α *1 litt. eras.,* P, καθητο B; κατεθετο D *(φ pro* θ*)* V, *codd. Theophil.;* εθετο S; καθο *et cetera, reliqua usque ad* γεραίρειν *om.* HM
χἠγητῆρα *codd. Theophil.,* καιηγντηρα R; καιηγητορα B *(pro
utraque* α *habet* δ *forma* ◊*)* DV *(καυη-)* P *(om.* ι*)* S   τθεων DV;
βροτῶν *codd. Theophil.; cf. epit.* deum ... ducem   επονοιησεν
DV *(-σην),* εεποησεν R   **8** ἄλλον Br *(et Mo) cl. Quodu.* alium *et
interpr. Sedul.* alterum, *quam habent et* DVR²; αλλον *uariante scriptura litt.* λλ DVPSR, αμαυτον B; ἀλλ' ὃν *codd. Sib., edd. (cf.
interpr.* quem P, alterum quem S*)*   εδωκαι BP, -κεν DV; εωκαι S,
εωκε R   θεὸς] ονος, *interpr.* deus, DV *(η pro* ν*)*   πιστοῖς]
πις B   αναρασσι B, ανδραισσει DV   **9** praecepit M

αὐτόν σου γίνωσκε θεὸν θεοῦ υἱὸν ἐόντα.

6 uidelicet et ipse est dei filius, qui per Solomonem sapientissimum regem diuino spiritu plenum locutus est ea quae subiecimus: 'dominus condidit me initium uiarum suarum in opera sua, ante saeculum fundauit me; in principio antequam terram faceret et antequam abyssos constitueret, priusquam procederent fontes aquarum, ante omnes colles genuit me. dominus fecit regiones 7 et fines inhabitabiles sub caelo. cum pararet caelum, aderam illi, et cum secerneret suam sedem; cum super uentos faceret ualidas nubes et cum confirmatos ponebat fontes sub caelo, quando fortia faciebat fundamenta terrae, eram penes illum disponens. 8 ego eram cui adgaudebat. cottidie autem iucundabar

Epit.: 4, 6, 6–8] *cf.* 37, 7 Solomonem . . . sapientiae

Auct.: 1 Orac. Sib. 8, 329   4–p. 329, 1 prou. 8, 22–31; *cf.* Cypr. testim. 2, 1 l. 3–14, *sed u. adn. crit.; de locis Sacrae scripturae abhinc laudatis u. p. LIX–LXIX et Wlosok, 1990, 201–216*

Test.: 12 ego . . . adgaudebat] Quodu. haer. 3, 6

Codd.: 12 *ab* adgaudebat *redit* K *p. 87 (cf. supra 4, 1, 3); hinc extant* B DV P HM KS R

1 *uersum om.* HM   θεὸν] ον P   θεοῦ . . . ἐόντα *distorta in* PS
2 et *om.* BHMS, *s.l.* P² filius dei HM solomonem BP, sal- *cet.*
3 plenus D^{ac}V^{ac} HM   locutus *om.* DV; est *del., s.l.* dixit D²
subiciemus PHM   4 dominus B *ut codd.* Cypr. *sec. LXX, Br;* deus
cet., Mo, ft. ex anteced. dei filius *ortum*   initium] in i. DV; initio H
5 in] et in P; in *s.l.* H²   6 et *om.* DV   antequam *om.* HM
priusquam] et p. HM   procederet M   7 aquarum *om.* R
ante] antequam montes conlocarentur a. Cypr. *sec. LXX*   religiones P^{ac}   8 et fines] et inhabitabilia et f. Cypr. *sec. LXX*
pareret DVS^{ac}   9 segregaret P   cum super] et c. s. HM
facere D^{ac} V   9–10 faceret . . . nubes] u. f. desuper n. Cypr. *sec. LXX*
10 confirmatos] firm- B   fontes B *ut fere codd.* Cypr. *sec. LXX, Br;*
montes *cet., Mo (u. eius Ed. 253); ft. Lact. hoc in suo fonte legit ortum ex anteced.* montes conlocarentur *quae ipse om.*   11–12 quando . . . disponens] eram *(e in ras. ex* a*?)* penes i. d. ego eram quando fac- fort- fund- t. B   12 gaudebat HM   cottidie BHM, coti- *cet.; cf. 1, 4, 3*

LACT. INST. IV 6 329

ante faciem eius, cum laetaretur orbe perfecto.' idcirco illum 9
Trismegistus δημιουργὸν τοῦ θεοῦ et Sibylla σύμβουλον
appellat, quod tanta sapientia et uirtute sit instructus a deo patre,
ut consilio eius et manibus uteretur in fabricatione mundi.
5   7. Fortasse quaerat aliquis hoc loco, quis sit iste tam potens, 1
tam deo carus, et quod nomen habeat, cuius prima natiuitas non
modo antecesserit mundum, uerum etiam prudentia disposuerit, 292
uirtute construxerit. primum scire nos conuenit nomen eius ne 2
angelis quidem notum esse qui morantur in caelo, sed ipsi soli
10 ac deo patri, nec ante id publicabitur, ut est sanctis litteris traditum, quam dispositio dei fuerit impleta;   deinde nec enuntiari 3
posse hominis ore, sicut Hermes docet haec dicens: αἴτιος δὲ
τούτου τοῦ αἰτίου ἡ τοῦ θεοῦ ἄτε τοῦ ἀγαθοῦ βούλη- 293

Epit.: 4, 6, 9] 37, 2   4, 7, 3] 37, 8 Hermes ... proferri

Auct.: 2 Trismegistus] *cf.* CH I 9, 17 (serm. 1, 9). IV 132–133 (frg. 27–28)   Sibylla] Orac. Sib. 8, 264   10 sanctis litteris] *locus inc. (non apoc. 19, 12 quod laudat epit.), sed cf.* apoc. 2, 17   **12–p. 330, 2** CH IV 110 (frg. 11 a)

Test.: 2 Sibylla ... appellat] Quodu. haer. 3, 13   11 § 3] ibid. 3, 7. 16–18

1 eius] e. in omni tempore *Cypr. sec. LXX*   lateretur P¹, *corr.* P²   orbem M   idcirco] i. autem P   2 τημιουργον DV, δεμ- HMKS   cυμβυλον HMKS, cυμβολον R   3 appellat *om.* P   sit *om.* P   4 ut] ut et HMKS   5 hoc loco *in fine lin.* B³   quis R *solus;* qui *cet.*   6 habet B¹, *corr.* B³   non *in fine lin.* B³, *s.l.* P   7 antecesserat B   prudentiam M; potentia B; *om.* KS   discesserit M   8 primo B   eius] quis Dᵃᶜ V   9 moratur H, -aturi M   celis S *(in* K ceļ, *deinde 1–2 litt. euan.)*   11 enuntiare R; enarrari B   12 hominibus? Pᵃʳ   ore hominis B   ait·ιoc *sic* R; αιτιον B; -ιο DV; ηδικη P   13 τούτου *om.* B, *del.* P³   τοῦ *om.* DV; τοῦ ... ἄτε] εαιυετουθε HM (-ουεε)   αιτιου BDVK (αιτ *inc.*); δικιου P, αιαιογ S, αινου R   ἡ ... ἀγαθοῦ *Stadtmüller, Br, Mo, aliter alii edd. et Löw, 2002, 212; u. Br et Nock ad l.*   θεοῦ ἄτε] θεαγε BDVPKS, *om.* R   τοῦ *om.* R   αγαθου DVP, αγαεου KS, αταθου MR, ατατου H; αγαθο B   βουβουλεcιc HM (-υυαcιc)

σις, οὗ τὸ ὄνομα οὐ δύναται ἀνθρωπίνῳ στόματι λαληθῆναι. et paulo post ad filium: ἔστιν γάρ τις, ὦ τέκνον, ἀπόρρητος λόγος σοφίας ὅσιός τε περὶ τοῦ μόνου κυρίου πάντων καὶ ⟨πάντα⟩ προεννοουμένου θεοῦ, ὃν
4 εἰπεῖν ὑπὲρ ἄνθρωπόν ἐστιν. sed quamuis nomen eius, quod ei a principio pater summus imposuit, nullus alius praeter ipsum sciat, habet tamen et inter angelos aliud uocabulum et inter homines aliud. Iesus quippe inter homines nominatur. nam Christus non proprium nomen est, sed nuncupatio potestatis et
5 regni; sic enim Iudaei reges suos appellabant. sed exponenda huius nominis ratio est propter ignorantium errorem, qui eum

Epit.: 4, 7, 4] 37, 9 ... deum; *cet. non ex 4, 7, 6–8*

Auct.: 2–5 CH IV 111 (frg. 12 a)

Test.: 9–10 *cf.* Isid. orig. 7, 2, 4

1 οὗ] ους HM, ος KS   τὸ] τε HM   δυνατε BH *(αυν-)*, ανατε M; διν- KS; αυνται R   ανθροπινο BHM *(αντρ- HM)*; ανθρωπων, *post* π *eras.* ν, P   στοματε DV; στόματι ... λαληθῆναι *om.* P   λαληθῆναι] αλεοναε *sic* H, ααε M, λαηοννα KS   2 γάρ ... τέκνον] γατταιλοεcνον H, γαταιαοετνον M
3 απορρητος P, πορρ- DV, ανορρ- KS, αιτορρ- R, -ρρετος B, -ρρεος HM   ὅσιός τε περὶ *Br ex* οcιοcιcπερι R *cl. 4, 9, 3* sanctumque; οcιοcπερι DV; ουιοcοcιοcπερι PKS *(τι pro π KS)*; οcιοοccιοικπερι HM; οcιοcοcιου *tantum* B   το P, *om.* KS   μόνου κυρίου] μοκυ- HM, μονου η κ. R; εττοραλῦτ KS *(-αῦτ)*
4 πάντων H *(in mg.)* KSR, -τον B, -τωι DV, πανρω P; παν· M *cet. graec. om.* HM   ⟨πάντα⟩ *Br cl. interpr.* praesciente omnia *in* PKS *aliisque testibus*, Mo, Löw l. c., *om.* Nock *cl. diuersis testibus, e. g. interpr.* et qui mente capitur *in* DV *et Sedul.; dubitanter recepimus*   5 ειπειν P, ιπειν BR, ειπιν DV, ειπειπ KS   υπυερ R   ανθροπον BP   εcτιμ KS   quamquis P*ar*   6 ei] et DV 6–7 nullus ... tamen et *om.* DV   7 sciat] nouerit B; ante o. 1 litt. eras. P   7–8 uocabulum et inter] uocabunt inter *in* D *(in s.l.)* V
8 alium B   ihm *i. e.* Iesum B[1], *corr.* B[3]   10 enim *s.l.* B[3] appellant P   11 eum immutata] mutata R

immutata littera Chrestum solent dicere. erat Iudaeis ante praeceptum, ut sacrum conficerent unguentum, quo perungui possent hi, qui uocabantur ad sacerdotium uel ad regnum, et sicut nunc Romanis indumentum purpurae insigne est regiae dignitatis adsumptae, sic illis unctio sacri unguenti nomen ac potestatem regiam conferebat. uerum quoniam Graeci ueteres χρίεσϑαι dicebant ungui, quod nunc ἀλείφεσϑαι, sicut indicat Homeri uersus ille:

τοὺς δ' ἐπεὶ οὖν δμῳαὶ λοῦσαν καὶ χρῖσαν ἐλαίῳ,

ob hanc rationem nos eum Christum nuncupamus, id est unctum, qui Hebraeice Messias dicitur. unde in quibusdam Graecis scripturis, quae male de Hebraeicis interpretatae sunt, ἠλειμμένος scriptum inuenitur, ἀπὸ τοῦ ἀλείφεσϑαι. sed tamen

Auct.: **1** Chrestum] *cf.* Tert. apol. 3, 5 Chrestianus **9** Hom. Od. 4, 49. 17, 88 **11** Graecis] Aquila I reg. 2, 35. *al.; u. p. LXVII n. 212*

Test.: **1** § 6] Isid. orig. 7, 2, 2

1 Chrestum] x̄p̄m̄ *i. e.* Christum BHM   **2** ungentum V^ac MR quo *s.l.* D, *om.* V; quod B[1], *corr.* B[2]   perungi DVHMR, -gue P^ac
3 hi BDVP[3] HMKS *Mo*, hii P[1], *om.* R; ii *edd., Br*   et] sed B
4 purpura, e.? eras., R   **5** ungenti HMR   **6** regiam *codd.* (~ eras.? P, -a K), *edd.*; -gium *Br ex errore*   uerum *om.* D (spatio indice) V
7 χριεςϑαι DV; χρειεςϑε B, χρειεκϑαι P; ungentum κυριοςεςϑε HM, unguentum χρειςϑαι KS; *om.* R *spatio relicto*   ungi DVHM, unci R   αλειφεςϑαι P; -αλιφ- DV, αλιφεςϑε B, alifeste HM, -φεαιεςϑ- K, -φεεςϑ- S, αλςιςφ- R   **8** homericus HMKS (*om.* KS)   **9** τοὺς ... οὖν] και τους μεν B; τους δε ποιουν D (ι *pro* υ) V (ποιον) P (τουδε)   δμῳαί] δεμωιαι B, λμωι DV, αμωι PR, αμωαι KS   χρειςαν KSR   ελεο B, ελαιων DV, εαιαω P, ελεω KS, εααιω R   *totum uersum lat. litt. perperam dant* HM
10 eum] cum DV   id est *om.* DV   **11** hebraeice HR (-cae), -breice BP; -braicae DVM, ebraice KS   messias BP[2]; -a DVP[1] KSR; -an HM   **12** hebraeicis HR, hebreic- B, ebreic- P; hebraic- DVMKS   ηλιμμενος DV, ηλμμ- P, ηαιμμ- R; ηλωμενος B; elimmenos HMKS (-osy HM, -lime- K)   **13** apotualifesthe HMKS (-iphe- H, -ipe- M)   αλειφεςϑε B, αλιφ- DV

utrolibet nomine rex significatur, non quod ille regnum hoc terrenum fuerit adeptus, cuius capiendi nondum tempus aduenit, sed quod caeleste ac sempiternum; de quo disseremus in ultimo libro. nunc uero de prima eius natiuitate dicamus.

8. In primis enim testificamur illum bis esse natum, primum in spiritu, postea in carne. unde apud Hieremian ita dicitur: 'priusquam te formarem in utero, noui te.' item: 'beatus qui erat, antequam nasceretur'; quod nulli alii contigit praeter Christum. qui cum esset a principio filius dei, regeneratus est denuo secundum carnem. quae duplex natiuitas eius magnum intulit humanis pectoribus errorem circumfuditque tenebras etiam iis, qui diuinae religionis sacramenta retinebant. sed nos id plane dilucideque monstrabimus, ut amatores sapientiae facilius ac diligentius instruantur. qui audit dei filium dici, non debet tantum nefas mente concipere, ut existimet ex conubio ac permixtione feminae alicuius deum procreasse, quod non facit nisi animal

Epit.: 4, 8, 1–2] cf. 38, 2

3 in ultimo libro] 7, 20, 1–11. 24, 1–15

Auct.: 7 Ier. 1, 5; cf. Cypr. testim. 1, 21 l. 37–38   7–8 locus apocryphus; u. Wlosok, 1990, 205 n. 19; cf. Mo ad l.

3 quod del. R   sempiternum] s. est P   4 uero om. R
5 illum om. H M   6 inde H M   hieremian D H K (hie ex ihe) R, -iā
M S, -iam B V P Br   7 item D V K S Br, om. H M; i. alibi B; et i. apud
ipsum P; i. apud eundem R Mo, sed ignoto loco notas potius additas
quam subtractas putamus   8 contingit P¹ (corr. P²) R   xpo B
9 filius dei om. D V P   10 duplex] d. est K S^ar   11 circumfundit-
quae B^ac   tenebris B¹, corr. B²   iis R Br, hi D¹ V, his B (is sup.
ras. m.2) D² cet., Mo   qui] quae B¹, corr. B³   12 diuinae R; uerae
B^pc D P³ K (ex 4, 3, 2 al.), edd., Br, Mo; uere B^ac P¹ cet.; cf. 4, 10, 19 et
Heck, 1972, 189   id om. D V   delucideque P¹, corr. P²; luc- H M
13 monstrauimus D^ac V   amaiores D^ar (s eras.) V   14 instruatur K^ac
qui audit] quia uidit K S¹; qui audiuit S²   dei] e in ras., i s.l. m.3 B
15 conciperet D^ar V   extimet K S   conubio] bi ex u? B
16 cuius R¹, cuiusquam R²   facis M

corporale mortique subiectum.   deus autem cum solus adhuc   4
esset, cui permiscere se potuit? aut cum esset tantae potestatis,
ut quidquid uellet efficeret, utique ad creandum societate alterius non indigebat; nisi forte existimabimus deum, sicut Or-
5 pheus putauit, et marem esse et feminam, quod aliter generare
non quiuerit, nisi haberet uim sexus utriusque, quasi aut ipse
secum coierit aut sine coitu non potuerit procreare.   sed et   5
Hermes in eadem fuit opinione, cum dicit eum †ἀρσενιόϑη-
λυν * * * † αὐτοπάτορα et αὐτομήτορα. quod si ita esset,
10 ut a prophetis pater dicitur, sic etiam mater diceretur.   quomodo   6
igitur procreauit? primum nec sciri a quoquam possunt nec enarrari opera diuina, sed tamen sanctae litterae docent, in quibus
cautum est illum dei filium dei esse sermonem itemque ceteros
angelos dei spiritus esse. nam sermo est spiritus cum uoce

Auct.:   **4** Orpheus] Orph. frg. 81 Kern *(cf.* frg. 56. 168 uers. 3*)*
8 Hermes] CH IV 112 sq. (frg. 13)*; cf. 1, 7, 2, sed u. infra adn. crit.*
10 § 6] *cf.* Tert. adu. Prax. 7, 6   **12** sanctae litterae] *u.* §§ *13–16*

Codd.:   **13–p. 334, 11** itemque ... *§ 8* reuelaret *om.* B¹ DV*;* itemque
ceteros ·hd *in uacua parte lin. ultimae,* angelos ... homines ·hs *in mg.
inf. fol. 94ᵛ,* perferendo ... reuelaret *in mg. sup. fol. 95ʳ suppl.* B³

1–2 adhuc esset HR, a. *om.* M*;* sit *tantum* BPKS*;* sit a. e. D¹ V *(post
a. s.l.* non D²*)*   **2** se permiscere HM   cum *bis* R   **4** indigebant D¹
existimauimus Dᵃᶜ VR*;* -mabam- HM   orieus DV   **5** et *post* esse
s.l. D², *om.* V   generari DV   **6** non quiuerit] nequiu- HM*;* non
quieu- K¹   **7** cogerit Rᵃᶜ   non *bis* R   et *om.* HMKS
8 fuerit *ex* fuerat *m.3, deinde eras.* in, B   eum] deum HM
αρcενιοϑηλυν B, *om. cet., edd.,* Br *(interpolatum dicit Ed. II 1, 128
ad ira 23, 9); dubitat Nock, sed cf.* CH I 9, 16 (serm. 1, 9) ϑεὸς ἀρρε-
νόϑηλυς*; uoce non omnino spuria recepta lacunam statuimus; excidisse uid. atque etiam sim. uel plura*   **9** αυτοπαρατορα et αυμητο-
ρα P¹, *corr., sed* αυτοcπ- et αυτοcμ- P³*;* autopatora autometora HM
(autap-)   αυτοπατρα S   quo M   **10** a *s.l.* P³   profectis HM
pater dicitur] praedicatur pater B   **11** primo P   nec sciri] nesc- R
narrari DVP   **12** sacrae, e *s.l.,* B   dicent DV   **13** sermonem] s.
siue etiam rationem B   **14** est] et HMKS

7 aliquid significante prolatus. sed tamen quoniam spiritus et sermo diuersis partibus proferuntur, siquidem spiritus naribus, ore sermo procedit, magna inter hunc dei filium ceterosque angelos differentia est. illi enim ex deo taciti spiritus exierunt, quia non ad doctrinam dei tradendam, sed ad ministerium creabantur.
8 ille uero cum sit et ipse spiritus, tamen cum uoce ac sono ex dei ore processit sicut uerbum, ea scilicet ratione, quia uoce eius ad populum fuerat usurus, id est quod ille magister futurus esset doctrinae dei et caelestis arcani ad homines perferendi. ipsum primo locutus est, ut per eum ad nos loqueretur et ille uocem dei
9 ac uoluntatem nobis reuelaret. merito igitur sermo ac uerbum dei dicitur, quia deus procedentem de ore suo uocalem spiritum, quem non utero, sed mente conceperat, inexcogitabili quadam maiestatis suae uirtute ac potentia in effigiem, quae proprio sensu et sapientia uigeat, comprehendit; et alios item spiritus suos
10 in angelos figurauit. nostri spiritus dissolubiles sunt, quia mortales sumus, dei autem spiritus et uiuunt et manent et sentiunt,
11 quia ipse immortalis est et sensus ac uitae dator. nostrae uoces licet aurae misceantur atque uanescant, tamen plerumque permanent litteris comprehensae; quanto magis dei uocem credendum est et manere in aeternum et sensu ac uirtute comitari,

Codd.: **15–p. 335, 1** et alios . . . § *11* traduxerit *om.* B¹ D V; *in mg. inf. fol. 95ʳ signis* hd *et* hs *usa suppl.* B³; *ceterum extant* P HM KS R

1 significat ante HM   **3** ore sermo] s. ex o. KSR; *u. Heck, 1972, 179* ceterosque] et ceteros KS   **4** tacitu spiritu HM   **5** tradendam *om.* HM   **7** sic S¹   ea *om.* B³   ratione] e r. B³   **9** caelesti KS¹ perferendo B³   ipsum] quod i. HM; per *(s.l. m.2)* i. S **10** est *om.* HM   ad nos] nobis HM   **11** igitur] autem BDVHM ac] et DV   uerum Dᵃᶜ V   **12** procedente KS¹; procreantem R uocalem *s.l.* B³; -le K   **13** incogitabili B¹, *corr.* B³   **14** uirtutem Vᵃʳ potentiam Pᵃᶜ   quae] similitudinis suae qui B   **15** et *post* sensu] ac R   compraehendi KS¹   suos *om.* KS   **16** solubiles KS, dissoluib- Rᵃʳ   **17** uiuent B³   manent] audient K, audiunt S **18** quia . . . est] qui ipse mortalis est B³   uocis B³   **19** aura B³; -re MKS   uanescat Kᵃᶜ   **21** et *post* est *om.* KSR

quam de deo patre tamquam riuus de fonte traduxerit! quodsi 12
quis miratur ex deo deum prolatione uocis ac spiritus potuisse
generari, si sacras uoces prophetarum cognouerit, desinet profecto mirari.   Solomonem patremque eius Dauid potentissimos 13
reges fuisse et eosdem prophetas etiam iis fortasse sit notum,
qui diuinas litteras non attigerunt. quorum alter, qui posterius
regnauit, Troianae urbis excidium centum et quadraginta annis   *298*
antecessit. huius pater diuinorum scriptor hymnorum in psalmo 14
XXXII sic ait: 'uerbo dei caeli solidati sunt et spiritu oris eius   *299*
omnis uirtus eorum.' item rursus in psalmo XLIIII: 'eructauit
cor meum uerbum bonum, dico ego opera mea regi', contestans
uidelicet nulli alii opera dei esse nota nisi filio soli, qui est
uerbum dei et quem regnare in perpetuum necesse est.   item 15
Solomon ipsum uerbum dei esse demonstrat, cuius manibus
opera ista mundi fabricata sint. 'ego' inquit 'ex ore altissimi
prodiui ante omnem creaturam. ego in caelis feci, ut oreretur

Epit.: 4, 8, 12 ... 14 hymnorum] 37, 7   15] *cf.* 37, 7 app. auct.

Auct.: **9–10** psalm. 32, 6; *cf.* Cypr. testim. 2, 3 l. 3–4   **10–11** psalm.
44, 2; *cf.* Cypr. ibid. l. 2–3. 2, 29 l. 22–23   **15–p. 336, 2** Sirach.
24, 5–7 Vulg. *(breuius 24, 3–4 LXX); cf.* Cypr. testim. 2, 1 l. 15–17

1 de *ante* deo *om.* P   transduxerit H M   **2** ex deo *exp.* K, *om.* S
deo] duo D¹ V   **3** cognouerat B¹, *corr.* B²   **4** salomonem V H M K S
dauit B   potissimos H M   **5** iis P³ R¹ Br, hiis R², his P¹ *cet., Mo*
5–6 sit ... non] notum s. q. non d. l. B   **7** CXL, *om.* et, P, ·C & XL
M K S, centum & XL R   **8** scriptor hymnorum *om.* P   **9** tricesimo
secundo quadragesimo R   uerbo] sermone *plurimi codd. Cypr.;
dubitat Br, sed cf. § 9* sermo ac uerbum   dei] domini? H¹ *ut Vulg. et
pars codd. Cypr.*   solidati] firmati B D *ut Vulg. et pars codd. Cypr.*
oris *om.* D V P Rᵃᶜ *ut pars codd. Cypr., Br, def. Mo (Ed. 256) cl. LXX*
10 XLIII H M; quadragesimo quarto tertio R   eructauit Pᵃᶜ R; *cf.
Thes. V 2, 825, 22–35*   **11** uerbum] sermonem H M *ut pars codd.
Cypr.*   **12** alio H M, ali R   soli *om.* B   **13–14** et ... dei *om., in mg.
m.1 ut uid.* illud certe uerbum dei R   **14** salomon P V H M K S
ipse B D V   **15** fabricati P¹, *corr.* P³   sunt B P S²   **16** prodiuit? Hᵃʳ
ante *bis* P   oriretur P H M R² (i *ex* e)

lumen indeficiens, et nebula texi omnem terram. ego in altis
habitaui et thronus meus in columna nubis'. Iohannes quoque
ita tradit: 'in principio fuit uerbum et uerbum erat apud deum et
deus erat uerbum. hoc fuit in principio apud deum. omnia per
ipsum facta sunt et sine ipso factum est nihil.'

9. Sed melius Graeci λόγον dicunt quam nos uerbum siue
sermonem; λόγος enim et sermonem significat et rationem,
quia ille est et uox et sapientia dei. hunc sermonem diuinum ne
philosophi quidem ignorauerunt, siquidem Zenon rerum naturae dispositorem atque opificem uniuersitatis λόγον praedicat,
quem et 'fatum' et 'necessitatem rerum' et 'deum' et 'animum
Iouis' nuncupat, ea scilicet consuetudine, qua solent Iouem pro
deo accipere. sed nihil obstant uerba, cum sententia congruat

Epit.: 4, 8, 16 omnia ... nihil] 37, 4 ... nihil   9, 1] 37, 2 ...
sapientia

Auct.: 3–5 Ioh. 1, 1–3; *cf.* Cypr. testim. 2, 3 l. 8–10   6 § 1] *cf.* Tert.
apol. 21, 10. adu. Prax. 5, 3   9 Zenon] SVF I 160; *cf.* 85. 102. 493

Test.: 6 § 1] Quodu. haer. 6, 48

2 inhabitaui K¹ *ut 3 codd. Cypr.*   3 ita *om.* B   tradidit Par HM
fuit R *et pars codd. Cypr.;* erat *cet. ut Vulg. et pars codd. Cypr.*
4 fuit B¹ *cet. ut pars codd. Cypr. hic et 2, 6 l. 38;* erat B³ *ut Vulg. et
pars codd. Cypr.*   omnium R¹   5 ipsum D V P H M K S R² *(ex -sa)
epit. ut Cypr. et Vulg., Mo;* illum B Br; *u. ad* ipso   ipso
D V P H M K S R *epit. ut Vulg. et fere codd. Cypr., Mo;* illo B *et Cypr.
cod. P, Br;* utroque loco graec. αὐτοῦ; *ft.* illum *et* illo *Lact. ex textu
leuigato sumpsit (uariat iam Tert. adu. Prax. 21, 1* ipsum ... ipso, *adu.
Hermog. 20, 4* illum ... illo)   nihil factum est D V; n. e. f. R
6 grecia Dᵃʳ V   logon *litt. lat.* B K S; logos H M   quam *om.* D V
sine D Vᵃʳ *(n eras.)*   7 logos H M; logon B   enim et sermonem
om. P   8 dei *om.* B   nec H M K S; *uix conferas 1, 6, 7*
9 siquidem *om.* R   zenon B H M, -no *cet.*   dispositionem B¹,
corr. B²   10 pontificem M   logon D H M   praedicauit Bᵃʳ
11 et *om.* H M   factum D V H M K Sᵃᶜ Rᵃᶜ   necessitate H
12 consuetudine] condicione B   solent Iouem] s. i. | etiam, nt iouẽ *in
fine lin. m.3, eti in ras. m.2,* B   13 cum] dum R

ueritati. est enim spiritus dei, quem ille 'animum Iouis' nominauit. nam Trismegistus, qui ueritatem paene uniuersam nescio quo modo inuestigauit, uirtutem maiestatemque uerbi saepe descripsit, sicut declarat superius illud exemplum, quo fatetur 'esse ineffabilem quendam sanctumque sermonem, cuius enarratio modum hominis excedat.'

Dixi de natiuitate prima breuiter ut potui. nunc de secunda, quoniam controuersia est in ea maxime, latius disserendum est, ut ueritatem scire cupientibus lumen intellegentiae praeferamus.

10. In primis igitur scire homines oportet sic a principio processisse dispositionem summi dei, ut esset necesse appropinquante saeculi termino dei filium descendere in terram, ut constitueret deo templum doceretque iustitiam, uerum tamen non in uirtute angeli aut potestate caelesti, sed in figura hominis et condicione mortali, et cum magisterio functus fuisset, traderetur in manus impiorum mortemque susciperet, ut ea quoque per uirtutem domita resurgeret et homini, quem induerat, quem gerebat, et spem uincendae mortis offerret et ad praemia

Auct.: **4** superius illud exemplum] 4, 7, 3 *locus posterior*

Test.: **16–p. 338, 1** mortemque ... admitteret] Zeno 2, 4, 7

Codd.: **17** *a* quem induerat *incipit* G *p. 63 praeter § 6 fere tota lecta; hinc extant* B G D V P H M K S R

1 ueritatis H M   **2** nescit B   **3** uirtute K S¹   uirtutemque *tantum* D V   uerbis B   descripsi K¹   **4** fateretur B   **6** hominis] sermonis H M   **7** prima *s.l.* B²   ut potui *om.* H M   de *post* nunc *s.l.* D   **8** est *om., post* maxima *s.l.* D   maxima B D V P³ *(ex* -me*)*   **10** primus Hᵃʳ   scires Mᵃʳ   **11** precessisse Vᵃᶜ   adpropinquantes, s *exp.,* P   **13** dei templum D V   uerum *ex* rerum B³   non in] non modo quidem H M   **14** uirtutem H Mᵃʳ   potestatem H; uirtute, *sup. e ras.,* M   in] et in H M K S   figuram Dᵃᶜ V   **15** condicionem P¹, *corr.* P³   fuisse H M   tradetur K S¹   **16** eam? Rᵃʳ   **17** et *s.l.* P³; ut B   indueret M   quemque, que *s.l. m.2,* R   **18** et] in Bᵃʳ *(eras.)* G   spe B¹ *(corr.* B²*)* G   uincenda B¹, *corr.* B² *(G inc.)*   offerret *om.* H M

2 immortalitatis admitteret.   hanc ergo dispositionem ne quis
ignoret, docebimus praedicta esse omnia quae in Christo uide-
3 mus esse completa.   nemo adseuerationi nostrae fidem com-
modet, nisi ostendero prophetas ante multam temporum seriem
praedicasse fore aliquando, ut filius dei nasceretur sicut homo et
mirabilia faceret et cultum dei per totam terram seminaret et
4 postremo patibulo figeretur et tertio die resurgeret.   quae omnia
cum probauero eorum ipsorum litteris qui deum suum mortali
corpore utentem uiolauerunt, quid aliud obstabit, quominus
ueram sapientiam clarum sit in hac sola religione uersari?
5   Nunc a principio totius sacramenti origo narranda est.   maiores nostri, qui erant principes Hebraeorum, cum sterilitate atque
inopia laborarent, transierunt in Aegyptum rei frumentariae gratia ibique diutius commorantes intolerabili seruitutis iugo pre-
6 mebantur.   tum misertus eorum deus eduxit eos ac liberauit de
manu regis Aegyptiorum post annos quadringentos et triginta
duce Moyse, per quem postea lex illis a deo data est.   in qua
7 eductione ostendit uirtutem maiestatis suae deus.   transiecit

Epit.: 4, 10, 5 – 13, 11] 38, 3 – 39, 7 *(ordine mutato)*   4, 10, 6 . . .
data est] 38, 3 quo . . . imposita

2 praedicata D V   uidebamus D V; -debimus P¹, *corr.* P²
3 commodat K^ac   4 temporum] annorum B *(G inc.)*   5 ut aliquando
P K S   homo *om.* P   6 et *ante* postremo *om.* H M   7 et tertio die
resurgeret *om.* R   8 cum probauero] comp- D^ac   summum B G
9 utendum B *(G inc.)*   uiolauerint V¹   obstauit G D^ac V
10 ueram . . . sit] c. sit u. sap- R   hoc? D^ac   solam V^ar
11 saramenti *sic,* i *ex* a, V   maioris V^ac   12 nostris V
sterelitate B¹ *(corr.* B²*)* H M; sterilt- V; sterielit- K¹   atque] aquae et
(s.l. m.1?) B¹, *ras. corr.* B³   13 in *om.* G   14 intolerabiles P^ac, -le
V^ac; -lis S R *(G legi nequit); cf. Heck, 1972, 176*   15 tunc P H
misertus B^au   deduxit P   16 legis *s.l.* B³   CCCC XXX, *om.* et,
P M K S   17 ducem moysen D^ac V *(n ex m)*   mose K S   postea per
quem B   illi M   18 eductionem D^ac V^ac; educat- H M
ostenditur D^ac V   transiecit B *(G non legitur), Br,* traie- *cet., Mo*

enim populum medio mari rubro praecedente angelo et scinden- te aquam, ut populus per siccum gradi posset, quem uerius, ut ait poeta,
'curuata in montis faciem circumstetit unda'.
qua re audita tyrannus Aegyptiorum cum magna suorum manu insecutus et mare adhuc patens temere ingressus coeuntibus aquis cum omni exercitu deletus est. Hebraei uero egressi in solitudinem multa mirabilia uiderunt.   namque cum sitim pa- terentur, ictu uirgae rupe percussa prosiliuit fons aquae popu- lumque recreauit.   quo rursus esuriente caelestis alimenti pluuia descendit; quin etiam coturnices in castra eorum uentus inuexit, ut non modo pane caelesti, sed etiam instructioribus epulis sa- turarentur.   pro his tamen diuinis beneficiis honorem deo non

Epit.: 4, 10, 11] *cf.* 38, 4

Auct.: **4** Verg. georg. 4, 361

Test.: **5–7** tyrannus ... deletus est] Sulp. Seu. chron. 1, 15, 6

Codd.: **2** *in* quem [u]e[r] | *desinit* G *p. 63; a* | gilius ut poeta ait *incipit* G *p. 64 tota lecta; hinc extant* B G D V P H M K S R

1 antecedente K S   et scindente] et scindite M; exscindentem K *(ex ex &, ut uid.)* S (exci-)   **2** gradi] transgredi B G   uerus *ras. ex* uerius P; uergilius B G   **2–3** ut ait poeta] u. p. a G B³ *(lineolis s.l. mutatis ex* a. u. p., *quod m.1 lineolis s.l. fecerat ex* u. a. p.) **4** curuatis M   montis] s *in ras. 2–3 litt.* V; montibus P faciem D V P *(m del. m.3)* K S R *ut codd. Verg.,* -e B G H M (fat-) circumstitit K S *ut Verg. cod.* G   **5** quam rem auditam B G **6** et] est D V; est et H M   adhuc] d *ex* t B, ad|thuc G **7** exercitum R^ar   delusus K S   egressi D V H M K S R *St 227, Mo;* ingr- B G P *Br (dubitat in addendis)*   in] his, sed del. et s.l. in D **8** solitudine D V H M K S   multa *s.l.* B³, *om.* G   namque] nam P **9** rupae G   percussa] p. petra G   prosiluit G V H   **10** creauit M **10–12** quo ... pane caelesti *om.* K S   **10** rursum B   caelesti P alumenti B *(G inc.);* -tis V^ar   **11** discendit P   *ante* eorum *del.* in P³ induxit D V   **12** instructoribus K S   aepulis B^ac G P H M saturentur K S   **13** tam P

reddiderunt, sed depulsa iam seruitute, iam siti fameque deposita in luxuriam prolapsi ad profanos Aegyptiorum ritus animos
12 transtulerunt. cum enim Moyses dux eorum ascendisset in montem atque ibi quadraginta diebus moraretur, aureum caput bouis, quem uocant Apim, quod eos in signo praecederet, fi-
13 gurarunt. quo peccato ac scelere offensus deus impium et ingratum populum pro merito poenis grauibus adfecit et legi
14 quam per Moysen dederat subiugauit. postea uero cum in deserta quadam parte Syriae consedissent, amiserunt uetus nomen Hebraei, et quoniam princeps examinis eorum Iudas erat,
15 Iudaei appellati et terra quam incoluere Iudaea. et primo quidem non dominio regum subiecti fuerunt, sed populo ac legi ciuiles iudices praesidebant, non tamen in annum constituti sicut Romani consules, sed perpetua iurisdictione subnixi. tum sublato iudicum nomine potestas regalis inducta est. uerum iudicibus regimen eorum tenentibus prauas religiones saepe susceperant, atque offensus ab his deus totiens eos alienigenis subiugabat, donec rursus paenitentia populi mitigatus liberaret eos
17 seruitute. item sub regibus finitimorum bellis ob delicta uexati,

Epit.: 4, 10, 14 Iudaei] 38, 3 Iudaei ... nominati

Test.: 4–6 caput ... figurarunt] *cf.* Isid. orig. 8, 11, 86

Codd.: 10 *in* examinis *desinit* G *p. 64; extant* B D V P H M K S R
1–3 sed ... transtulerunt *om.* K S   1 sitim B   2 luxuriem D V P animo P^{ac} 3 moses K S   4 ibidem P   demoretur P
5 uobis G   quod ... signo] quo deo s. D V   praecederent H M
7 pro *om.* B G   meritis H M   8 quem V^{ac} mosen K S
declarat D V   9 deserto B G   11 appellati] sunt a. H M
terra P^3 K S; -ram P^1 *cet.*   coluere M   iudea B P; -daeam H; -da R
12 domino P^{ac} M   *sup.* regum *add.* regio R^2 14 iurisdictione] c *del. m.3?* P; iuris dicione K S   subnixa H M   tunc H
16 susceperunt B   17 ab] ad H M   hiis P^1, iis P^3 *Br*
eos B P K^{pr} S^2 R; deos K^{ar} S^1; *om.* D V H M *Br*   alienis H M
18 rursus *om.* R   19 seruitutem K S^{ar}

LACT. INST. IV 10 341

postremo capti abductique Babylonem poenas impietatis suae
graui seruitio pependerunt, donec Cyrus ueniret in regnum, qui
statim Iudaeos restituit edicto. exinde tetrarchas habuerunt us- 18
que ad Herodem, qui fuit sub imperio Tiberii Caesaris, cuius
5 anno quinto decimo id est duobus Geminis consulibus ante diem
decimum Kalendas Apriles Iudaei Christum cruci adfixerunt.
hic rerum textus, hic ordo in arcanis sanctarum litterarum con- 19
tinetur. sed prius ostendam qua de causa in terram uenerit Christus, ut fundamentum diuinae religionis et ratio clarescat.
10   11. Cum saepe Iudaei praeceptis salutaribus repugnarent 1
atque a diuina lege descisterent aberrantes ad impios cultus deorum, tum deus iustos et electos uiros sancto spiritu implebat,
prophetas, in media plebe constituens, per quos peccata ingrati
populi uerbis minacibus increparet et nihilominus hortaretur ad
15 paenitentiam sceleris agendam; quam nisi egissent atque abiec- 2
tis uanitatibus ad deum suum redissent, fore ut testamentum
suum mutaret id est hereditatem uitae immortalis ad exteras

Epit.: 4, 11, 1 . . . 3 necauerunt] 38, 5 . . . 6 interfecerunt

1 adductique B V   babylone B; in babylonem K S (-bil-)
poenos B^ac   impietas K^1   **2** perpenderunt P   coyrus P^ac, ciros S
3 edictio M   exin B   tetharcas *sic* B D^1, tethrarcas V
4 tiberi D^ac V, ·t· K S   **5** id est *om.* B; idem *plene* H M S
conss· D V P R^1 *(s.l.* sulibus R^2*)*, cons· K S   **6** Kalendas Apriles Br *in
addendis ex* kal· apriles R *cl. mort. pers. 2, 1 (ubi cod. habet* kł· apł·s,
i. e. Kalendas Apriles*; cf. J. Rougé, REAug 30, 1984, 32, cuius comitate
1983 uidimus imaginem);* kł· apr̄ D, kal· apr· V, kal· april· P, kł· ap̄·
K S; kalendarum aprilium B H M *edd., Br in Ed., Mo*   cruce R^1
adfecerunt H M; affigerunt R^1   **7** hic] is H M   testus R^1
in *om.* P   arcani P   **8** terra D V H M   inuenerit B^ar; uenerat P
11 a *om.* H M; ad K S^ar   discisterent P H; didisc- M   ad] ab
M K S^1   cultis H M   **12** tunc B   uiro D^ac V^ac   spiritu sancto K S
implebat] repl- iterum H M   **13** plene B^1, *corr.* B^2   ingrata D^1 V
14 et] e P   nihilominus D M   ortaretur D^1 V   **15** atque] et K S
17 suum] sum R   hereditate K S^1   immortalis] et immortalitatis
H *(et add.m.2)* M

conuerteret nationes aliumque sibi populum fideliorem ex ali-
3 enigenis congregaret. illi autem a prophetis increpiti non modo
uerba eorum respuerunt, sed quod sibi peccata exprobrarentur
offensi eos ipsos exquisitis cruciatibus necauerunt. quae omnia
4 diuinae litterae signata conseruant. dicit enim propheta Hieremias: 'misi ad uos seruos meos prophetas. ante lucem mittebam,
et non audiebatis me neque intendebatis auribus uestris, cum
dicerem uobis: conuertantur unus quisque a uia sua mala et a
nequissimis adfectationibus uestris, et habitabitis in terra ista,
quam dedi uobis et patribus uestris a saeculo usque in saeculum.
nolite ambulare post deos alienos, ut seruiatis eis, et ne incitetis
5 me in operibus manuum uestrarum ad disperdendos uos.' Hesdras etiam propheta, qui fuit eiusdem Cyri temporibus a quo
Iudaei sunt restituti, sic loquitur: 'desciuerunt a te et abiecerunt
legem tuam post corpus suum et prophetas tuos interfecerunt,
6 qui obtestabantur eos ut reuerterentur ad te.' item Helias in

Auct.: **6–12** Ier. 25, 4–6; *cf.* Cypr. testim. 1, 2 l. 3–10, *sed u. adn. crit.*
14–16 II Esdr. 19, 26 LXX (9, 26 Vulg.); *cf.* Cypr. ibid. l. 15–17

1 sibi populum *bis, alt. del. m.2,* V   fideliorum H   **2** a *in mg. m.1* P
increpiti D V K R, -pati B P S, -peti H M; *u. ind. form*   **3** exprobaren-
tur B¹, *corr.* B²   **4** ipsis M   exquisitos P^ac   negauerunt D¹ V
5 conserbant B¹, *corr.* B²   prophete D^ac   **7** obaudiebatis P K S
auris B¹, *corr.* B²   cum dicerem uobis] dicens *Cypr. sec. LXX; u.
p. LXVII*   **8–10** conuertantur ... uobis *om.* K S   **8** conuertan|tur B^ar
(*alt.* n *eras.*) *ut Cypr. cod.* L, *quod recepit* Br *cl.* LXX ἀποστράφητε
ἕκαστος; -tatur B^pr *cet.* (D *inc.*) *et cet. codd. Cypr., edd., Mo (sed cf.
Heck, 2000, 199 sq.), ft. recte*   unus quisque *om.* B¹, *s.l. u. q.
uestrum* B³   a *post* et] ad H^ar M   **9** adfectionibus P H M R *ut pars
codd. Cypr., Mo*   habitatis P^ac   ista *om.* B   **10** parentibus B
usque] et u. K S *ut 3 codd. Cypr. et Vulg.*   **11** et *om.* B D V P
ne] ne adoraueritis et ne *Cypr. sec. LXX*   **12** manum V
dispergendos P   uos] suos S^ar   hesdras D (hacs-) H M K S R, esdras
D V, hesdra P   **13** fuit *ex* fui P³   **14** restitutis H^ar M
sic] is H M   a te *om.* R   **14–16** et abiecerunt ... ad te *om.* K S
15 suum *om.* R   **16** ad] a H; ac? M^ac   helpas R¹

libro Basilion tertio: 'aemulando aemulatus sum domino deo
omnipotenti, quia dereliquerunt te filii Israhel, altaria tua de-
molierunt et prophetas tuos interfecerunt gladio. et remansi ego
solitarius et quaerunt animam meam auferre eam.' propter has   7
5 illorum impietates abdicauit eos in perpetuum, itaque desiit prophetas mittere ad eos. sed illum filium suum 'primogenitum',
illum 'opificem rerum' et 'consiliatorem' suum, delabi iussit e
caelo, ut religionem sanctam dei transferret ad gentes, id est ad
eos qui deum ignorabant, doceretque iustitiam, quam perfidus
10 populus abiecerat. quod iam pridem denuntiauerat se esse fac-   8
turum, sicut Malachiel propheta indicat dicens: 'non est mihi
uoluntas circa uos, dicit dominus, et sacrificium acceptum non
habebo ex manibus uestris, quoniam a solis ortu usque in occasum clarificabitur nomen meum apud gentes.' item Dauid in   9

Epit.: 4, 11, 7] 38, 6 itaque ... conuocaret   8] 43, 5

Auct.: **1–4** III reg. 19, 10; cf. Cypr. testim. 1, 2 l. 11–14, sed u.
adn. crit.   **6** primogenitum] u. 4, 6, 2   **7** opificem] u. 4, 6, 9
δημιουργόν   consiliatorem] u. ibid. σύμβουλον   **11–14** Mal.
1, 10 sq.; cf. Cypr. testim. 1, 16 l. 13–16

1 Basilion] regnorum DV ut 2 codd. Cypr.   tertio] t. ait B
suum B¹ (corr. B²) Mar   **2** te s.l. B², in ras. H²; e R   filii ex fili B³
israhel DHMR, iħl KS, isrł PV; isdrael B¹, istrael B²; uariae scripturae hinc noniam notantur   altaria B¹ HM ut Cypr. sec. LXX; et a.
B³ DVPKSR, ft. recte   **4** solus DVHM ut pars codd. Cypr.
auferre] ut auferant P ut Vulg.   eam] a me DV ut pars codd. Cypr.
has illorum] h. eorum HM; basill- K, suas ill-, pr. s s.l. m.1 uel 2, S
6 ad om. KS   **7** labi D (antea ras. 1–2 litt.) V   **8** sanctum, u ex a?, D
ad eos om. DV   **9** doceretque] -ret DV   **10** abiceret R
adnuntiauerat D (-nci-) V; -runt, ult. n eras., M   se denuntiauerat esse
KS   se esse] sese B   **11** sic S   indicat ex iud- ut uid. B³   indicat
dicens] dicit tantum PKS; adnuntiat d. HM   **12–13** et ... ex]
sacrificia non accipiam de DV   **13** abeo KS   ex] in HM
quoniam] quia epit.   ortum Har   in] ad B (s.l. pro del. in m.3) M et
epit. ut Vulg.   **14** clarificabitur] -catum est Cypr. sec. LXX
apud] inter B   idem HM

psalmo XVII: 'constitues me in caput gentium; populus quem non cognoui seruiuit mihi.' Esaias quoque sic loquitur: 'uenio colligere omnes gentes et linguas, et uenient et uidebunt claritatem meam. et dimittam super eos signum et mittam ex iis conseruatos in gentes quae longe sunt, quae non audierunt gloriam meam, et nuntiabunt claritatem meam in gentes.' uolens igitur deus metatorem templi sui mittere in terram noluit eum in potestate et claritate caelesti mittere, ut ingratus in deum populus in errorem maximum induceretur ac poenas pro facinoribus suis luerent qui dominum ac deum suum non recepissent; quod olim prophetae cecinerant sic esse facturum. Esaias enim, quem idem ipsi Iudaei serra consectum crudelissime necauerunt, ita dicit: 'audi caelum et percipe auribus terra, quoniam dominus

Epit.: 4, 11, 10 . . . meam] 43, 6

Auct.: **1–2** psalm. 17, 44 sq.; cf. Cypr. testim. 1, 21 l. 35–36; u. adn. crit. **2–6** Is. 66, 18 sq.; cf. Cypr. ibid. l. 52–56 **13–p. 345, 3** Is. 1, 2 sq.; cf. Cypr. testim. 1, 3 l. 3–7, sed u. adn. crit. (nonnumquam aliter Vet. Lat. ed. Gryson sec. Br)

1 XVII PKS Br dubitanter; XVI DVR ut pars codd. Cypr., Mo; XVI (I ins. m.3) ait B; om. HM **2** cognouit S^{ar} seruiuit DV ut Vulg. et plurimi codd. Cypr., Br cl. LXX; -uiet cet., Mo, ft. recte eseias BR et epit. cod. T; et esaias P **4** dimittam] dem- B iis R Br, his cet. ut Cypr., Mo ft. recte **5** quae] qui D^{ac}; et q. P; quam HM^{ar}, qua M^{pr} audierunt] a. nomen meum neque uiderunt Cypr. (exceptis 2 codd.) sec. LXX **6** nuntiauerunt DV **7** sui mittere] summi- KS eam M **8** et . . . caelesti] cael- et clar- HM ut] et DV deum] eum B **9** errorem] rerum H ac ante poenas in ampliore ras. D, acpoac sic., sed p del. aut in compendium uocis pro mutata V **10** luerent B^{pc} D^{pc} V^2 Br, Mo; luerunt B^{ac}; lucerent D^{ac} V^1; lueret cet., edd. ac] et B, om. HM recepisset PR edd. **11** cecinerunt BHKS; -nissent, is in ras. m.2, M facturum codd., Mo; fut- recc., Br uix recte cl. epit. 59, 1. ul. eseias DR, ysaias S enim] quidem DV **12** idem ipsi PH^2 (ipsi in mg.) MKSR; idem om. BDVH^1 edd., Br, Mo negauerunt V^{ac} **13** auribus percipe KS; praebe aures plures codd. Cypr. terram M^{ar} K

locutus est: filios genui et exaltaui, ipsi autem me spreuerunt. agnouit bos possessorem et asinus praesepium domini sui. Israhel autem me non cognouit et populus me non intellexit.' Hieremias quoque similiter ait: 'cognouit tempus suum turtur et hirundo, et ruris passeres custodierunt tempora introitus sui, populus autem meus non cognouit iudicium domini. quomodo dicetis: sapientes sumus et lex domini nobiscum est? in cassum facta est metatura falsi scribae, confusi sunt sapientes, trepidauerunt et capti sunt, quia uerbum domini reprobauerunt.' ergo, ut coeperam dicere, cum statuisset deus doctorem uirtutis mittere ad homines, renasci eum denuo in carne praecepit et ipsi homini similem fieri, cui dux et comes et magister esset futurus. sed tamen quoniam clemens et pius est erga suos deus, ad eos ipsos eum misit quos oderat, ne illis in perpetuum salutis uiam

Epit.: 4, 11, 14] 38, 8 . . . indueret   15] 38, 7

Auct.: **4–9** Ier. 8, 7–9; *cf.* Cypr. testim. 1, 3 l. 18–24, *sed u. adn. crit.*

1 genui BDVPKSR *ut 3 codd. Cypr., Mo*; generaui HM *ut plurimi codd. Cypr., Br dubitanter*   exaltaui *ex* extalui B²   spreuerunt me P spraeuerunt B^ac, sperauerunt H^ar M   **2** agnoui K¹, *corr. m. rec.* possessorem BR *Br cl. LXX*; p. suum *cet. ut Vulg. et pars codd. Cypr.* praesepium DVPKSR *Mo*; -sepem BH^ar M^ar *Br*, -sepe H^pr M^pr; *cf.* 7, 24, 8   **3** cognouit BDVPKSR *ut Vulg. et pars codd. Cypr., Mo*; agn- HM *ut cet. codd. Cypr., Br*   **4** ieremias BP   turtur tempus suum P   **5** erundo D^ac V, ir- D^pc, hyr- HM   et *exp. et eras.* B, *om. Cypr. sec. LXX*   rures D¹ VP¹ *(corr. P³)*; tur | tures D² *(tur post finem lin. anteced., alt.* t *ras. ex* r*)*   tempora *om., introitus sui bis, pr. eras.,* M   **6** agnouit HM   **6–7** quomodo . . . nobiscum est *om.* M **6** dicites *sic* P¹; -citis P³ H   **7** simus D^ac   **8** est *post* facta *om.* P falsi BDVPSR *Mo*; -sis K; -sa HM *ut Cypr. fere sec. LXX, Br* confusi] et c. BDV   sunt] sunt et HM   trepidauerunt *om.* R **9** captiui DV   quia] quoniam HM   **10** ut *s.l.* B³   **11** carnem P^ac **12** hominem M   fieri *om.* R   esse HM   **13** quoniam *om.* KS clemens] clemens·mens D   et] est et HM   est *om.* DVM ergo M   suos] nos P   **14** ipsos eum] ipsum P   ne *s.l.* P³ im perpetuum KS

clauderet, sed daret iis liberam facultatem sequendi deum, ut et
praemium uitae adipiscerentur, si secuti fuissent, quod plurimi
eorum faciunt atque fecerunt, et culpa sua in poenam mortis
incurrerent, si regem suum repudiassent. apud illos igitur et ex
eorum semine regenerari eum iussit, ne si fuisset alienigena,
iustam possent excusationem de lege praetendere, quod eum
non suscepissent, simul, ut nulla omnino gens esset in terra, cui
spes immortalitatis negaretur.

12. Descendens itaque de caelo sanctus ille spiritus dei
sanctam uirginem cuius utero se insinuaret elegit. at illa diuino
spiritu hausto repleta concepit et sine ullo attactu uiri repente
uirginalis uterus intumuit. quodsi animalia quaedam uento et
aura concipere solere omnibus notum est, cur quisquam mirum
putet, cum dei spiritu, cui facile est quidquid uelit, grauatam
esse uirginem dicimus? quod sane incredibile posset uideri,

Epit.: 4, 12, 1] 38, 9 ... homo   3–4] 39, 1 ... 3 Emmanuel

Auct.: **12–13** quodsi ... notum est] *cf.* Varro rust. 2, 1, 19. Verg. georg. 3, 274. sq. Plin. nat. 8, 166. *al.* (*u.* Thes. IV 56, 84 – 57, 2)

Codd.: 1 *a* facultatem *incipit* G *p. 21, in qua ad § 16 fere omnia, deinde perpauca legi possunt; hinc extant* B G D V P HM K S R

1 iis R¹ *Br,* hiis R², his *cet., Mo*   libenter K S   dei B D V P¹ *(corr.* P³; dm̄ G)   et *om.* H M   3 et] aut H M   culpa ... poenam] p. suam (m *eras.*) in culpam (m *exp.*) B^{ac}, *ord. lineolis rest.* B¹ *ut uid.*; culpam suam poenam in culpa G; pulchra sua in (suam D) poena D V poena M   4 repudiassent] r. quod sciebat (-bant *ut uid.* G) esse facturos B G   5 generari B G   ne si] nisi R¹, si enim R² alienigenam K   6 quod *om.* R   *post* eum *s.l.* se R²   7 *ex* suscepissent *s.l.* suscipere debere R²   in] et in H   7–8 cui ... negaretur *om.* B¹ *(s.l.* B³) G   8 necaretur H M   10 diuina P^{ac}; denuo D V   11 hausto] sancto D V; austro M et *om.* H M   attactu] actactu M K¹; tactu S   12 et] aut P K S   13–14 mirum ... dei *om.* P K S   14 spiritus D V, tum H M quidquid] q. esse, se *s.l. pro eras.* t *m.3,* P   uellit, *alt.* l *exp.,* D V grauata D^{ac} V   15 dicimus] neget P; dixerit *ex* -cimus S² posse D^{ac} V; p. et P

nisi hoc futurum ante multa saecula prophetae cecinissent. Solomon in ode undeuicesima ita dicit: 'infirmatus est uterus uirginis et accepit fetum, et grauata est et facta est in multa miseratione mater uirgo.' item propheta Esaias, cuius uerba sunt haec: 'propter hoc dabit deus ipse uobis signum: ecce uirgo accipiet in uterum et pariet filium, et uocabitis nomen eius Emmanuel.' quid hoc manifestius dici potest? legebant ista Iudaei qui eum negauerunt. si quis nos haec fingere arbitratur, ab his requirat, ab his potissimum sumat; satis firmum testimonium est ad probandam ueritatem, quod ab ipsis perhibetur inimicis. Emmanuel autem numquam uocitatus est, sed Iesus, qui Latine dicitur salutaris siue saluator, quia cunctis gentibus salutifer uenit. sed propheta declarauit hoc nomine, quod deus ad

Epit.: 4, 12, 6 Iesus . . . esset] cf. 37, 9

Auct.: 2–4 Od. Sal. 19, 6–7; u. Wlosok, 1990, 208–210   5–7 Is. 7, 14; cf. Cypr. testim. 2, 9 l. 8–9 et u. Vet. Lat. ed. Gryson

Test.: 11–13 Iesus . . . saluator] Aug. ciu. 17, 18 p. 245, 13 sq.; Iesus . . . uenit] Isid. orig. 7, 2, 7

Codd.: 8 in [fin]| desinit G p. 21, seq. p. 22, in qua nihil nisi gere arbitratur ab his re legitur; ceterum extant B DV P HM KS R

1 solomon BGDVH (pr. o in ras. m.2) R; sal- P (ex solomoni) MKS   2 ode undeuicesima KSR; eo|deundeuicesimo B¹, praeter eo exp. B³ (G non legitur); odeum XX· D (odeum del.) V (odeũ); psalmo undeuicensimo, ult. n del. m.3?, P; libro tantum HM   dixit DV   3 multam miserationem KS   miseratio HM   4 eseias BR et epit. cod. T sic semper   5 hoc] ea DV   uobis ipse deus DV   6 in utero accipiet B ut Cypr.   concipiet M ut Vulg.; post accipiet eras. et R   utero BPHM   et . . . filium om. M   uocabis H   emamanuhel DVP, emmanuhel HMKS   7 quid ex quod P³   ista] iusta Dᵃʳ V   8 negauerunt BDVPHMKS edd., Mo; necau- R Br; cf. 4, 18, 23   qui B   haec nos HM   haec] habet, sed eras. D iis R   9 iis KR; is S¹   sumat] petat HM   est testimonium B est om. DV; et R   10 perhiberetur HMᵃʳ (per ex pro)   11 emmanuhel DVM   uocatus BD (us ex is) VM   12 dicunt M siuae ex suae H²   13 prophete Pᵃᶜ   nomen DV   ab Dᵃᶜ KS¹

7 homines in carne uenturus esset. Emmanuel enim significat 'nobiscum deus,' scilicet quia illo per uirginem nato confiteri homines oportebat deum secum esse, id est in terra et in carne mortali. unde Dauid in psalmo LXXXIIII 'ueritas' inquit 'de terra orta est', quia deus, in quo ueritas est, terrenum corpus
8 accepit, ut terrenis uiam salutis aperiret. item Esaias ipse: 'ipsi autem non crediderunt et exacerbauerunt spiritum sanctum et conuersus est eis ad inimicitiam. et ipse expugnauit et recordatus est dierum saeculi, qui suscitauit de terra pastorem ouium.'
9 quis autem futurus esset ille pastor, declarauit alio loco dicens: 'exultent caeli desuper et nubes induant iustitiam, aperiatur terra et pullulet saluator. ego enim dominus deus creaui eum.' salua-
10 tor uero est, ut supra diximus, Iesus. sed et alio loco idem propheta sic praedicauit: 'ecce natus est uobis puer, et datus est uobis filius, cuius imperium super umeros eius, et uocatum est
11 nomen eius magni consilii nuntius.' idcirco enim missus est a

Epit.: 7 ... mortali] 39, 3 quod ... deo

13 supra] § 6

Auct.: **4–5** psalm. 84, 12   **6–9** Is. 63, 10; *u. Vet. Lat. ed. Gryson* **11–12** Is. 45, 8   **14–16** Is. 9, 5 LXX (9, 6 Vulg.); *cf.* Cypr. testim. 2, 21 l. 8–10 *(qui* nobis filius *et* magnae cogitationis nuntius*)*

Test.: **1–4** Emmanuel ... mortali] Isid. orig. 7, 2, 10

Codd.: **16** in [enim] *desinit* G *p. 22, seq. p. 35, in qua usque ad § 12* hominis *paene omnia leguntur; ceterum extant* B DV P HM KS R

1 in ... esset] u. e. in c. B   emmanuhel V H M   enim] autem D V
2 quia] et K S   illo *om.* D V   natum *ex* nato V²   **3** deum *s.l.* P
secum] *post* c *3–4 litt. eras.* B   terra *in ras.* P   **4** unde] u. et D V;
inde P K S   XXXIIII B¹, *corr.* B³   **5** quia] et q. D V
6 ipse *om.* B   **8** eis *s.l.* P   **9** qui ... de] quia suscitauit *(ci s.l.)* deus
de B   **10** esset *ex* est B³   **11** aperiatur] et a. S   **12** pullus et Dac V
saluatos Dac; -torem *ex* -tor *m.2?* P   deus *s.l.* K   **13** ut] et Pac
et *om.* R   idem] ita R   **14** sic *om.* R   uobis puer *(s.l.* B³*) codd.*
14–15 uobis est P   **15** uocabitur D V *ut Vulg.*   **16** enim *om.* H

deo patre, ut uniuersis gentibus quae sub caelo sunt singularis et
ueri dei sanctum mysterium reuelaret ablatum perfido populo,
qui aduersus deum saepe deliquit.   Daniel quoque similia prae-   12
locutus est. 'uidebam' inquit 'in uisu noctis, et ecce in nubibus
caeli ut filius hominis ueniens et usque ad uetustum dierum
peruenit. et qui adsistebant, obtulerunt eum, et datum est ei regnum et honor et imperium, et omnes populi tribus linguae seruient ei, et potestas eius aeterna, quae numquam transibit et
regnum eius non corrumpetur'.   quomodo igitur Iudaei et con-   13
fitentur et sperant Christum dei, qui hunc idcirco reprobauerunt,
quia ex homine natus est?   nam cum ita sit a deo constitutum, ut   14
idem Christus bis adueniat in terram, semel ut unum deum gentibus nuntiet, deinde rursus ut regnet, quomodo in secundum
eius aduentum credunt qui in primum non crediderunt?   atquin   15
propheta utrosque aduentus eius paucis uerbis comprehendit.
'ecce' inquit 'in nubibus caeli ut filius hominis ueniens'. non

Epit.: 4, 12, 12] 42, 4

Auct.: **4–9** Dan. 7, 13–14 *(aliter ac Cypr. testim. 2, 26); ad §§ 12–19 cf. Wlosok, 1990, 214 sq.*

1 pater D[ac] V   **2** ablato M; -tam R[1]   **3** deum *om.* R
reliquit D[ac] V   daniel B G R, danihel *cet.*   prolocutus R
4 in *s.l.* K   uiso B (G *inc.*); -sum K S   **5** ut *om.* D V
5–6 ueniens . . . peruenit] ueniens uenit us- ad uet- d. P   **5** uetustum
hic et 4, 21, 1 codd.; anticum (-quum) § 16 utroque loco et epit. *ut
Vulg.*   **6** adsistabant R   est *om.* H   **7** et honor *om.* R
omnis populus H M S[2]; omnis populi K S[1]   *ante* linguae *ins.* et R[2]
8 potestates eius aeternae B   aeterna quae] aeternamque K S[ar]
transibunt *ex* -ibit B[2]   **9** *ante* non *s.l.* quod R[2]   **10** reprobauerunt
codd., edd.; -rant *Br ex errore, inde Mo*   **11** qui K S[1]   **12** idem] ita D
ut *s.l.* D   **13** in *om.* B   **14** credunt *in mg.* H[2]   in *om.* K S
adquin B[ac] D[ac] V P H; atque K S; *u. ind. form.*   **15** utrumque aduentum *ut uid. ex* utroque aduentus D[2]   adpraehendit, *alt. a del.,* B
16 Eecce *sic* H, et ecce M   ut *om.* P   **16–p. 350, 1** ueniens . . . sed ut
om. D V

dixit 'ut filius dei', sed 'ut filius hominis', ut ostenderet quod
carne indui haberet in terra, ut suscepta hominis figura et condicione mortali doceret homines iustitiam et, cum mandatis dei
functus ueritatem gentibus reuelasset, multaretur etiam morte, ut
inferos quoque uinceret ac resignaret atque ita demum resurgens 5
16 ad patrem proficisceretur in nube sublatus. adiecit enim propheta et ait: 'et usque ad antiquum dierum peruenit et oblatus est
ei.' antiquum dierum appellauit deum summum, cuius aetas et
origo non potest comprehendi, quia solus a saeculis fuit, ut erit
17 semper in saecula. Christum autem post passionem ac resur- 10
rectionem ascensurum esse ad deum patrem Dauid in psalmo
CVIIII contestatus est his uerbis: 'dixit dominus domino meo:
sede ad dexteram meam, quoadusque ponam inimicos tuos sup-
pedaneum pedum tuorum.' qui propheta cum rex esset, quem
appellare dominum suum posset qui sederet ad dexteram dei nisi 15
Christum filium dei, qui est 'rex regum et dominus dominorum'?

Epit.: 4, 12, 17 dauid ... tuorum] 42, 5

Auct.: **12–14** psalm. 109, 1; *cf.* Cypr. testim. 2, 26 l. 12–14
16 I Tim. 6, 15; *u. Vet. Lat. ed. Frede*

Codd.: **5** *in* [uinceret] *desinit* G *p. 35, seq. p. 36 paene tota lecta*

2 carnem B *ft. recte; u. Thes. VII 1, 1267, 62–68*   in terra *om.* B
ut] aut DV   **3** homines] homines ut ostenderet hominibus B
3–4 mandatis diffunctus H, mandatus defunctus M   **4** releuasset R
5 demum] deum R   **7** ad *om.* PK, *s.l.* S²   **7–8** antiquum] *utroque
loco* -qum B, -cum GMR; uetustum § *12 et 4, 21, 1*   peruenit ...
dierum *om.* DV   **7** est] ÷ *s.l.* P³ (*cf. 1, 11, 55*)   **8** appellabat B G
9 solis D^{ac}   ut B¹ D^{ac} V P¹; et B³ GD^{pc} P³ *cet.*   **10** ac] aut G
11 esse *om.* DV   **12** CVIIII B³ D^{pr} PR *epit.;* CXVIIII D^{ar} V; CVIII
B¹ GHMKS *Mo*   dicit HM *ut plures codd.* Cypr.   **13** ad *(sic)*
dextris meis DV *ex Vulg.* ad] a P   quoadusque] donec BG *epit. ut
pars codd.* Cypr. *et Vulg.*   **14** quid B^{ar} (G *non legitur*); qui cum M
rex esset] resurrexisset B¹ (G *inc.*); r. e. *legit Br spatio apto*), *corr.* B³;
rexisset R^{ac}   **15** dominum *s.l.* P³; deum HM   suum *om.* DV
sederat D^{ac} V   **15–16** nisi ... dei *om.* DV   **16** x̄p̄s̄ filius G
rex *in mg.* P   dominantium GH *ut Vulg. et alii testes Vet. Lat.*

quod Esaias apertius ostendit dicens: 'sic dicit dominus deus
Christo domino meo, cuius tenui dexteram obaudire ante eum
gentes, et fortitudinem regum dirumpam, aperiam ante illum
portas et ciuitates non cludentur. ego ante te ibo et montes de-
planabo, et fores aereas conteram et seras ferreas confringam. et
dabo tibi thesauros absconditos et inuisibiles, ut scias quia ego
dominus deus, qui uoco nomen tuum.' denique ob uirtutem ac
fidem, quam deo exhibuit in terra, 'datum est ei regnum et honor et imperium et omnes populi tribus linguae seruiunt ei, et
potestas eius aeterna, quae numquam transibit, et regnum eius
non corrumpetur.' quod quidem duobus modis intellegitur,
quia et nunc habet perpetuam potestatem, cum omnes gentes et
omnes linguae nomen eius uenerantur, maiestatem confitentur,
doctrinam sequuntur, uirtutem imitantur, habet imperium atque

Auct.: **1–7** Is. 45, 1–3; *u. Vet. Lat. ed. Gryson*   **8–11** Dan. 7, 14 *(§ 12)*

Codd.: **10** *in regnum desinit* G *p. 36; hinc extant* B DV P HM KS R

1 eseias BGR¹   ostendit] docet P   **2** domino *om.* DV
meo *om.* P   *post* obaudire *s.l.* faciam S   **3** dirrumpam BGR¹, disr-
R² *cet.; cf. 6, 10, 4. epit. 34, 11*   **4** cludentur BGPR, claud- DVKS;
conclud- HM   ante te HMP³ *ex Vulg.;* te *om.* BGDVP¹ KSR *Mo,
sed Lact. uindicamus cl. LXX* σου; *similiter uariant alii testes Vet. Lat.*
5 foras M; portas DV *ut Vulg.*   aeream V^ac   serras B^ar GDVMR
6 thesauros DVMKS, tens- B, thens- GP (n *exp.*) H (n *s.l. m.2*) R (n
exp.); *u. ind. form.*   inuisibilis R¹; i. aperiam tibi BG *(spatio indice)
ut alii testes Vet. Lat.*   sciant HM   ego] e. sum PKS
7 deus] d. tuus B *(et* G *spatio indice)*   qui] quo HM
tuum] t. deus israhel B (istr-) G *(spatio indice; uestigia uidit Br)*
H *(deus s.l. m.2)* M *ut Vulg. et alii testes Vet. Lat.*   ac] et HM
8 deo *om.* KS   exibuit B¹ *(corr.* B³; exhi- G) P   in] de DV
terram B^ar HMKS   **9** *ante* linguae *s.l. et* R²   seruient DVHMS *ex
§ 12*   **10** transiuit G   et *om.* HM   eius *om.* DV
12 *ante* quia *exp. et* V   cum *om.* DV   **13** omnes *(ante* linguae*) ex*
omnis P³   maiestate HMS   **14** sequitur M   imitantur] mirantur
ex i. B²   atque] habet DV

honorem, cum omnes tribus terrae praeceptis eius obtemperant, et idem postea, cum rursus aduenerit in claritate ac potestate, ut omnem animam iudicet et iustos restituat ad uitam, tunc uere totius terrae regimen obtinebit, tunc sublato de rebus humanis omni malo aureum saeculum ut poetae uocant, id est iustum ac pacificum tempus orietur.   sed haec uberius in ultimo libro disseremus, cum de secundo aduentu loquemur; nunc de primo ut coepimus explicemus.

13. Summus igitur deus ac parens omnium cum religionem suam transferre uoluisset, doctorem iustitiae misit e caelo, ut nouis cultoribus nouam legem in eo uel per eum daret, non sicut ante fecerat per hominem, sed tamen nasci eum uoluit tamquam hominem, ut per omnia summo patri similis existeret.   ipse enim pater deus, origo et principium rerum, quoniam parentibus caret, ἀπάτωρ atque ἀμήτωρ a Trismegisto uerissime nominatur, quod ex nullo sit procreatus. idcirco etiam filium bis nasci oportuit, ut et ipse fieret ἀπάτωρ atque ἀμήτωρ.   in prima

Epit.: 4, 13, 2] *cf.* 2, 2. 4, 4   3–5] *cf.* 38, 8–9. 39, 7

6 in ultimo libro] 7, 20, 1–11. 24, 1–15; *cf.* 7, 2, 1

Auct.: 5 aureum ... uocant] *cf. 1, 13, 12 sq. 5, 5, 2 – 7, 2 passim*
15 Trismegisto] CH IV 106 (frg. 4 a); *u. 1, 7, 2*

Test.: 16–p. 353, 3 bis ... officio] *cf.* Zeno 2, 8, 2. Isid. orig. 7, 2, 12

1 terrae] linguae D V   2 aduenerint P[ac]; euenerit R   potestate ac claritate D V   3 et *ex* ut B[3], *om.* D V H M   tum uere P; cum uero H M   4 obtinet B   6 libro *om.* K S   7 disserimus H[1] loquemur] e *ex* a B[2]   10 noluisset P[1], *corr.* P[2]   e] de H M   11 nobis B[1] (*corr.* B[3]) H M   uel *om.* P   12 anteferat R[ac] nasci *om.* D V   13 patri] deo p. H M; patris K S[ar]   14 deus pater D V   origo *bis, pr. exp.* B   15 απατορ R; apatora H M   αμετωρ D V; ametora, a *om.*, H M   trismegistro V[ac] S; otoo H M   16 ex *om.* H M   bis filium M   17 et *om.* B D V S   fieret *om.* D V   απατωρ R, apator B D V P H M K; amator S   αμητωρ R, ametor B D (*deinde s.l. m.2 esset*) V P (e *ex* a) H M; ametur K S

enim natiuitate spiritali ἀμήτωρ fuit, quia sine officio matris a
solo deo patre generatus est, in secunda uero carnali ἀπάτωρ
fuit, quoniam sine patris officio uirginali utero procreatus est, ut
mediam inter deum hominemque substantiam gerens nostram
hanc fragilem imbecillamque naturam quasi manu ad immortalitatem posset educere. factus est et dei filius per spiritum et
hominis per carnem, id est et deus et homo. dei uirtus in eo ex
operibus quae fecit apparuit, fragilitas hominis ex passione
quam pertulit; quam cur susceperit paulo post docebo. interim
et deum fuisse et hominem ex utroque genere permixtum prophetis uaticinantibus discimus. Esaias deum fuisse testatur his
uerbis: 'fatigata est Aegyptus, et negotiatio Aethiopum et Sabain uiri alti ad te transgredientur et tui erunt serui et post te
ambulabunt uincti compedibus et adorabunt te et in te precabuntur, quoniam in te deus est, et non est alius deus praeter te. tu

Epit.: 4, 13, 6–8] 39, 4–5

9 paulo post] 4, 16, 1–4

Auct.: 6 §§ 5–6] *cf.* Cypr. testim. 2, 9 l. 1–2. 10 l. 1–2 **12–p. 354, 3**
Is. 45, 14–16; *cf.* Cypr. testim. 2, 6 l. 5–11, *sed u. adn. crit.*

1 spiritalia K S^{ar} ametor *sic codd.*   2 patre deo HM
apator *sic codd.*   3 fuit *om.* P   utero ... est] e. u. p. R
4 gerens] generis M   nostra S^1 hanc nostram B   5 inbeccillamque,
pr. c del., B; *u. ind. form.*   manum B^{ac} HM   6 et *ante* dei *om.* DV
7 id est] idē K, idem S   et *post* est *om.* M   8 hominum K^{ac} S
9 quam cur susceperit] qua coep- DV; quam cur cęp- K *(post* cur *in
fine lin. eras. sus?)* S   10 et *ante* deum *s.l.* K   et *post* fuisse *om.* R
11 uatiginantibus HR^1 diximus KS   eseias BPR^1, esayas K
deum *om.* DV   fuisset K   12 Sabain uiri] in *in ras.* 3–4 *litt.* B^2;
-bam u. M, -baĩ u. KS; saba hii *(h s.l. m.2)* muri R   13 ad] at B^{ac} P; a
D *(sed eras.)* V   te *post* ad *s.l.* P^3 post te] postea M; poste K
14–15 et in te precabuntur *om.* R   14 in *post* et *om.* DV
15 est *post* deus *om.* HM   15–p. 354, 1 et non ... es *om. epit.*; *cf.*
Heck – Wlosok, 1996, 161   15 alius deus BDVPHM *Mo*; alius *om.*
KS; d. a. R *ut plurimi codd.* Cypr. *et Vulg.*, Br *dubitanter*; *cf.* 4, 29, 10

enim deus es, et nos nesciebamus, deus Israhel saluator. confundentur et reuerebuntur omnes qui aduersantur tibi, et cadent in confessionem.' item propheta Hieremias sic ait: 'hic deus noster est et non deputabitur alius absque illo, qui inuenit omnem uiam prudentiae et dedit eam Iacob puero suo et Israhel dilecto sibi. post haec in terris uisus est et cum hominibus conuersatus est.' item Dauid in psalmo XLIIII: 'thronus tuus, deus, in saecula saeculorum, uirga aequitatis uirga regni tui. dilexisti iustitiam, odio habuisti iniustitiam. propterea unxit te dominus deus tuus oleum exultationis.' quo uerbo etiam nomen ostendit, siquidem, ut supra docui, ab unctione appellatus est Christus.

11 supra] 4, 7, 5–7

Auct.: **3–7** Bar. 3, 36–38; *cf.* Cypr. testim. 2, 6 l. 17–20; *u. adn. crit.*
7–10 psalm. 44, 7–8; *cf.* Cypr. ibid. l. 29–31

1 deus es B D V P K S R *Mo;* e. d. H M *ut codd. Cypr. et Vulg., Br*   et nos ... deus *om.* H M   et] set R   nos nesciebamus B D² V *epit.;* non nesc- D¹; nos non sc- P K S; non sc- R   **2** cadunt D V
3 confessionem P¹ R *epit.,* -ne B; -fusionem D V P³ H M *ut pars codd. Cypr.,* -fusione K S *ut cet. codd. Cypr.*   hieremias D V H M K S *epit.;* ier- B P R; *uariae scripturae hinc noniam notantur*   sic ait] dicit B
4 est *om.* P H M *ut codd. Cypr. et Vulg. sec. LXX*   ullo D V M
4–5 uiam prudentiae omnem B   **5** eam] illam K S   suo *om.* H M
6 sibi] suo K S *ut 2 codd. Cypr.*   **6–7** cum ... conuersatus] inter homines *(deinde 2–3 litt. eras.* D*) uersatus D V   **7** est *om.* P H M
XLIII D V H M R *Mo*   **8** saeculum saeculi M *ex Vulg.*   tui] t. deus D V   **9** odio ... iniustitiam *om.* H M   odio habuisti K S R; et o. h. D V P; odisti B *ut Vulg. et 3 codd. Cypr.*   iniustitiam] iniquitatem B R *ut Vulg. et pars codd. Cypr., Mo*   dominus deus P¹ H M K S R Br; deus deus B D V P³ (n *in* dñs *del.) ut Vulg. et pars codd. Cypr., Mo (cf. LXX)*   **10** tuum R¹   oleum B D¹ V R¹ *Br cl. LXX;* oleo D² R² *cet. ut Vulg. et plurimi codd. Cypr., Mo*   exultationis] unctionis D V *ut Cypr. cod.* R   quod H^ar   etiam *bis, alt.* iam *exp.* B
11 quidem H M   unctio B¹, *corr.* B²   appellatus] dilatus V

deinde hominem fuisse eundem Hieremias docet dicens: 'et homo est et quis cognouit eum?' item Esaias: 'et mittet eis dominus hominem, qui saluabit eos et iudicans sanabit eos.' sed et Moyses in Numeris ita loquitur: 'orietur stella ex Iacob et exsurget homo ex Israhel.' propterea Milesius Apollo consultus, utrumne deus an homo fuerit, hoc modo respondit:

θνητὸς ἔην κατὰ σάρκα σοφὸς τερατώδεσιν ἔργοις,
ἀλλ' ὑπὸ Χαλδαίοισι δικασπολίαισιν ἁλώσας,
γομφωθεὶς σκολόπεσσι πικρὴν ἀνέπλησε τελευτήν.

primo uersu uerum quidem dixit, sed argute consultorem fefellit sacramentum ueritatis penitus nescientem; uidetur enim negasse illum deum. sed cum fatetur secundum carnem fuisse mortalem, quod etiam nos praedicamus, consequens est ut secundum

Epit.: 4, 13, 10] 39, 6

Auct.: **1–2** Ier. 17, 9; cf. Cypr. testim. 2, 10 l. 3, sed u. adn. crit. **2–3** Is. 19, 20; u. Vet. Lat. ed. Gryson   **4–5** num. 24, 17; cf. Cypr. ibid. l. 4–5   **7–9** sunt qui inter haec et Porphyrii 'de philosophia ex oraculis haurienda' libros rationem intercedere putent; cf. Smith (ed. Porph. frgg. 1993) ad frg. 343 l. 14–15; C. Riedweg, Fondation Hardt, Entretiens 51, 2005, 170 sq.; S. Freund, VChr 60, 2006, 276–279

1 secundum M   **2** et ante quis om. H   cognoscet Cypr. (-scit pars codd.) sec. LXX   eseias BR, esayas K; haec fere noniam notantur eis] ipse R; caute cf. Heck, 1972, 189   dominus] deus DVP; om. HM   **3** saluauit KSR¹   et post eos B epit., Br, om. cet. sec. LXX, Mo   sanauit BKS   et post sed om. H   **4** moses KS stella ex stel B²; stellae M   exurget KS   **5** ex] de M propter KS   consultus om. PKS   **6** deus s.l. K, in ras. S **7** Graeca in HM lat. litt. distorta noniam notamus; u. p. XLIX n. 157 **8** αλλο DV   χαλδαιοισι codd. scripturis uix uariantibus δικασπολίαισιν] αικασπολιδιcιν P, αικασποαιηcιν R, corr. Struve, 1854, 151 n. **; δικκασπολιδιον B; δικκασποαιετιν DV; δικαcταιc πολιαιcιν KS   **9** cκολοπεcι DV, -πιccι KS ανεπαυcε KS (interpr. compleuit ut P)   **10** uersu om. P arguto DV; -guite Sar   **11** necscientem P¹, corr. P³   negasse] n. se DV   **12** fateretur BHM   **13** est s.l. D (÷), om. V

13 spiritum deus fuerit, quod nos adfirmamus. quid enim fuerat necesse carnis facere mentionem, cum satis esset dicere fuisse mortalem? sed ueritate pressus negare non potuit, quemadmodum se res haberet, sicut illud, quod ait sapientem fuisse. quid
14 ad hoc, o Apollo, respondes? si sapiens fuit, ergo doctrina eius sapientia est nec ulla alia, et sapientes qui sequuntur nec ulli alii. cur igitur uulgo pro stultis et uanis et ineptis habemur, qui sectamur magistrum etiam ipsorum deorum confessione sapientem?
15 nam quod ait portentifica illum opera fecisse, quo maxime diuinitatis fidem meruit, adsentiri nobis iam uidetur, cum dicit
16 eadem quibus nos gloriamur. sed colligit se tamen et ad daemonicas fraudes redit. cum enim uerum necessitate dixisset, iam deorum ac sui proditor uidebatur, nisi quod ab eo ueritas expresserat, mendacio fallente furasset; ait ergo illum fecisse quidem opera miranda, uerum non diuina uirtute, sed magica.
17 quid mirum, si hoc Apollo ueritatem ignorantibus persuasit, cum Iudaei quoque, cultores ut uidebantur summi dei, hoc idem putauerint, cum ante oculos eorum cottidie fierent illa miracula? nec tamen tantarum uirtutum contemplatione impelli potuerunt,

1 deus fuerit *om.* H M   **2** esse B^{ac} dicere *om.* D V   fuisset V^{ac} M   **3** pressus] progressus M   **4** se] si S^{1} sicuti, i *s.l. m.2,* H; sic S   ait] ut S   quod H^{ac} **5** ad *bis* R   o B D V, *om. cet.*   pollo B^{ac} respondens D V^{ar} H M   si *om.* D   **6** aliena H M   nec ulli] nulli R   **7** igitur] id i. H; *pr.* i *sup. 2–3 litt. eras.* M   stultis et] stulti M; et *om.* H M   ha[b]entur D   sectamur] -tamque D V (-uẹ)   **8** confessionem P^{1} *(corr.* P^{3}) H^{ar} M^{ar} **10** adsentire H   **11** ea B   sed ... tamen] sed t. se c. se t. M   collegit B   d(a)emoniacas H M R *Br, sed cf. 4, 15, 12. 27, 14. 30, 9*   **12** tum H M   uerum] earum D V   necessitatem H M   iam] etiam R   **14** furasset *Hartel, Heck, 1972, 198 (cf. etiam 3, 6, 15 de Arcesila fure scientiae);* celasset P *edd.;* curasset *cet.;* obscurasset *Br;* fucasset *Mo ft. recte*   quidem fecisse H M   quidem *om.* P   **15** uirtutes K S^{ar} **16** hoc *om.* H M   **17** ut] et P^{ac} putauerunt B D V   **18** cottidie B *(pr.* t *eras.?), om.* R, cotid- *cet.; cf. 4, 6, 8*   illa miracula *om.* D V   miracula] m. quae eis profetae caelesti potentia futura esse praedixerant B; *cf. epit. 40, 1. 41, 1*

ut deum crederent, quem uidebant. propterea Dauid, quem praeter ceteros prophetas uel maxime legunt, in psalmo XXVII sic eos damnat: 'redde illis retributionem eorum, quoniam non intellexerunt in operibus domini.' ex huius ipsius domo Christum generatuiri secundum carnem et ipse Dauid et alii prophetae adnuntiauerunt. apud Esaiam ita scriptum est: 'et erit in illa die radix Iesse et qui exsurget principari in nationes; in eum gentes sperabunt et erit requies eius in honore.' et alio loco: 'exiet uirga de radice Iesse et flos de radice ascendet; et requiescet super eum spiritus dei, spiritus sapientiae et intellectus, spiritus consilii et fortitudinis, spiritus scientiae et pietatis; implebit

Auct.: **3–4** psalm. 27, 4–5 *eatenus qua laudat* Cypr. testim. 1, 3 l. 26–28   **4–5** ex ... carnem] *cf.* Cypr. testim. 2, 11 l. 1–2   **6–8** Is. 11, 10 *(non ex Cypr. testim. 1, 21 l. 43–45); u. Vet. Lat. ed. Gryson*   **8–p. 358, 1** Is. 11, 1–3; *cf.* Cypr. testim. 2, 11 l. 11–15

Test.: **6** §§ 19–21] *cf.* Theosoph. Sib. 9 l. 251–257 Erbse

Codd.: **6** *ab* est *incipit* G *p. 57 praeter partes* §§ 22 *et* 24 *tota lecta; hinc extant* B G D V P H M K S R

1 ut *s.l. post* deum D, *om.* V   deum *om.* R   crederentur K[ar] praeterea B[1], *corr.* B[3]   **2** praeter] propter H M   XXVI D V H M   **3** illis] eis *Cypr.*   eorum *om.* R; ipsorum B *ex ineunte uers. 4 Vulg.?*   **4** opera D V *ex Vulg.*   domini] deum B H M   ex huius] h. *om.* D; ex h. ex V; et h. K S   **5** generatuiri B[2] V P R[1], -tuuiri D[1]; -turi B[1], -tum iri H *(et* M[ar]?*)*, -tum D[2] M[pr]; -t uirgo R[2]; negatum iri K S; *cf. 1, 6, 13. 3, 28, 21*   et ... Dauid] et ipsius d. R[1], et filium *(sup. ipsius)* d. hoc *(s.l.)* R[2]   propheta P   **6** adnuntiauerint? B[ac]; -rant P K S eseiam B R[1], seiam D V, esayā K   ita *om.* H M   esse H M et *om.* K S   in *om.* H M   die radix *ex* dix *et eras.* e? R[2] **7** exurget G K S; exsurgeret H M   principatum P[ac]; principiri H M in *om.* H M   nationibus B G   gentes] et R   **8** honorem B G *(spatio indice)*   exibit *plurimi codd. Cypr.*   **9** radice] r. eius P *(eius s.l. m.3)* H M *ex Vulg.*   et *s.l.* P[3], *om.* M   **10** super eum *om.* H eum *s.l.* B[2]   dei] domini V[1] P[1] *(corr.* P[2]*)* K S *ut 2 codd. Cypr.*   dei spiritus *om.* R   **11** consili G   pietatis] uerita- P   impleuit B (inp-) V M *(G inc.);* et i. D H M (-eui-) R *ut pars codd. Cypr. ex Vulg.*

21 illum spiritus timoris dei.' Iesse autem fuit pater Dauid, ex cuius radice ascensurum esse florem praelocutus est, eum scilicet, de quo Sibylla dicit

ἀνθήσει δ' ἄνθος καθαρόν.

22 item in Basilion libro secundo propheta Nathan missus est ad Dauid uolentem deo templum fabricare. 'et fuit uerbum domini ad Nathan dicens: uade et dic seruo meo Dauid: haec dicit dominus deus omnipotens: non tu aedificabis mihi domum ad inhabitandum, sed cum impleti fuerint dies tui et dormieris cum patribus tuis, suscitabo semen tuum post te et parabo regnum
23 eius. hic aedificabit mihi domum in nomine meo et erigam thronum eius usque in saeculum, et ego ero ei in patre et ipse erit mihi in filio. et fidem consequetur domus eius, et regnum

Auct.: 4 Orac. Sib. 6, 8   5 §§ 22–23] *cf.* Cypr. testim. 2, 11 l. 3–11 *(fere = 1, 15 l. 3–11), sed u. adn. crit.*   6–9 II reg. 7, 4–5   9–13 ibid. 12–14   13–p. 359, 1 ibid. 16

1 illum *ex* illam B³; eum KS *ex Vulg.*   timoris *om.* B   dei] domini MKS *ut 3 codd.* Cypr. *ex Vulg.*   2 radicem D^(ar) V^(ac) K¹   prolocutus P   4 ανθηςι DVP *(ε pro* c)   δε P *(ε ex* ι*? s.l. m.3)* KS καθαρόν] φθαρτον K *(τō s.l. m.1)* S *(φ bis, alt. del.); interpr.* putrū *(sic) pro* purus   Graeca *om.* B *nullo spatio relicto,* G *reliqua parte lin. et duobus sequentibus (l. 12–13) omnino uacuis*   5 idem DV   basilio DV   est] et, *sed del.* P   6 uolente S; uoluntatem M   templum deo BG *(extat* |plum d[õ]*)*   fabricare] aedificare BGDVHM *ex textu sequente*   7 dices R¹   8 deus *om.* P *ut Vulg. et codd.* Cypr. *sec. LXX*   omnipotens *non habent codd.* Cypr. *sec. LXX, sed cf. LXX uers.* 8 κύριος παντοκράτωρ *(Vulg.* dominus exercituum*)*   mihi aedificabis BG   ad *s.l.* B², *om.* G   9 sed] s. erit *Cypr.*   9–10 et ... tuis *s.l.* P²   dormies DVKSR, *prob. Br*   10 poste B¹ *(corr.* B²*)* KS   te] te qui erit de utero tuo *Cypr. sec. LXX*   et *om.* R   11 aedificauit G   mihi *om.* BG *ut Vulg.*   in nomine] nomini *(pauci* -ne*),* in *om., plurimi codd.* Cypr. *sec. LXX ut Vulg.*   erigat M   12 patrem HMR² *(˜ s.l.) ut fere codd.* Cypr. *sec. LXX*   13 mihi erit KSR; *cf.* Heck, 1972, 177   filium HMR² (um *ex* o) *ut fere codd.* Cypr. *sec. LXX*   13–p. 359, 1 et regnum eius *om.* P

eius usque in saeculum.' sed haec ut Iudaei non intellegerent, 24
illa fuit causa, quod Solomon filius Dauid templum deo aedificauit et ciuitatem, quam de suo nomine Hierosolymam nuncupauit. itaque ad ipsum quae a propheta dicta sunt rettulerunt.
Solomon autem ab ipso patre suo imperii regimen accepit.
prophetae uero de eo loquebantur qui tum nasceretur, postquam 25
Dauid cum patribus suis requieuisset. praeterea Solomonis imperium perpetuum non fuit; annis enim quadraginta regnauit.
deinde, quod numquam filius dei dictus est, sed filius Dauid, et 26
domus quam aedificauit non est fidem consecuta sicut ecclesia,
quae est uerum templum dei, quod non in parietibus est, sed in
corde ac fide hominum, qui credunt in eum ac uocantur fideles;
illud uero Solomonium templum quia manu factum est, manu
cecidit. denique pater eius in psalmo CXXVI de operibus filii 27
sui prophetauit hoc modo: 'si dominus non aedificauerit domum, in uanum laborauerunt qui illam aedificauerunt; si dominus non custodierit ciuitatem, in uacuum uigilauit qui eam
custodiuit.'

Auct.: **15–18** psalm. 126, 1

Codd.: **4** *in* ad i[p]sū | *desinit* G *p. 57, seq. p. 58 praeter § 26 et 14, 2–3 maximam partem lecta (plura uidit Br); extant* B G D V P H M K S R

1 saeculum] s. in conspectu meo *Cypr. sec. LXX*   **2** salomon D H M K S; *haec hinc noniam notantur*   **3** hierosolimam H M K S R (hyier- H, ier- K S); *cf.* 4, 18, 32   **4** retulerunt P H M K S; *u. ind. form*   **6** propheta M   eodem B G   loquebatur S[1]   tunc G; cum H M   **7** dauit B[ac]; *haec noniam notantur*   praeterea] et p. H M   **8** perpetuito D[1] V (o *ex* u)   quadraginta *om.* M   **9** dei filius B G (*ut uid.*)   est] sit D V   filius] fuit B G (*ut uid.*)   **10** aeclesia B G, aeccl- M K S   **11** non *s.l.* H[2]   est *om.* D V   **13** salomonium D P[3] (a *ex* o) K S; salomonis H M   manu *post* est] -us D[ar] V[ar]   **14** CXXVII D V   [fi]li G   **16** in uanum] sine causa H M   laborant H M   qui] hi qui H M   aedificauerunt illam B G (*ante illam 2 litt. eras.?*); aedificant eam H M *ut Vulg.*   **16–17** si non dominus H M   **17** in uacuum] in uanum D V P; sine causa H M   uigilauit] laborauit D V P (-abit); G *inc.*   **18** custodiebat H M

1   14. Quibus ex rebus apparet prophetas omnes denuntiasse de Christo fore aliquando, ut ex genere Dauid corporaliter natus constitueret aeternum templum deo, quod appellatur ecclesia, et
2   uniuersas gentes ad religionem ueram dei conuocaret. haec est domus fidelis, hoc immortale templum, in quo si quis non sa-
3   crificauerit, immortalitatis praemium non habebit. cuius templi et magni et aeterni quoniam Christus fabricator fuit, idem necesse est habeat in eo sacerdotium sempiternum, nec potest nisi per eum qui constituit ad templum et ad conspectum dei perue-
4   niri. Dauid in psalmo CVIIII id ipsum docet dicens: 'ante luciferum genui te. iurauit deus et non paenitebit eum. tu es
5   sacerdos in aeternum.' item in Basilion libro primo: 'et suscitabo mihi sacerdotem fidelem, qui omnia quae sunt in corde meo faciet, et aedificabo ei domum fidelem, et transibit in con-
6   spectu meo omnibus diebus.' quis autem futurus esset cui deus aeternum sacerdotium pollicebatur, Zacharias etiam nomine po-

Auct.: **8** sacerdotium sempiternum] *cf.* Cypr. testim. 1, 17 l. 1–2   **10–12** psalm. 109, 3 sq.; *cf.* Cypr. ibid. l. 3–4   **12–15** I reg. 2, 35; *cf.* Cypr. ibid. l. 6–8, *sed u. adn. crit.*

Codd.: **7** *in* idem ne | *desinit* G *p. 58; hinc extant* B D V P H M K S R
1 nuntiasse H¹   **3** constituet H; -tuerit K^ac   aeclesia B G *sic fere semper*   **4** ueri *ex* ueram R²   dei ueram B G   **6** haberet D V
7 et *ante* magni *om.* B *(et* G *ut uid.), s.l.* M   et *post* magni *s.l.* B P
idem] quidem H M   **8** sacerdotum K S¹   **9** constitui H M
ad *ante* templum *del.* P³, *om.* H M   templum] t. aditum t. H
et *om.* P   peruenire S¹   **10** CVIIII B P K; CVIII D V H M S *ut plurimi codd. Cypr., Mo;* C et VIII R   ipsud P¹, *corr.* P³
11 iurabit D V   dominus H M *ut Vulg. et pars codd. Cypr. sec. LXX, Br*   paenitebit eum *codd. ut pars codd. Cypr. et Vulg.;* -bitur *plures codd. Cypr., Weber*   **12** aeternum] a. secundum ordinem melchisedech D V *ut Cypr. et Vulg.*   basilio P   primo *in ras. (ex* secundo?) V, *om.* K S   **14** faciat P K S   **15** in conspectu meo] i. e. christorum meorum *fere codd. Cypr.;* LXX ἐνώπιον χριστοῦ μου; *Vulg.* coram christo meo; *u. p. LXVII*   cuius B¹, *corr.* B³   **16** aeternus P¹ *(corr.* P²) K S¹   pollicetur M   zacarias B, zaccha- V R

sito apertissime docuit. sic enim dixit: 'et ostendit mihi dominus
Iesum sacerdotem magnum stantem ante faciem angeli domini,
et diabolus stabat ad dexteram ipsius, ut contradiceret ei. et
dixit dominus ad diabolum: imperet dominus in te, qui elegit
Hierusalem; et ecce titio eiectus ab igni. et Iesus erat indutus
uestimenta sordida, et stabat ante faciem angeli. et respondit et
dixit ad circumstantes ante faciem ipsius dicens: auferte uestimenta sordida ab eo et induite eum tunicam talarem et impo-
nite cidarim mundam super caput ipsius. et cooperuerunt eum
uestimenta et imposuerunt cidarim super caput eius. et angelus
domini stabat et testificabatur ad Iesum dicens: haec dicit
dominus omnipotens: si in uiis meis ambulaueris et praecepta
mea seruaueris, tu iudicabis domum meam, et dabo tibi qui con-
uersentur in medio horum circumstantium. audi itaque, Iesu sacerdos magne.' quis non igitur captos mentibus tum fuisse Iudaeos arbitretur, qui cum haec et legerent et audirent, nefandas

Auct.: **1–15** Zach. 3, 1–8 *nonnumquam breuiata (cf. LXX); Cypr. testim. 2, 13 l. 28–35 laudat uers. 1 et 3–5 textu a Lact. alieno*

1 sic ... dixit *om.* B   dominus] d. deus D V   **2** iesus M; -sun R¹
stante K S¹   domini *ex* -num B²   **3** zabulus P   ipsius] eius P K S
ut Cypr. et Vulg.   ut contradiceret] aduersari *Cypr. sec. LXX; u.
p. LXVII*   **4** diabulum P   dominus] tibi d. D V   **5** hierosalem,
o *ex* u, B   abiectus B; eiiec- Pᵃʳ   indutus erat D V H M
6 uestimentis sordidis P *cl. Vulg.*   **8** eo] eo. et dixit ad eum: ecce
abstuli iniquitates tuas *Cypr. sec. LXX*   induit K S   tunicam talarem
B D V H M K S *Br dubitanter;* tunica talari P; tunicam poderem R *Mo;*
poderem *tantum Cypr.; cf. Hier. in Zach. 3, 4 l. 31–34 Adriaen et supra
p. LXVIII*   **9** cydarim, dari *in ras.,* B   **9–10** ipsius ... caput *om.* D V
et cooperuerunt ... eius *om.* B   **9** cooperunt Pᵃᶜ M   **10** uestimento
P K S   posuerunt H M *ex Vulg.*   cidarim] c. mundam P *(n s.l.)* K S
12 ambulaueritis, it *exp.?,* D   **12–13** et ... seruaueris *s.l.* S²
13 seruaberis B *(b ex* u *an uice uersa?)* V; -ua|[uer]itis, it *exp.,* D
iudicaberis S   conuertentur D V   **14** circum astantium K S
iesu R; -sus *cet.*   **15** magnae Bᵃʳ D V   tunc H M   **16** nefarias D V

11 manus deo suo intulerunt? atquin ab eo tempore quo Zacharias fuit usque ad annum quintum decimum imperii Tiberii Caesaris, quo Iesus fixus est, prope quingenti anni numerantur, siquidem Darii et Alexandri adoleuit aetate, qui fuerunt non
12 multo post quam Tarquinius Superbus exactus est. sed illi rursus eodem modo falsi deceptique sunt putantes haec de Iesu esse dicta filio Naue, qui successor Moysi fuit, aut de sacerdote Iesu filio Iosedech, in quos nihil congruit eorum quae propheta
13 narrauit. non enim sordidati umquam illi fuerunt, cum alter eorum potentissimus princeps fuisset, alter sacerdos, aut perpessi sunt aliquid aduersi, ut tamquam titio eiectus ex igni putarentur, aut aliquando in conspectu dei et angelorum steterunt aut
14 propheta de praeteritis loquebatur potius quam futuris. locutus est igitur de Iesu filio dei, ut ostenderet eum primo in humilitate et carne uenturum – haec est enim uestis sordida –, ut pararet templum deo et sicut titio igni ambureretur, id est ab hominibus

Auct.: 8 Iesu . . . congruit] *ex fonte simili* Euseb. ecl. proph. 3, 23, PG 22, 1148 c; *cf.* Wlosok, 1990, 206 n. 23

1 adqin *sic, i s.l.,* DV, adquin HM; at quia KS   quo *ex* quod P²; co *sic* H   zaccharias Bᵃʳ R   **2** ad *om.* H   imperi B¹ *(corr.* B³*)* M tiberi B¹ *(corr.* B³*)* H, *om.* R   **3** fixus] crucifixus D *(cruci s.l. m.2)* P **4** darii et alexandri *codd., def.* Heck, 1993, 411 sq. Darios I et III *confusos ratus (de Alexandro I cogitat O. P. Nicholson, JThS n. s. 36, 1985, 304);* Cyri et Darii *temptauit* Br   post adoleuit *in fine lin.* temporibus B²   aetatem B   **6** rursus] prorsus DV   Iesu] su H¹ **7** filium H   successor . . . fuit] successerat m. HM   mosi KS **8** iossedec *ex* iessei B², iesedech DVᵃᶜ, -dec R; sedec H, sedech M quo P   **9** sordidati *codd., edd.;* -ditati Br *ex errore, inde* Mo   illi umquam BP *(quam bis, alt. exp.)*   **10** princeps] rex HM fuerit P   perpessi sunt] -pessis K¹ S   **11** ut] aut HM eiiectus, *alt. i s.l.,* P; electus S   ex igni eiectus DV   **12–13** aut de propheta de M   **13** quam] q. de H   **14** est *om.* DV igitur *om.* R   **15** carne] a c. HM   est *om.* B, *s.l.* K pararet *ex* paret P³   **16** sicut *ex* sicu P³; sic S   igni *s.l.* P³; igi S omnibus M

cruciamenta perferret, et ad ultimum extingueretur. titionem
enim uulgus appellat extractum foco torrem semiustum et extinctum. quomodo autem et cum quibus mandatis a deo mitteretur in terram, declarauit spiritus dei per prophetam docens
futurum ut, cum uoluntatem summi patris fideliter et constanter
implesset, acciperet iudicium atque imperium sempiternum.
'si in uiis meis' inquit 'ambulaueris et praecepta mea seruaueris,
tu iudicabis domum meam.' quae fuerint uiae dei et quae praecepta eius, nec ambiguum nec obscurum est. deus enim cum
uideret malitiam et falsorum deorum cultus per orbem terrae ita
inualuisse, ut iam nomen eius ex hominum memoria fuisset paene sublatum – siquidem Iudaei quoque, quibus solis arcanum dei
creditum fuerat, relicto deo uiuo ad colenda figmenta inretiti
daemonum fraudibus aberrassent nec increpiti per prophetas
reuerti ad deum uellent –, filium suum principem angelorum
legauit ad homines, ut eos conuerteret ab impiis et uanis cultibus
ad cognoscendum et colendum deum uerum, item ut eorum
mentes a stultitia ad sapientiam, ab iniquitate ad iustitiae opera
traduceret. hae sunt uiae dei in quibus eum ambulare praecepit,
haec praecepta quae seruanda mandauit. ille uero exhibuit deo

Auct.: **7–8** Zach. 3, 7 *ut* § 9

Test.: **1–3** titionem ... extinctum] *cf.* Hier. in Zach. 3, 2 l. 41 Adriaen

1 referret B¹, *corr.* B²   et *om.* H   **2** extracto P¹, *corr.* P³
torren D V   et *om.* D V P H   **3** cum *om.* H M   **4** terra R¹
dicens D V   **5** ut] et H   et] ac R   constant K S¹; contestanter M
6 atque] at K   sempiternam H¹   **7** seruaberis H M
8 iudicaberis S   fuerunt B K S R   et *om.* H   **9** eius *om.* R
10 per orbem *s.l.* B³   **11** iam] etiam B   fuisset *om.* P
12 sublatum] aboleretur P   siquidem] ut s. D V   quoque *om.* H M
13 relictum K Sᵃᶜ   deo *s.l.* P   **15** principem angelorum *om.* B P
17 agnoscendum R   et colendum *om.* D V K S R   *ante* item *eras.*
item ut deorum *(sic)* P   mentes eorum R   **18** a *ante* stultitia] ad
Vᵃᶜ; ab P H M K S   ad *ante* iustitiae *s.l.* P³   iustitia M
18–19 operam duceret K S   **19** haec P¹ *(corr.* P³*)* H K S R
praecepit haec *om.* P

fidem; docuit enim quod unus deus sit eumque solum coli oportere, nec umquam se ipse deum dixit, quia non seruasset fidem, si missus, ut deos tolleret et unum adsereret, induceret alium praeter unum. hoc erat non de uno deo facere praeconium nec eius qui miserat, sed suum proprium negotium gerere ac se ab eo quem inlustratum uenerat separare. propterea quia tam fidelis extitit, quia sibi nihil prorsus adsumpsit, ut mandata mittentis impleret, et sacerdotis perpetui dignitatem et regis summi honorem et iudicis potestatem et dei nomen accepit.

15. Quoniam de secunda natiuitate diximus, qua se hominibus in carne monstrauit, ueniamus ad opera illa miranda, quae cum essent caelestis indicia uirtutis, magum Iudaei putauerunt. cum primum coepit adolescere, tinctus est ab Iohanne propheta in Iordane flumine, ut lauacro spiritali peccata non sua, quae utique non habebat, sed carnis quam gerebat aboleret, ut quemadmodum Iudaeos suscepta circumcisione, sic etiam gentes baptismo id est purifici roris perfusione saluaret. tum 'uox audita

Epit.: 4, 15, 1 – 18, 9] 40, 1–9   4, 15, 1. 4] 40, 1 ... faceret

Auct.: 13 §§ 2–3] *cf.* Luc. 3, 21 sq.   **17–p. 365, 1** Luc. 3, 22, *sed filius ... te ex psalm. 2, 7 ut ap. alios testes graec. et lat.; u. Nestle–Aland et Jülicher–Matzkow ad Luc. l. c.*

1 deus unus D V   cumque P^{ac} oporteret D V   2 se *om.* H   3 deos *ex* deo P^3; deus D V   tolleret deos M^{ac} aliud K^{ac} 5 suum *om.* R   6 inlustraturus B P; -andum H M   ueneraret B^1, *corr.* B^2 separaret B (t *eras. rest. m.3)* P H M^{ar}; superaret D^1 quia *ex* qui B^3 *ante* tam *fere 3 litt. eras.* M   7 quia ... nihil] et q. n. s. H M   mandatum B   8 summum H M   9 iudici D^1 V   10 qua se] quae H M   11 demonstrauit P   ueniam H M   miseranda S^{ar} **11–12** quae ... essent] per quae *(ex* que *m.3)* c. e. ea P   12 cum] tum D V   magnum D^{ac} V K S^{ar} putauerunt iudaei B   13 ab] a B H M   propheta *om.* D V   14 in *om.* B   iordano B R^1 lacro R   non *ante* sua *om.* B   15 gestabat B; habebat H M   ablueret B; *cf.* 3, 26, 9   16 baptissimo P^{ar} 17 tunc P H M K S   **17–p. 365, 1** de caelo audita D V M R *cl. Vulg. ut uid.; post* audita *s.l. repet.* uox D^2

de caelo est: filius meus es tu, ego hodie genui te'. quae uox
apud Dauid praedicata inuenitur. et descendit super eum spiritus
dei formatus in specie columbae candidae. exinde maximas
uirtutes coepit operari, non praestigiis magicis, quae nihil ueri
ac solidi ostentant, sed ui ac potestate caelesti; quae iam pridem
prophetis nuntiantibus canebantur. quae opera tam multa sunt,
ut unus liber ad complectenda omnia satis non sit. enumerabo
igitur illa breuiter atque generatim sine ulla personarum ac locorum designatione, ut ad exponendam passionis eius crucisque
rationem possim peruenire, quo iam dudum festinat oratio.
uirtutes eius fuerunt quas Apollo portentificas appellauit, quod
quacumque iter faciebat, aegros ac debiles et omni morborum
genere laborantes uno uerbo unoque momento reddebat incolu-
mes, adeo ut membris omnibus capti receptis repente uiribus
roborati ipsi lectulos suos reportarent, in quibus fuerant paulo
ante delati. claudis uero ac pedum uitio adflictis non modo
gradiendi, sed etiam currendi dabat facultatem. tum quorum caeca lumina in altissimis tenebris erant, eorum oculos in pristinum

Epit.: 4, 15, 6–8] 40, 2 . . . purgabat

Auct.: **2** Dauid] psalm. 2, 7 *spectari uid.*   **3** candidae] *cf.* Orac. Sib.
6, 7   **11** Apollo] *u. 4, 13, 11 uers. 1*

1 uox *om.* D V   **2** praedicata apud dauid B   praedicata B H M R *Mo
numero meliore;* -dicta D V P K S *Br*   et *om.* D V   discendit P^{ac}
3 speciem P^1 *(corr.* P^2*)* K R; *u. Br ad l.*   **3–4** maximas . . . operari] c.
u. multas facere D V   **4** praestigii V^{ac}, -gis H; -strigiis P *Br*
magis H M   **5** soli M   ostendant V^{ac}; -ntat K^{ac} caelesti] solidi
D V   quem K *(*quę*)* S   **6** canebatur P   **7** complenda D V
8 illa igitur B   ulla *om.* K S   ac] et H M   **9** ad *om.* D V
exponenda H M   **10** possim *post* peruenire *in fine lin.* R^2
quod D V   festinat oratio] -nator acies D V   **11** eius] etiam e. H M
12 omnium M   **13** genera D V   incolomes H M   **14** repente] r. et
H *(ante* r. *alt.* re *s.l. m.2)* M   **15** ipse H   lectos B; lectulus R^1
17 gradientis D^1 V   tum *ex* cum B^3; tunc H M   **18** erant tenebris
H M

8 restituebat aspectum.   mutorum quoque linguas in eloquium
  sermonemque soluebat. item surdorum patefactis auribus insi-
9 nuabat auditum, pollutos et aspersos maculis repurgabat.   et
  haec omnia non manibus aut aliqua medella, sed uerbo ac ius-
  sione faciebat, sicut etiam Sibylla praedixerat:
     πάντα λόγῳ πράσσων πᾶσάν τε νόσον θεραπεύων.
10 nec utique mirum quod uerbo faceret mirabilia, cum ipse esset
11 dei uerbum caelesti uirtute ac potestate subnixum.   nec satis fuit
   quod uires imbecillis redderet, quod debilibus integritatem,
   quod aegris et languentibus sanitatem, nisi etiam mortuos sus-
12 citaret uelut e somno solutos ad uitamque reuocaret.   quae
   uidentes tunc Iudaei daemonica potentia fieri arguebant, cum
   omnia sic futura ut facta sunt arcanae illorum litterae contine-
13 rent.   legebant quippe cum aliorum prophetarum tum Esaiae
   uerba dicentis: 'confortamini, manus resolutae, et genua debilia,
   consolamini. qui estis pusilli animi, nolite timere, nolite metu-

Epit.: 4, 15, 11] 40, 2 mortuos . . . reuocabat   12 . . . prophetarum]
40, 1 uidentes . . . prophetis. 3 . . . inuenimus

Auct.: 6 Orac. Sib. 8, 272   **15–p. 367, 4** Is. 35, 3–6; cf. Cypr. testim.
2, 7 l. 3–8; u. Vet. Lat. ed. Gryson

Test.: 3 § 9] cf. Theosoph. Sib. 9 l. 261 Erbse

2 sermonemque om. R   olebat K S   insuabat D V   3 aspersis R
repugnabat D V; repuga- H1   4 medela P K S   iussu B
6 πάντα . . . θεραπεύων om. H1 M, in mg. inf. graec. litt. perperam H2   πρασεων D V   πcαν P1, corr. P3   τε] δὲ pars codd.
Sib., om. cet.   οϲον Vac   8 caelestis H M   9 inbeccillis B; -les M
10 languentibus] laborant- B ex § 6   11 ex H M   solutis B
11–12 solutos . . . Iudaei om. K S   11 uitam B   12 tunc om. D V
demoniaco Pac; -niaca H; cf. 4, 13, 16   arguebat Kac   13 factae D V
continere P1, corr. P2   14 legabant V1   cum] etiam c. D V
tum om. D V; cum M   15 dicentes H1   dissolutae V cl. Vulg.
16 consoldamini R; exhortamini Cypr.   pusillo animo B V (pro pr. o
s.l. i?), -llanimo D; -llanimes fere codd. Cypr.   nolite metuere om. D
ut Vulg. et plures codd. Cypr. sec. LXX; noli m. M; n. m. bis, pr. del. S

LACT. INST. IV 15   367

ere. deus noster iudicium retribuet, ipse ueniet et saluos faciet   332
nos. tunc aperientur oculi caecorum et aures surdorum audient,   14
tunc saliet clodus sicut ceruus et plana erit lingua mutorum, quia
rupta est in deserto aqua et riuus in terra sitienti.' sed et Sibylla   15
eadem cecinit his uersibus:
  νεκρῶν δ' ἐπανάστασις ἔσται
  καὶ χωλῶν δρόμος ὠκύτατος καὶ κωφὸς ἀκούσει
  καὶ τυφλοὶ βλέψουσι, λαλήσουσ' οὐ λαλέοντες.
ob has eius uirtutes et opera diuina cum magna illum multitudo   16
sequeretur uel debilium uel aegrorum uel eorum qui curandos
suos offerre cupiebant, ascendit in montem quendam desertum,
ut ibi adoraret. ubi cum triduo moratus esset ac fame populus
laboraret, uocauit discipulos suos quaerens quantos secum cibos
gestarent. at illi quinque panes et duos pisces in pera se habere   333
dixerunt. adferri ea iussit ac multitudinem per quinquagenos distributam discumbere.   quod cum discipuli faciunt, frangebat   17

Epit.: 4, 15, 16–22] 40, 3 ... facta est

Auct.: 6–8 Orac. Sib. 8, 205–207   9 §§ 16–17] *cf.* Matth. 14, 13–21

1 deus] ecce d. B *ut Vulg. sec. LXX*   iudicio D V   ipse] et i. H M
ipse ueniet *om.* R   2 aperiantur H¹   3 salliet H; psall- M
clodus B P R *ut codd. Cypr.*; claud- D V H M K S *ut Vulg.*; *cf. 7, 27, 13*
sicut] uelut D V *(cf. Gryson ad l.)*   4 riuis M   totam § 15 *om.* H M
5 uerbis P K S   6 νεκρῶν ... ἔσται *om. codd. Sib.*; *u. 1, 355*
δ' ἐπανάστασις Br; δετιανάστασις B, αεταν- R, δεπλαν- (πλ
del.) P; δεπαταν- D; δε αν- V K S *(post* ε *eras. 1 litt.* V, *1–2* K), *edd.*
αισται D Vᵃᶜ   7 καὶ] κϑα *sic* B   χων R   καὶ χωλῶν] χ. δὲ
codd. Sib.   ακουσι B; ακοκουσει P   8 τεφλοι P; τυοιφλυ B
βλεψουσιν D Vᵃʳ; αναβλ- K S   λαλησουσι *uariis* α *et* λ B P K S R
οὐ λαλέοντες] δου λαλ- B; αλαλοι K S   9 hac D¹ V, haec D²
multitudo] turba B *ex Matth. l. c*   11 asendit S, desc- R; *cf. 1, 11, 63*
quidam D¹ Vᵖᶜ; quidem Vᵃᶜ   12 ut ibi] ubi D V   moraretur P
12–14 ac fame ... gestarent *bis, alt. del.* S   13 uocauit] interroga-
H M   suos *om.* P   quaerens *om.* H M   cibos secum D H M
14 peras Pᵃʳ R   habere se H M   15 distributam *om.* B
16 dum R Br ft. recte   frangebant K¹

ipse panem minutatim carnemque piscium comminuebat, et utraque in manibus eius augebantur. et cum apponere illa populo discipulis imperasset, saturata sunt quinque milia hominum et insuper duodecim cophini de residuis fragminibus impleti. quid aut dici aut fieri potest mirabilius? at id futurum Sibylla cecinerat olim, cuius uersus tales feruntur:

ἔκ τ' ἄρτων ἅμα πέντε καὶ ἰχθύος εἰναλίοιο
ἀνδρῶν χιλιάδας ἐν ἐρήμῳ πέντε κορέσσει
καὶ τὰ περισσεύοντα λαβὼν μετὰ κλάσματα πάντα
δώδεκα πληρώσει κοφίνους εἰς ἐλπίδα λαῶν.

quaero igitur, quid hic potuerit ars magica moliri, cuius peritia nihil aliud quam ad circumscribendos oculos ualet. idem secessurus orandi gratia, sicut solebat, in montem praecepit discipulis, ut nauiculam sumerent seque praecederent. atque illi

Auct.: 7–10 Orac. Sib. 8, 275–278   12 §§ 20–21] *cf.* Matth. 14, 22–25

Codd.: 12 *a* circumscribendos *ad* § 24 στρώσει δὲ *fere 4 superioribus part. fol. 50, i. e. p. 99ᵃ abscissis deest* K, *extant* B DV P HM SR

1 minutam M   2 augebant P; -batur H¹   apponi DV
3 saturati P¹, *corr.* P²   quinque *in mg.* H²   hominum milia PHMKSR *ft. recte*   4 de *om.* PR   impleri KS   5 ferri D
at] ad BP¹ *(corr. P³);* aut DV   totam § 18 *om.* HM   caecinerit B¹, *corr.* B²   6 feruntur] fuerunt R   7 *ante* ἐκ *add.* καὶ P³ KS; εκ] εις S   τ'] γι DV, γ P; δ' *codd. Sib.*   πεντε αρτων ομου και KS
ιχθυος BR; -υες D *(ε pro θ)* VP (-ης); -υων KS   ειναλιοιο R, ιναλει- B, ιναλιοις DVP *(-ους);* θαλαττιων KS   8 ανθρωπων KS   πεντε εν ερημω KS   κορεσσι BDP   9 καὶ ... μετὰ] ιυ *(sic)* συναχθεντα περισσευθεντα KS   τερισσευεντα B
μετὰ] τότε *uel* ἅμα *codd. Sib.*   πάντα *om.* DVP   10 δώδεκα] R *pro* κ DV   ἐλπίδα] P *pro* π P; -δος KS   11 quae uero M
quid *s.l.* B²   his DV   potuit KS   aris Sᵃʳ   perita R¹   peritia nihil *bis* DV *(alt. itia ex* iata)   12 nihil] ad n. HM   oculos *om.* DV
item DVHM   secessurus P¹, *corr.* P³; secessit rursus HM
13 sic S¹   solebant P¹, *corr.* P³   monte H¹; mentem M
14 ut in nauicula DV *(uti n.)*   seque praecederent *om.* B¹, s. praepararent *s.l.* B³   praecederant R¹

urguente iam uespera profecti contrario uento laborare coeperunt. cumque iam medium fretum tenerent, tum pedibus mare ingressus consecutus est eos tamquam in solido gradiens, non ut poetae Orionem mentiuntur in pelago incedentem, qui demersa corporis parte 'umero supereminet undas.' et rursus cum obdormisset in naui ac uentus usque ad extremum periculum saeuire coepisset, excitatus e somno silere uentum protinus iussit et fluctus qui maximi ferebantur conquiescere, statimque sub uerbo eius tranquillitas insecuta est. mentiuntur fortasse litterae sanctae docentes tantam fuisse in eo potestatem, ut imperio suo cogeret uentos obsequi, maria seruire, morbos cedere, inferos oboedire. quid quod eadem Sibyllae carminibus suis ante docuerunt? quarum una, cuius supra fecimus mentionem, sic ait:

τοὺς ἀνέμους παύσειε λόγῳ, στρώσει δὲ θάλασσαν

13 supra] §§ 9. 15. 18 *laudari uid., quia ex Orac. Sib. lb. VIII*

Auct.: 5 Verg. Aen. 10, 765   § 22] *cf.* Matth. 8, 23–26
14–p. 370, 1 Orac. Sib. 8, 273–274

Test.: 11–12 cogeret ... oboedire] *cf.* Ps. Cypr. idol. 19 p. 29, 13 sq.
14–p. 370, 1 Theosoph. Sib. 9 l. 262 sq. Erbse *ex textu Lact.*

Codd.: 14 *a* θαλαccαν *ad* § 25 αναcτη | *redit* K *p. 99ᵃ; u.* § 19

1 urgente BHMS; *cf. 3, 13, 14*   uespere P; -ro M   contraria Dᵃᶜ V
2 iam] in DV   3 est *om.* DVP   solo HM   4 Orionem] opinionem DV; de origine HM   incedente HM   quidem mersa Pᵃᶜ   5 umeros B¹, -ris B³   undas et] unda sed HMR
rursum B   obdormis P¹, *corr.* P²; -ssent HM   6 ad *s.l.* B²
6–7 saeuire coepisset] desaeuiret P   cepisset *s.l.* S²   7 e] es Rᵃʳ
8 maxime DV   sub *om.* M   9 subsecuta B   mentientur M
fortae H, -te, *deinde* se? *eras.,* M   10 sanctae *ex* sunte? B³
dicentes HM   in eo fuisse S   11 obsequi *om.* S   mari HM
seuire MS, saeu- R   infero Pᵃᶜ   12 Sibyllae] a sibyllae HM (-lle)
suis *in mg.* H²   13 supra *om.* P   14 τοὺς *om.* B   τοὺς ... § 25
ἀνδρῶν *om.* HM   παυcιε B; -cιεν DV; παύσει τε *edd., sed opt.
aor. pro ind. fut. def. Struve, 1854, 75 sq. cl. Orac. Sib. 2, 237. 3, 259.
al. (u. § 29 uers. 4)*   cτρωcι DVPS; cτορέcει *uel* -cειε *codd. Sib.*

μαινομένην ποσὶν εἰρήνης πίστει τε πατήσας.
25 et rursus alia, quae dicit:
κύματα πεζεύσει, νόσον ἀνθρώπων ἀπολύσει,
στήσει τεθνηῶτας, ἀπώσεται ἄλγεα πολλά,
ἐκ δὲ μιῆς πήρης ἄρτου κόρος ἔσσεται ἀνδρῶν.
26 his testimoniis quidam reuicti solent eo confugere, ut aiant non esse illa carmina Sibyllina, sed a nostris ficta atque composita.
27 quod profecto non putabit qui Ciceronem Varronemque legerit aliosque ueteres, qui Erythraeam Sibyllam ceterasque commemorant, quarum ex libris ista exempla proferimus. qui auctores ante obierunt quam Christus secundum carnem nasceretur.
28 uerum non dubito, quin illa carmina prioribus temporibus pro deliramentis habita sint, cum ea nemo intellegeret. denuntiabant

Auct.: 3–5 Orac. Sib. 6, 13–15   8 Ciceronem] *cf.* diu. 1, 34. 2, 110–112   Varronem] *u. 1, 6, 7–12*

Codd.: 4 *a* | cει *ad § 29 pr.* μαινομένην *deest* K *p. 99^b; u. §§ 19. 24*
1 μενομενην DVKS (-νηεν DV)   εἰρήνη *uel* -νην *codd. Sib.* κρατησας B; πασας P   2 aliae quae D; aliqua P   3 πεζευσι DVP πεζεύσει ... ἀνθρώπων] *aliter codd. Sib. uarii; u. Geffcken ad l.* απολυσι DV   4 στησε R; αναστη[σει] K, δαστησει S; ζησει DV τεθνηῶτας ἀπώσεται] *aliter codd. Sib. uarii*   αλγεδ B; λιαγεα P; ανηας S   πολλας S; ιτοα B, ιτολλα P   5 ἐκ] C *pro* κ P δὲ μιῆς] εμης R   μιση P   πηγης DV; πυρης S; σπείρης *uel* ῥίζης *codd. Sib.*   αρτο R   κυορος B^{ac}; κορεος DV; κορο S, κορ R   εσσετε B, εσσεταιο DV; εσσε S   αρων R
6 testiminis B^1, *corr.* B^2 *(o ex i) et* B^3 *(i s.l.)*   aiunt B^1 *(ut uid., corr.* B^2*) S   7 sibyllae P   conficta S   atque composita *om.* HM
8 quid D^{ac} V^{ac} profectio D^{ac} V   putauit DVR^1 quis D^{ac} V^{ac} uaronemque HM, -nam- R^1 9 ceterosque V^1 10 exemplo M
11 ante *post* obierunt *s.l.* P^3, *om.* M   onerunt? P^1, *corr.* P^2; *post* ob *fere 3 litt. eras.* H   12 quin] qui | in D; quam M   temporibus *s.l.* B^3, -ralibus S^1 13 deliramento B^1 *(corr.* B^3*) P (pr. e ex i m.2);* -ler- HM sunt S   cum ea ne me intellegerent D^{ac}; c. ea nemo eum i. S denuntiant B^1, *corr.* B^3

enim monstruosa quaedam miracula, quorum nec ratio nec tempus nec auctor designabatur.   denique Erythraea fore ait ut 29
diceretur insana et mendax. ait enim:

φήσουσι Σίβυλλαν
μαινομένην, ψεύστειραν· ἐπὰν δὲ γένηται ἅπαντα,
τηνίκα μου μνήμην ποιήσετε, κοὐκέτι μ' οὐδεὶς
μαινομένην φήσειε, θεοῦ μεγάλοιο προφῆτιν.

iacuerunt igitur multis saeculis, postea uero animaduersa sunt 30
quam natiuitas Christi et passio patefecit arcana, sicut etiam
uoces prophetarum. quae cum per annos mille quingentos
et eo amplius lectae fuissent a populo Iudaeorum, nec tamen
intellectae nisi postquam illas Christus et uerbo et operibus

Auct.: 4–7 Orac. Sib. 3, 815–818

Codd.: 5 *a* ψευςτειραν *redit* K *p. 99^b; u.* § 25   8 *a* iacuerunt *ad 16, 2* fortunam iam *deest* K *p. 100^a (u.* § *19), extant* B D V P H M S R

1 enim *om.* H   monstruosat? B^{ar}, -strusa P^{ac}, -strosa S R
2 designabitur S   erytream H M   2–3 ut idiceretur, d *ex* u.?, M; udiceretur R^1 3 insania H^{ar} M^{ar} et *om.* S   ait ... προφῆτιν *om.*
H M   4 ςιβυλλαμ, μ *s.l.*, P, -λα S   5 μενου|μενην B, -νη P ψευςτρειαν B, -τριαν D *(*ι *pro* υ*)* V *(*υ *ex* ι *m.2) ut pars codd. Sib.;* ψες- S   *ante* επαν *del.* ει S; ἐπὴν *codd. Sib.*   γενητε B
6 τηνικα B *ut codd. Sib.;* ηνικα D V P K S; νικα R   μνήμην μου *codd. Sib.*   ποιήσετε *edd. ut plurimi codd. Sib. (quidam* -ςουσι*);* ποιηςατε P R *(num sic habuit Lact.?),*-ηςτε K *(post* ς *1 litt. eras. ut uid.)* S; ττοιηςοντε B, ποιηςτηται D V *(*ν *pro pr.* η*)*   κουκετι B P *(*κευκ-*)* R; και ουκ- D V; χ·κετι *(*χ *exp.?)* K; ουκετι *(*υ *s.l.)* S μ' οὐδεὶς] με ο. D V; μου K S   7 μενομενην D V; μαιομενη P φηςειτεν D V; φηςετε K S; φήσειε *opt. potentialis (sine* ἄν*) potius quam pro ind. fut. ut* § 24 *uers. 1 (sic Struve, 1854, 75)*   μεγάλοιο] -λην δὲ *codd. Sib.*   προφητην B, -τειν D V   8 iacuerunt *codd.* (etiam P), latu- *recc., edd.*   aduersa P   9 nauitas P^1, *corr.* P^2 patefacit R   arcani H M   sic S   10 propheta S^1 cum] tum D V M   cum *(ante init. lin. m.2)* per cum S   mille quingentos] ·Na· *in ras.* H^2, ·iẍa M   11 et] uel P   populorum S^{ar} 12 intellecte B^{ac}; -ta P; -tae ⟨sunt⟩ *edd., Br, sed* sunt *ex anteced.* fuissent *subauditur* illa M S

31 interpretatus est – illum enim prophetae adnuntiauerant – nec
ullo modo poterant quae illi loquebantur intellegi, nisi fuissent
uniuersa completa.

1   16. Venio nunc ad ipsam passionem, quae uelut opprobrium
nobis obiectari solet, quod et hominem et ab hominibus insigni
supplicio adfectum et cruciatum colamus, ut doceam eam ipsam
passionem adeo cum magna et diuina ratione susceptam et in ea
2 sola et uirtutem et ueritatem et sapientiam contineri.   neque
enim si beatissimus in terra fuisset et per omnem uitam in summa felicitate regnasset, quisquam illum sapiens aut deum credidisset aut honore diuino dignum iudicasset. quod faciunt uerae
diuinitatis expertes, qui caducas opes et fragilem potentiam et
alieni beneficii bona non tantum suspiciunt, uerum etiam consecrant et scientes memoriae mortuorum deseruiunt fortunam
iam extinctam colentes, quam ne uiuam quidem praesentemque
3 sapientes colendam sibi umquam putauerunt. nec enim potest
aliquid in rebus terrenis esse uenerabile caeloque dignum, sed
sola est uirtus, sola iustitia quae potest uerum bonum et caeleste
et perpetuum iudicari, quia nec datur cuiquam nec aufertur.

Codd.: **15** *ab* extinctam *ad* § 4 est des| *redit* K *p. 100^a; u. 15, 30*

1 illud R   enim *om.* M   adnuntiauerunt BDVHM
4 uel DV   **5** et hominem . . . hominibus] et *(del. m.3)* hominem *(m.3 ex* hominibus*) tantum* P   omnibus V^{ac} insigno DV
6 cruciatum] excr- P   calamus D^{ac} V   eam *ex* eum? V, *om.* SR
7 a deo D; ab eo HM   suscepta DV   **8** uiritatem B^1, *corr.* B^3
9 omnem *ex* omne B^3 **10–11** quisquam . . . iudicasset *om.* DV
10 credidisse HM   **11–12** uerae diuinitatis *edd.*, uere d. BDV (tis *ex* tes) HMSR; diuinae ueritatis P   **12** expartes DV   **13** bonam
H^{ar} M^{ar} suspiciunt *ed. Romana 1474, edd., Br;* suspiciunt *codd., sed* 'suscipiuntur' *religiones, cultus sim., non res colendae; confunduntur hae uoces saepe, e. g. 2, 2, 14. 5, 3*   **14** memoriam S   **15** quam] quod DV   ne *om.* HM   uiam H   praesentemquae B^{ar}, -mquę D
16 nec] non M   **17** esse *ex* se B^2 **18** sola *ante* iustitia] solaque, q· *s.l. m.3,* B   caeleste] c. esse HM   **19** perpetum B^1, *corr.* B^2
quia] quae B   auferetur DV *numero meliore, ft. recte*

qua uirtute ac iustitia quoniam Christus instructus uenit in terram, immo uero quoniam ipse uirtus et ipse iustitia est, descendit, ut eam doceret hominemque formaret. quo magisterio ac dei legatione perfunctus ob eam ipsam uirtutem, quam simul et docuit et fecit, ab omnibus gentibus et meruit et potuit deus credi. ergo cum magnus populus ad eum uel ob iustitiam quam docebat uel ob miracula quae faciebat subinde conflueret et praecepta eius audiret et a deo missum deique filium crederet, tum primores Iudaeorum ac sacerdotes et ira stimulati, quod ab eo tamquam peccatores increpabantur, et inuidia deprauati, quod confluente ad eum multitudine contemni se ac deseri uidebant, et, quod caput sceleris illorum fuit, stultitia et errore caecati et immemores praeceptorum caelestium ac prophetarum coierunt aduersus eum impiumque consilium de eo tollendo cruciandoque ceperunt. quod prophetae multo ante descripserant. nam et Dauid in principio psalmorum suorum prouidens in spiritu,

Epit.: 4, 16, 5] 40, 4 ... 5 amplius. 6 ... legebant

Codd.: 2 a | cendit ad § 7 peccata *deest* K p. 100^b (u. 4, 15, 19 et § 2), *extant* B DV P HM SR.

1 qua] quia DVP (i *exp. m.2*) H^{ar} M   quoniam *om.* HM
2 uirtus] uerus DV   ipse *ante* iustitia] -sa M   discendit P^1, *corr.* P^3
3 quod V^{ar} HM^{ar} **4** eam *ex* eum B^2 **5** et *ante* meruit *s.l.* H^2
6 quam docebat *om.* DV   **8** et *ante* a *s.l.* H^2 a deo] ad S
missum] ipsum m. DV   crederent S   tunc PSR   **9** primores]
primo rex B; -miores, *alt.* i *s.l. m.2*, S   et *ante* ira *exp.* B^3
stimulatio D^{ac} V^{ac} **10** inuidua H, inuia S^1 deprauata P^{ac}
11 confluent D^1 V; -fluerent HM   multitudines H   contemni se]
-nisse P^{ac} se ac deseri] ac d. se (*s.l. m.2 uel 3*) B; se *et* dese *in ras.*
DV; s. a. destrui HM   **12** fuit *in mg.* P^2 stultitiae et errore P; -tiae
terrore R   **13** inmores B^{ac} coierunt *om.* DV; coiec- R; *cf. 4, 18, 1*
14 impiumquae H^{ar}; que *eras.* M   **14–15** cruciandoque ceperunt] quae
tantum HM (*postea eras.*)   cruciendoque R^1 coeperunt DVP (o *s.l.*
m.3) R   **15** multo *ex* -ti B^3 descripserant] *pr.* e *in ras.* V; discr- P;
describserunt, b *ex* p, B   **16** in *ante* spiritu *om.* DV   spiritum HM

quantum facinus admissuri essent, 'beatum esse' ait 'qui non
abierit in consilio impiorum', et Solomon in libro Sapientiae
his uerbis usus est: 'circumueniamus iustum, quoniam insuauis
est nobis et exprobrat nobis peccata legis. promittit scientiam
dei se habere et filium dei se nominat. factus est nobis in tra-
ductionem cogitationum nostrarum, grauis est nobis etiam ad
uidendum, quoniam dissimilis est aliis uita illius et mutatae sunt
uiae illius. tamquam nugaces aestimati sumus ab eo, continet
se a uiis nostris quasi ab immunditiis et praefert nouissima
iustorum et gloriatur patrem dominum. uideamus ergo si sermones illius ueri sunt et temptemus quae euentura sunt illi.

Epit.: 4, 16, 7–10] 40, 5 *(u. Heck–Wlosok ad l.)*

Auct.: **1–2** psalm. 1, 1   **3–p. 375, 4** sap. 2, 12–22, *om. partes uers. 12, 17, 20 et totum uers. 18 (ex Vulg. suppl.* HM; *u. infra); cf.* Cypr. testim. 2, 14 l. 2–15, *sed u. adn. crit. et Vet. Lat. ed. Thiele*

Codd.: **4** *a* legis *ad § 8* sunt illi *redit* K *p. 100ᵇ; u. § 4*

1 ait *s.l.* B³   **2** consilium R   **3** insuauis] inutilis HM (-les) *ex Vulg.*
4 exprobrat ... legis] contrarius est operibus nostris et inproperat n. p. l. et diffamat in nos peccata disciplinae nostrae HM *ex Vulg.;* contrarius ... nostris et *habet Cypr.*   nobis *om.* DV   peccata nobis B
legis *ex* -ges B²   **4–5** scientiam dei se B (dī *s.l. m.3)* HM *epit. ut Cypr.;* sc- se d. DVKSR *Mo;* se sc- d. P; *uariat Vulg.*   **5** et *ante* filium *ex* ut P³   filium dei se] f. s. d. DV   traductione Bᵖʳ (m *eras.)* S *ut plurimi codd. Cypr.;* contraduct- P¹ *(ut cod. Cypr. O, corr.* P³); -dict- M   **6** cogitationum] animarum HM   etiam *om.* DV
7 uiuendum R   quoniam] quia HM   est *s.l.* H²   inmutatae HM *ex Vulg.*   **8** uitae Hᵃʳ Mᵃʳ   illius] eius HM *ex Vulg.*
exstimati *sic* R   eo] illo HM *epit. ut Cypr. et Vulg.*   continet] c. autem DV; et c. HM *cl. Vulg.*   **9** et *om.* P   preferet *epit.;* -fret Vᵃᶜ;
prof- H   **10** gloriantur S   dominum K S¹ R *epit.;* d. se habere B (s. h. *ut Vulg.);* deum P¹ *(antea s.l.* se habere P³) DVHM *ut Cypr.;* deum (n *eras.) et s.l.* se habere *m. rec.* S   **11** sint H   euentura BP *epit. ut fere codd. Cypr.;* uent- *cet. ut Vulg., Mo*   sint P   illi] i. et sciemus patientiam illius *(*ipsius M, *sed exp.)*. si enim est uerus filius dei susci-
piet illum. et liberabit illum de manibus contrariorum HM *fere ex Vulg.*

contumelia et tormenta interrogemus eum, et sciamus reuerentiam illius et probemus patientiam illius. morte turpissima condemnemus eum.   haec cogitauerunt, et errauerunt; excaecauit enim illos stultitia ipsorum, et nescierunt sacramenta dei.' nonne ita descripsit nefarium illud consilium ab impiis initum contra deum, ut plane interfuisse uideatur? atquin a Solomone qui haec cecinit usque ad id tempus quo gesta res est mille ac decem anni fuerunt.   nihil nos adfingimus, nihil addimus. habebant haec qui fecerunt, legebant in quos haec dicta sunt. sed et nunc heredes nominis ac sceleris illorum et habent et damnationem suam prophetarum uoce praedictam cottidianis lectionibus personant nec aliquando in cor suum, quae pars est et ipsa damnationis, ad-

Codd.: 1 *a* contumelia *ad* 4, 17, 15 habeamus *folio amisso deest* K, *extant* B DV P HM SR

1 contumelias P¹, -liis P³   contumelia ... eum] iniuriae tormento castigemus eum HM   tormenta V *epit. et 3 codd. Cypr., ut abl. sing. fem. def. Br (u. ALL 5, 1888, 286–289; cf. Thiele ad l. et 159 n. 1 et Heck, 2000, 600 sq.);* -tis BPSR *Mo;* -to D *(cf.* HM*)*   et *ante* sciamus] ut DVHM *ut fere codd. Cypr. et Vulg.*   2 et probemus ... illius *om.* B¹ *(s.l. et probemus sapientiam eius* B³*)* P¹ *(s.l. suppl.* P²*)* illius] eius HM *ut pars codd. Vulg.*   condemus B   3 eum] illum B; eum erit enim *(s.l.* H²*)* respectus sermonis illius HM *fere ex Vulg.* cognouerunt H   excaecauit] et exc- Bᵃʳ Dᵃʳ VP¹ (et *exp.* P³) M *ut Cypr. cod. L*   4 stultitia BDVPSR, stultia *epit. cod. T;* malitia HM *ut Cypr., Vulg. et cet. testes Vet. Lat. sec. LXX; u. Wlosok, 1990, 210 n. 37 et supra p. LXVIII*   ipsorum] illorum HM *ut 2 codd. Cypr.;* eorum *epit. ut Vulg.*   sacramenta] mysterium HM *(mist-)* 5 discripsit P   illum B¹ *(corr.* B³*)* HM   initium V 6 uideatur *om.* DV; -debatur H *(post a eras.* n*)* M; -deretur R adquin Bᵃᶜ HM, aquin DV   haec R² *in mg.*   7 id *om.* M quo *ex* quod P³   ac] et HM   annis Dᵃᶜ   8 fingimus HM; affig- S¹   9 heredes DV   10 ac] et B   et *ante* habent *om.* P; haec et HM   11 uoce ... cottidianis *om.* DV   uocem HM praedictam] p. et *(del. m.3)* P; -ta H¹   cottidianis B *(pr.* t *del.)* H, cotid- PMSR; *u.* 4, 6, 8   12 ipse M

12 mittunt. increpiti ergo a Christo saepe Iudaei exprobrante illis peccata et iniustitiam et a populo paene deserti concitati sunt ad eum necandum; cuius rei audaciam dedit illis humilitas eius.
13 nam cum legerent cum quanta uirtute et claritate filius dei uenturus esset e caelo, Iesum autem cernerent humilem sordidum informem, non credebant filium dei esse ignorantes duos eius aduentus a prophetis esse praedictos, primum in humilitate carnis obscurum, secundum in fortitudine maiestatis manifestum.
14 de primo Dauid in psalmo LXXI sic ait: 'descendet sicut pluuia in uellus, et orietur in diebus eius iustitia et abundantia pacis, donec extollatur luna.' sicut enim pluuia si descendat in uellus, animaduerti non potest, quia strepitum non facit, ita Christum in terram sine cuiusquam suspicione uenturum esse dixit, ut iusti-
15 tiam doceat et pacem. Esaias quoque ita tradidit: 'domine, quis credidit auditui nostro et brachium domini cui reuelatum est?

Epit.: 4, 16, 12] *cf.* 40, 4

Auct.: **7** primum in humilitate] *cf.* Cypr. testim. 2, 13 l. 1 **9–11** psalm. 71, 6 sq. *(post* uellus *om. alt. part. uers. 6)* **14–p. 377, 11** Is. 53, 1–6; *cf.* Cypr. ibid. l. 2–14; *u. adn. crit. et Vet. Lat. ed. Gryson*

Codd.: **3** *ab* cuius rei *ad* 4, 17, 5 Moyses *sine distinctione uel nota transsilit* R; *hinc extant* B DV P HM S

1 increpati V *(a s.l. pro exp.* i*)* S; *u. ind. form.* saepe a christo DV **2** et iniustitiam ... deserti *om*. R iniustitias DV; -tia HM **5** esset] est M e] de HM sordidum *eras*. D; quietum s. P **6** credebat V^{ac} dei *om*. DV **7** in *om*. DV, *s.l*. H^2 humilitatis M **8** in *om*. DV manifesta D^1 V **9** de ... ait *in mg. inf.* H^2 primo] p. aduentu H^2 M LXXII H^2 M descendit BDV^1 **10** et *ante* orietur *om*. H eius *om*. S habundantia DM **11** si *om*. D^1 (cum *s.l.* D^2), *s.l.* V^2 descendit DV **12** animauerti S strepitum] script- M ita *s.l.* P^3 Christum *om*. B **13** terra BHM cuiusquam] ulla DV **14** doceret HM tradit BP^2 *(pr. di exp.)* dominus S^{ac} **15** bracchium B; *cf.* Thes. II 2156, 57–64 domini BHMS *ut Vulg. et pars codd.* Cypr. *sec.* LXX, Mo; dei DVP *ut plurimi codd.* Cypr., Br *dubitanter*

adnuntiauimus coram ipso sicut pueri et sicut radix in terra sitienti. non est figura eius neque claritas. et uidimus illum, et non
habuit figuram neque decorem, sed figura eius sine honore et
deficiens praeter ceteros homines. homo in plaga positus et sciens ferre imbecillitatem, quia auersus est et non est computatus.
hic peccata nostra portat et pro nobis dolet, et nos putauimus
ipsum esse in dolore et in plaga et in uexatione. ipse autem
uulneratus est propter facinora nostra et infirmatus est propter
peccata nostra. doctrina pacis nostrae super illum, liuore eius
nos sanati sumus. omnes sicut oues errauimus, et deus tradidit
illum pro peccatis nostris.' et Sibylla eodem modo:
  οἰκτρὸς ἄτιμος ἄμορφος, ἵν' οἰκτροῖς ἐλπίδα δώσει.
propter hanc humilitatem deum suum non agnoscentes inierunt
consilium detestandum, ut priuarent eum uita qui ut eos uiuifi-
caret aduenerat.

Epit.: 4, 16, 17] *cf.* 40, 6 ... legebant. 41, 9

Auct.: 12 Orac. Sib. 8, 257 *(de teste Theosoph. u. ad 4, 18, 13)*

1 adnuntiabimus M   et *ante* sicut *codd. ut Vulg., om. Cypr. sec. LXX,
sed u. Gryson ad l.*   sicutut B^ar   radix in] radexin, rade *in ras.*, i
s.l., B³   1-2 sitienti ... figura *om.* HM   3 decorem] speciem *Cypr.*
4 ceteros PS, *om. cet.; cf. Iustin. apol. 1, 50, 6*   5 inbeccillitatem B,
noniam notatur   quia auersus] qui adu- DV; quia adu- HM; q.
auersa est facies eius, inhonoratus *Cypr. sec. LXX*   commutatus DV
6 nos] non H¹   7 ipsum esse] esse illum *Cypr.*   et *post* dolore
om. B   8 facinora ... propter *om.* DV   9 super *ex* per P³
libore B   10 nos *s.l.* P   erramus H   deus] dominus *plures codd.
Cypr. sec. LXX*   11 et Sibylla ... δώσει *om.* HM   modo] m. dicit
(in fine lin. add. m.3) B; m. locuta est D *(a in ras.)*, m. locutus est V
12 ἄτιμος *om. (interpr.* inhonestus*), deinde* αμορφος αμορφις P;
αμορφος ατειμος B   ἵν'] εν VS   οἰκτροῖς *codd. Sib., edd.*;
οικτρος B, οκτροις DV, οικτοοις S; *om.* P *(interpr.* miseris*)*
δωςι DV; δώσει *def. Br (cautius quam Struve, 1854, 77) cl. 4, 18, 17
et Orac. Sib. 8, 409;* δώσῃ *Theosoph. Sib. 10 l. 267, ubi u. Erbse*
13 pro hanc humilitatem, n *et ult.* m *exp. m.3*, B   14-15 priuarent ...
uiuificaret] priuaret eos uita qui iudeos uiuificare DV

1   17. Sed irae atque inuidiae suae, quam in cordibus suis gerebant intus inclusam, alias causas praeferebant: quod legem dei per Moysen datam solueret, id est quod sabbatis non uacaret operans in salutem hominum, quod circumcisionem uacueface-
2 ret, quod abstinentiam suillae carnis auferret. in quibus rebus
Iudaicae religionis sacramenta consistunt. ob haec itaque cetera pars populi, quae nondum ad Christum secesserat, a sacerdotibus incitabatur, ut impium iudicaret eum, quod legem dei solueret, cum hoc ille non suo iudicio, sed ex dei uoluntate et secun-
3 dum praedicta faceret prophetarum.   Micheas enim nouam legem datuiri denuntiauit hoc modo: 'lex de Sion proficiscetur et sermo domini ab Hierusalem. et iudicabit inter plurimos populos
4 et reuincet et deliget ualidas nationes.'   illa enim prior lex quae

Epit.: 4, 17, 1–2] 40, 6 incitauerunt . . . 7 dicebat.

Auct.: **10–11** nouam . . . datuiri] *cf.* Cypr. testim. 1, 10 l. 1
11–13 Mich. 4, 2 sq.; *cf.* Cypr. ibid. l. 2–4, *sed u. adn. crit.*

1 ira *ex* irae, inuidia *ex* -diae, sua *ex* suae P³   **2** generabant B^ac inclausam P; -lusa HMS   alias] malitia S   praeferebat V^ac
3 per *om.* B   moyse B¹; -si B² *(deinde s.l.* n?*)*   traditam BDV *prob. Br., sed ex 4, 16, 15 inrepsisse uid.; lex Mosaica a Lact. semper data, nusquam* tradita *dicitur*   quod] ut HM   uocaret P¹, *corr.* P³
4 salute S   circumcisione S¹   uacuaefaceret P^ac HMS *(B inc.)*
6 iudaeicae P^ac; -daeae DV (-deae); -daeicarae *sic* H, -daei caro M constituunt HM   haec itaque] hanc i. causam DV   **7** ad] a DVH^ac   christo DV   accesserat B   **8** aut B^ar   iudicarent B *(*n *s.l. m.3)* HM   **9** hoc *om.* DV   illo M *(et* H?*)*   et *om.* BHM
10 miceas B   **11** datuiri B² VP; -tumiri B¹; -turi D; -turum HM; dari S; *cf. 4, 13, 18*   denuntiabit DV; enuntiauit HM   hoc modo *ex* homo S²   lex] quoniam l. *Cypr. sec. LXX*   syon S
12 dei B   ab] ex DV   populos *om.* S   **13** reuincet et deliget B *(et s.l. m.2)* S *edd., Le Lact. falsam uar. l. LXX* ἐκλέξει *pro* ἐξελέγξει *(uel* ἐλέγξει) *reddidisse ratus (ut iam Isaeus, 1646, repet. PL 6, 979), Mo;* r. et religet DV; r. et diliget HM; r. et deteget *Cypr., Br;* reuincet *tantum* P *(cf. LXX)*

per Moysen data est, non in monte Sion, sed in monte Choreb
data est; quam Sibylla fore ut a filio dei solueretur ostendit:

ἀλλ' ὅτε δὴ [ταυ]τά⟨δ'⟩ ἅπαντα τελειωθῇ ἅπερ εἶπον,
εἰς αὐτὸν τότε πᾶς λύεται νόμος.

sed et ipse Moyses, per quem sibi datam legem dum pertinaciter
tuentur, exciderunt a deo et deum non agnouerunt, praedixerat
fore ut propheta maximus mitteretur a deo, qui sit supra legem,
qui uoluntatem dei ad homines perferat. in Deuteronomio ita
scriptum reliquit: 'et dixit dominus ad me: prophetam excitabo
eis de fratribus eorum sicut te et dabo uerbum meum in os eius,
et loquetur ad eos ea quae praecepero ei. et quisque non audierit
ea quae loquetur propheta ille in nomine meo, ego uindicabo in
eum.' denuntiauit scilicet deus per ipsum legiferum, quod filium suum, id est uiuam praesentemque legem missurus esset et

Auct.: 1 Choreb] *cf.* Deut. 5, 2   3–4 Orac. Sib. 8, 299 sq.
9–13 deut. 18, 17–19; *cf.* Cypr. testim. 1, 18 l. 4–8, *sed u. adn. crit.*

Codd.: 5 *a* moyses *redit* R *(u. 4, 16, 12); extant* B DV P HM S R

1 syon S   coreb B D, chorep V^ac; chore H, thore M   2 quam] quod
P; quae S   2–4 quam ... νόμος *om.* HM   2 solueret S
3 ἀλλ'ὅτε D *(μ pro λλ')* V *(λλ' ex μ)* S; αματε B, αμογε P
δη *codd.* (δ V, αν P), *om. codd.* Sib., *edd.*   τάδ' ἅπαντα, *seruato*
δή, *Struve, 1854, 78*; ταυτα απαντα BDV (τχυτα) P; ταυτα
παντα S; ταῦτά γε πάντα *codd.* Sib. MQVH (γε *om. cet.*), Geffcken;
hucusque uers. corruptum putat Br   τεαιωθη DV   4 ιc DV
αταον B   τοτε πας λυεται P *(γε pro τε, αυc pro λυε)* S, τυαπας
λυεται DV; τοιcιπελετε B   5 moses S   per *om.* M
legem datam HM   dum *s.l.* B³   6 *a s.l.* H²   cognouerunt S
7 mitteretur PHM, mittatur *cet., Mo, sed ex* sit *et* perferat *ortum; cf. Br
ad l.*   8 qui *post* legem] quia B^ar   hominem B¹, *corr.* B³
perfecerat V^ar   deuteronomium HM S¹   10 ore B³ (re *s.l. pro* s) *ut*
Cypr. sec. LXX et Vulg.   11 ad *s.l.* M   cepero R   quisque *codd.*,
etiam S   12 ea *om.* Cypr.; ὅσα *tantum* LXX   loquitur B
in *ante* eum *s.l.* D   in eum *om.* Cypr.; ἐξ αὐτοῦ LXX   13 denuntiat
DV   scilicet deus] igitur d. B; d. s. HM; autem s. d. R
14 uiuam *ex* uiuum B³

illam ueterem per mortalem datam soluturus, ut denuo per eum
qui esset aeternus legem sanciret aeternam. item de circumcisione soluenda Esaias ita prophetauit: 'haec dicit dominus
uiris Iuda et qui inhabitant in Hierusalem: renouate inter uos
nouitatem et ne seminaueritis in spinis. circumcidite uos deo
uestro et circumcidite praeputium cordis uestri, ne exeat ira mea
sicut ignis et non sit qui extinguat.' item Moyses ipse: 'in
nouissimis diebus circumcidet deus cor tuum ad dominum deum
tuum amandum.' item Iesus Naue successor eius: 'et dixit dominus ad Iesum: fac tibi cultellos petrinos nimis acutos et sede et
circumcide secundo filios Israhel.' secundam circumcisionem
futuram esse dixit non carnis, sicut fuit prima, qua etiamnunc
Iudaei utuntur, sed cordis ac spiritus, quam tradidit Christus, qui

Auct.: 2 §§ 8–10] *cf.* Cypr. testim. 1, 8 l. 1–11   3–7 Ier. 4, 3 sq.
(paene eatenus qua Cypr.; u. adn. crit.)   7–9 deut. 30, 6 *breuius quam
Cypr.*   9–11 Ios. 5, 2; *u. adn. crit.*

1 per mortalem] p. moysen B P; m. p. moysen H M   soluturum *ex*
-ru B² ut *s.l.* B³; et P H M   2 aeternus] -num D¹ V
aeternam] -num H M   2–3 item ... profetauit *om.* B¹, *in mg. inf. cum
signis* hd *et* hs· *suppl.* B³   2 circumcisionem soluendam Dᵃᶜ Vᵃᶜ
3 esaias *codd.* (-sei- B³ P R¹); Hieremias *sec.* Cypr. *coni.* Br, *sed cf.
Heck, 1993, 412*   ita] item P, *om.* H M   4 uiris D² P H M S *ut Cypr.
sec. LXX*; uiri B D¹ V R *ft. ex uers.* 4 *(LXX* ἄνδρες, *Vulg.* uir *uel* uiri)
et B H M *ut Cypr. sec. LXX, om. cet.*   inhabitant in B P R¹ *ut 2 codd.
Cypr.*; habitant D V *ut 2 codd. Cypr.*; inhabitant H M *ut plurimi codd.
Cypr. sec. LXX*; inhabitabant S; inhabitatis in R²   5 nouitatem]
no|ualia, ualia *post finem lin. m.2*, R *sec. Vulg.* nouale   ne] non P
deo] domino H M *ex Vulg.*   6–7 sicut ignis ira mea Cypr. *sec. LXX*
sicutigis P; *post* ignis *s.l.* et exurat B³ *ut Cypr. sec. LXX, ft. Lact.
tribuendum coni.* Br   7 moises H, moses S   ipse *om.* P H M
8 cor tuum *codd.*; cor tuum et cor seminis tui Cypr. *sec. LXX*
9 tuum *post* deum *om.* D V P S R *ut Cypr. contra LXX*   amandatum H
nauue Bᵃᶜ   successor? Vᵃᶜ   10 sede et] sedens H M; adside et
plurimi codd. Cypr.   11 secundum P¹, *corr.* P³   secundam]
-dum Dᵃᶜ   12 qua] qui D¹; quae S¹   13 quem D¹ V
tradit D V; tibi S

LACT. INST. IV 17   381

uerus Iesus fuit. non enim propheta sic ait: 'et dixit dominus ad   11
me' sed 'ad Iesum', ut ostenderet quod non de se loqueretur, sed
de Christo, ad quem tunc deus loquebatur. Christi enim figu-   12
ram gerebat ille Iesus. qui cum primum Auses uocaretur, Moy-
5 ses futura praesentiens iussit eum Iesum uocari, ut quoniam dux
militiae delectus esset aduersus Amalech, qui oppugnabat filios
Israhel, et aduersarium debellaret per nominis figuram et populum in terram promissionis induceret. et idcirco etiam Moysi   13
successit, ut ostenderetur nouam legem per Christum Iesum da-
10 tam ueteri legi successuram, quae data per Moysen fuit. nam   14
illa sanguinis circumcisio caret utique ratione, quia si deus id
uellet, sic a principio formasset hominem, ut praeputium non
haberet. sed huius secundae circumcisionis figura erat significans nudandum esse pectus, id est aperto et simplici corde opor-
15 tere nos uiuere, quoniam pars illa corporis quae circumciditur
habet quandam similitudinem cordis et est pudenda. ob hanc   15
causam deus nudari eam iussit, ut hoc argumento nos admone-

Auct.: **4–5** qui . . . uocari] num. 13, 16 LXX *(Vulg. uers. 17 Osee et* Iosue*)*

1 uenturus iesus H^{ar}; i. uerus M   fuit iesus D V   sicut S^{ac}
et *om.* S   **2** iesun R   de se non R   de] ad H M   **3** de *post* sed *om.*
H M   ad] at D^{ac} tum B *Br*   deus *om.* R   loquebatur] sic l. B
figura B M   **4** ille *s.l.* P^2 primum P S; -mo B H M R *ft. recte;* -mus
D V   aususes B^{ac} moysei H; -se M, moses S   **5** futuram S^1;
fuerat H M   praesens H M   iesun R   ut] et B   quoniam *om.* P
dux *in mg.* H^2 **6** amalec D H R   **7** et *om.* R   debellarit R^1
per] et p. R^{ar} et *del.* S^2 **8** terra V M   et *om.* H R
moyseo, *alt.* o *in ras.,* P, mosi S   **9** iesun R^1 **10** ueteri] uiri D,
ueri V   legis D V P^{ar} successeram D *(m inc.)* V^1 **11** sanguinis]
carnis P *ex §* 10, *edd., Br*   caret] non *(s.l.* H^2) c. H M
rationem H^{ar} quia si] quasi H M R^1 **12** a *om.* H M
ut praepucium *s.l.* P^2 **13** habet D^{ac} figura erat] -uraret H M
14 aperto] operato S^1 **15** circumcidatur V^{ac} *(D inc.)*   **16** et] id P
pudenda *ex* -ntia? V   ab hac causa H M   **17** eam] a *in ras. m.3* B

ret, ne inuolutum pectus habeamus, id est ne quod pudendum
facinus intra conscientiae secreta uelemus.   haec est cordis
circumcisio, de qua prophetae loquuntur, quam deus a carne
mortali ad animam transtulit, quae sola mansura est.   uolens
enim uitae ac saluti nostrae pro aeterna sua pietate consulere,
paenitentiam nobis in illa circumcisione proposuit, ut si cor nu-
dauerimus, id est si peccata nostra confessi satis deo fecerimus,
ueniam consequamur, quae contumacibus et admissa sua celan-
tibus denegatur ab eo, qui non faciem sicut homo, sed intima et
arcana pectoris intuetur.   eodem spectat etiam carnis suillae
interdictio. qua cum eos abstinere deus iussit, id potissimum
uoluit intellegi, ut se peccatis atque immunditiis abstinerent.
est enim lutulentum hoc animal et immundum nec umquam caelum aspicit, sed in terram toto et corpore et ore proiectum uentri
semper et pabulo seruit, nec ullum alium cum uiuit praestare
usum potest sicut ceterae animantes, quae uel sedendi uehicu-
lum praebent uel in cultibus agrorum iuuant uel plaustra collo
trahunt uel onera tergo gestant uel indumentum exuuiis suis ex-

Codd.: 1 *ab* id *redit* K *p. 101 (u. 4, 16, 9); extant* B D V P HM KS R

1 haberemus P S   quot B^{ac}   2 facinus] f. admittimus HM
conscientia HM   4 transtulit *om.* DV   5 salutis D^{ac} VHM
post consulere *exp.* suae P²   6 nobis *om.* B   illam HM
circumcisionem H¹ M; circis- R   posuit H¹   7 si *post* est *s.l.* PH²
deo *s.l.* K   8 consequemur HM   amissa K^{ac}   9 denegantur H
ab] et ab HM   sed] s. in H, s. et M   10 expectat M
11 qua] a *(s.l. m.3)* qua P; quae HM   eo P¹ *(corr.* P³*)* KS
deos R^{ac}   iusserit HM   12 uoluit *bis, pr. eras.* H   se] se a
PHMR   atque] a. ab HM   munditiis KS   abstineret V *(D inc.)*
13 est *in ras. m.3* B   14 terra HM   et *post* toto *om.* PHM
et ore *s.l.* P²   profectum R   15 et] ac R   ullam P¹, *corr.* P³
uiuit] uit KS¹   16 cetera P; et c. HM   sedendi] -nti *Br in addendis*
uelhicullum P^{ac}; -cullum H^{ar}, uegic- S^{ac}   17 iuuant] alunt HM
18 honera DVPH^{ar} M; onerata R   tergo] ergo HM   gestent DV
gestant uel indumentum] ne porcina carne uterentur R¹ *ex § 20, del. et*
s.l. quaeque necessaria uehunt uel calciamenta R²   adhibent HM

hibent uel copia lactis exuberant uel custodiendis domibus inuigilant.   interdixit ergo ne porcina carne uterentur, id est ne uitam porcorum imitarentur, qui ad solam mortem nutriuntur, ne uentri ac uoluptatibus seruientes ad faciendam iustitiam inutiles essent ac morte adficerentur,   item ne se foedis libidinibus immergerent sicut sus, qui se ingurgitat caeno, uel ne terrenis seruiant simulacris ac se luto inquinent. luto enim se oblinunt, qui deos id est lutum terramque uenerantur. sic uniuersa praecepta Iudaicae legis ad exhibendam iustitiam spectant, quoniam per ambagem data sunt, ut per carnalium figuram spiritalia nosceretur.

18.   Cum igitur ea, quae deus fieri uoluit quaeque per prophetas suos multis saeculis ante praedixit, Christus impleret, ob ea incitati et diuinas litteras nescientes coierunt, ut deum suum condemnarent.   quod cum sciret futurum ac subinde diceret oportere se pati atque interfici pro salute multorum, secessit tamen cum discipulis suis, non ut uitaret quod necesse erat perpeti ac sustinere, sed ut ostenderet quod ita fieri oporteat in

Epit.: 4, 18, 1. 4–9] 40, 6–9, *sed cf.* Heck, *Hyperboreus 8, 2002, 335*

Auct.: **12** §§ 1–9] *cf.* Tert. apol. 21, 18 sq. *(et usque ad 4, 21, 1 cf.* ibid. 19–23; *ex* Tert. *pendet* Ps. Cypr. idol. 13–14 p. 30, 2 – 31, 2)

1 exuberant *in mg.* H²   custodiendos D^ac V   **2** ne *post* est *s.l.* B   **3** qui ... nutriuntur *om.* P   **4** seruentes B^ac; -ntis V^ac; deseruientis *ex* deseruientibus P³   ad] ac H^ac M   **6** sus] suus, *alt.* u *s.l. m.2, sed eras.*, B, sus *ex* suus P³; ęsus K S   quae se D; quis R¹ in gurgite D¹ V   uel ne] ne *(del. m.2)* u. ne K   **7** seruant P^ac   se *post* enim *om.* R   obliniunt B S   **8** sicut P K S   **9** iudaeicae B H M R^ar   ad exhibendam] adhib- B; ad exigendam, *alt.* a *ex* u *m.3*, P   expectant H M   **10** spiritaliam H, -lium M   nosceretur H M   **12** ea *om., sed* a? *eras.* D   deus *om.* K S   fieri *om.* M quae per M   **13–14** obcaecati *ex* ob ea incitati B³   **14** eam H M coiecerunt R; *cf. 4, 16, 5*   **15** futura K^ac   **18** ac sustinere *om.* R ostenderat K^ac   quo R¹   ita *om.* P   oporteret B P; -rtet D V

3 omni persecutione, ne sua quis culpa incidisse uideatur; ac denuntiauit fore ut ab uno eorum proderetur. itaque Iudas prae-
4 mio inlectus tradidit eum Iudaeis. at illi comprehensum ac Pontio Pilato, qui tum legatus Syriam regebat, oblatum cruci adfigi postulauerunt obicientes ei nihil aliud nisi quod diceret se filium dei esse, regem Iudaeorum; item quia dixerat: 'si solueritis hoc templum, quod aedificatum est annis XLVI, ego illud in triduo sine manibus resuscitabo', significans futuram breui passionem suam et se a Iudaeis interfectum tertio die resurrecturum.
5 ipse enim fuerat uerum dei templum. has uoces eius tamquam infaustas et impias insectabantur. quae cum Pilatus audisset et ille in defensionem sui nihil diceret, pronuntiauit nihil in eo damnatione dignum uideri. at illi iniustissimi accusatores cum populo, quem incitauerant, succlamare coeperunt et crucem eius
6 uiolentis uocibus flagitare. tum Pontius et illorum clamoribus et Herodis tetrarchae instigatione metuentis, ne regno pelleretur, uictus est, nec tamen ipse sententiam protulit, sed tradidit eum Iudaeis, ut ipsi de illo secundum legem suam iudicarent.

Auct.: **6–8** *cf.* Ioh. 2, 19–20 *et* Marc. 14, 58, *unde sine manibus*

1 ne *s.l.* D P³, *om.* V H M   **2** uno eorum] unorum Bᵃᶜ   proemio D R   **3** iniectus H M   eum] filium dei, dei *s.l. m.3*, P; *om.* R   at] ad Pᵃᶜ   **4** tunc D V H M   ablatum H   **5** obicientes ei] -tesque P   **6** ita K S   **7** hoc] huc Dᵃᶜ; hunc *(del.?)* huc V   quod ... XLVI *om.* P   quod] quae K S   anni *sic ex* ante S   XL et VI S; quadraginta B, XL R *Mo*   **8** suscitabo B H M   futurum D V   breui futuram H M   **9** et se] esse D V   surrecturum B   **10** erat P *prob. Br*   uerum *om.* K S   **11** infautas Rᵃᶜ; faustas K S   **12** ille *s.l.* P²   defensione H   dicere Dᵃᶜ V   diceret ... nihil *om., s.l. m. rec.* diceret P   **12–13** eodemnatione Dᵃᶜ V   **13** uideret *ex* uideri P³   at *om.* P   iniustissimi P R² *et ft.* Hᵃʳ, *edd.*; iust- B V Hᵖʳ M K S R¹; *potius* iust- *quam* iniust- *eras.* D; *recipiasne* iust- *ironice dictum?*   cum *s.l.* P³   **15** potius Vᵃᶜ   **16** her|dis R¹   tetharcae *sic* B; tempore ac H M   instigationem et uentis Rᵃᶜ; -nem inet (e *exp.*) uentis K S   metuens *ex* -ntis P³   pellerentur Bᵃʳ   **17** ipsam M   eum] illum H M   **18** ipse H

duxerunt igitur eum flagellis uerberatum et priusquam cruci ad- 7
figerent, inluserunt. indutum enim coloris punicei ueste ac spinis
coronatum quasi regem salutarunt et dederunt ei cibum fellis et
miscuerunt ei aceti potionem.   post haec conspuerunt faciem 8
eius et palmis ceciderunt. cumque ipsi carnifices de uestimentis
eius contenderent, sortiti sunt inter se de tunica et pallio.   et 9
cum haec omnia fierent, nullam uocem ex ore suo, tamquam si
mutus esset, emisit. tum suspenderunt eum inter duos noxios
medium, qui ob latrocinia damnati erant, crucique fixerunt.
quid ego hic in tanto facinore deplorem aut quibus uerbis tantum 10
nefas conquerar? non enim Gauianam crucem describimus,
quam Marcus Tullius uniuersis eloquentiae suae neruis ac uiribus uelut effusis totius ingenii fontibus prosecutus est, 'facinus
indignum esse' proclamans 'ciuem Romanum contra omnes leges in crucem esse sublatum'.   qui quamuis innocens fuerit et 11
illo supplicio indignus, mortalis tamen et ab homine scelesto qui
iustitiam ignoraret adfectus.   quid de huius crucis indignitate 12
dicemus, in qua deus a cultoribus dei suspensus est atque suf-

Auct.: **12** Tullius] Cic. Verr. II 5, 158–172   **13–15** *cf.* ibid. 170

1 uerberantes D V   adfigerent] a. eum H M   **2** indutum enim]
-dumentum eum M   punice uestem H M   **3** salutauerunt B
ei] eum M   **4** ei *om.* P   aceti potionem] acceptionem K S
consputauerunt B   faciem] in f. D V H M   **5** palmas H M
ceciderunt] c. eum H M   **6** palleo D^{ac} V   **7** cum *ex* eum? P
haec *post finem lin.* B³   suo] s *in ras. 1–2 litt.* B²   **8** tunc D V H M
9 latrocinio D^{ac} V   fuerant H M   cruci K^{ac} **10** ergo V H M
hinc D V   **11** gauianam D V^{pr}; gabia- B P H; grauia- V^{ar} K S; gabi-
nianam M R *(b ex u m.2)*   crucem] crux *(in mg.* K¹*)* trucem K S
12 marcus B P, ·m̅· H M, m· R, *om.* D V K S   uniuersi K S¹
eloquentia D^{ac} neruis] uerbis P   **13** ueluḍ H M K; uel R
frontibus V   **14** proclamant P¹, *corr.* P²   omnis R¹
15 cruce H M   nocens R   **16** indignus] in *del. m.1?* R
et *om.* V   **17** adfectus] a. est P K S; eff- M   quid de] inquit
D *(-id)* V   indignitatem D

fixus? quis tam facundus et tanta rerum uerborumque copia instructus existet, quae oratio tantae adfluentiae ubertate decurrens, ut illam crucem merito deploret, quam mundus ipse et tota mundi elementa luxerunt? haec autem sic futura fuisse et prophetarum uocibus et Sibyllinis carminibus denuntiatum est. apud Esaiam ita scriptum inuenitur: 'non sum contumax neque contradico. dorsum meum posui ad flagella et maxillas meas ad palmas, faciem autem meam non auerti a foeditate sputorum.' similiter Dauid in psalmo XXXIIII: 'congregata sunt super me flagella et ignorauerunt, dissoluti sunt nec compuncti sunt. temptauerunt me et deriserunt me derisum, et striderunt super

Epit.: 4, 18, 13 – 19, 4] 40, 10 – 41, 9 *ordine mutato*   4, 18, 13] 41, 1 ... sputorum   14] 41, 2 ... suis

Auct.: **6–8** Is. 50, 5–6; *cf.* Cypr. testim. 2, 13 l. 15–18; *u. Vet. Lat. ed. Gryson*   **9–p. 387, 1** psalm. 34, 15–16

Test.: **4** §§ 13–19] *hinc pendet* Theosoph. Sib. 10 l. 268–286 Erbse (*antea* l. 264–267 *redolent* 4, 16, 17, *postea* l. 289–300 *4, 19, 10 et 5)*

Codd.: **10** *hinc fere coepisse* G *pp. 164 / 163 bis rescriptas, in quibus nihil legi potest, et fere* §§ 14–24 *exhibuisse computauit Brandt, 1884, 241. 298 (cf. 235 sq.; u. 4, 20, 10); ceterum extant* B D V P H M K S R

1 copiam K S   **2** existeret K S   tanta B H M (D *inc.*) affluentiae P K S, aflu- B R; flu- H M; afluentia V (*in* D extat | fluentia)   **3** mundi tota B   **4** elementa *s.l.* P²   duxerunt D^{ac} V K S fuisse *codd.* (-set D^{ac} V), *edd., Mo*; esse *Br cl. epit.*; *u.* Hofmann–Szantyr 352   **5** et Sibyllinis carminibus *om.* H M   pronuntiatum H M   **6** eseiam B P, esaian *ex* eseian R²   scriptum *om.* H M   **7** pono D V   et *om.* H   **8** autem *s.l.* H², *om.* M   mea K S auerto K^{ac}   a] ad K¹   **9** dauid similiter H M   XXXIII R super *codd.* (*ut Vulg.; LXX* ἐπ' ἐμὲ); in Br *ex epit.*   me *s.l.* H² **10** ignoraui V¹ P³ (*ex* -uerunt) *ex Vulg.*   **11** me *ante et eras.* H, *om.* M me derisum *coni. Br cl. LXX;* me B D V H M R *Mo,* derisum P¹ S *Br dubitanter;* derisu P³ K *edd. antea*   et *om.* P K S *Br*   striderunt D P H M K S *epit.,* -duerunt B V R   super] in B *prob. Br; cf. supra*

LACT. INST. IV 18   387

me dentibus suis.' Sibylla quoque eadem futura monstrauit: 15
εἰς ἀνόμους χεῖρας καὶ ἀπίστων ὕστερον ἥξει,
δώσουσιν δὲ θεῷ ῥαπίσματα χερσὶν ἀνάγνοις
καὶ στόμασιν μιαροῖς ἐμπτύσματα φαρμακόεντα,
δώσει δ' εἰς μάστιγας ἁπλῶς ἁγνὸν τότε νῶτον.
item de silentio eius, quod usque ad mortem pertinaciter tenuit,   16   *353*
Esaias iterum sic locutus est: 'sicut ouis ad immolandum adductus est et sicut agnus coram tondentibus se sine uoce, sic non aperuit os suum.' et Sibylla supra dicta: 17
καὶ κολαφιζόμενος σιγήσει, μή τις ἐπιγνῷ,
τίς λόγος ἢ πόθεν ἦλθεν, ἵνα φθιμένοισι λαλήσει·
καὶ στέφανον φορέσει τὸν ἀκάνθινον.   *354*

Epit.: 4, 18, 16] 41, 1 item ... suum

Auct.: 2–5 Orac. Sib. 8, 287–290   7–9 Is. 53, 7; *cf.* Cypr. testim. 2, 15 l. 3–4, *sed u. adn. crit. et Vet. Lat. ed. Gryson; u. et § 24*   10–12 Orac. Sib. 8, 292–294

Test.: 1 §§ 15–20] Aug. ciu. 18, 23 p. 287, 16 – 288, 6 *Sibyllina hic et 19, 5. 10 laudata Latine reddita colligit; u. appendicem p. XLIX dictam*

1 suis *s.l.* V²   totam § 15 *om.* HM   quoque *om.* KS   2 ανομοις KS; -μων *codd. Sib.*   πιςτων P   εστερον P   3 δωςουςι δε BP (-cυ δε) *codd. Sib. (nisi qui* καὶ δώσ- *uel* δώσ- *tantum)*   εωθω (*i. e.* θω *repet.*) R   ραπιςματα] εμπτυςματα KS   4 cτομαcι DV   μιναροις D   ενπτυςματα BPR   φαρμακεντα Pᵃᶜ R   5 δωςω B   δε εις KS   αιον B   αγνον ... νῶτον] οτνονςοιενςωτον R; *uariant codd. Sib.*   6 silentia HM   quousque H   7 eseias BPR   immolandum] uictimam *Cypr.*   adductus] sic a. DV; ductus P; abd- HM   8 tundentibus DP; tondente *fere codd. Cypr. sec. LXX*   se KSR, *dubitanter recepimus (cf. Heck–Wlosok, 1996, 162), om. cet., epit., edd., Br; uariant Cypr., LXX, Vulg.*   non *s.l.* B²   9 *totam* § 17 *om.* HM   10 ςειγηςει BPKS   με BKS   11 λογος] τίνος *codd. Sib.*   ἢ] ε DKS; ὦν *uel* ὃς *uel* ἢ *codd. Sib.*   νοθεν KS   φθιμενοιςι DV, -νοι B, -νοις PKSR   λαληςει *codd. (uariis* λ *et* α); -ςη *codd. Sib. excepto L, Theosoph. Sib. 10 l. 280 Erbse; cf. 4, 16, 17*   12 φορέσῃ *codd. Sib.*

18 de cibo uero et potu, quem antequam figerent ei obtulerunt,
    Dauid in psalmo LXVIII sic ait: 'et dederunt in escam meam fel
19 et in siti mea potum mihi dederunt acetum.' idem hoc futurum
    etiam Sibylla contionata est:

εἰς δὲ τὸ βρῶμα χολὴν κεὶς δίψαν ὄξος ἔδωκαν,
τῆς ἀφιλοξενίης ταύτην δείξουσι τράπεζαν.

20 et alia Sibylla Iudaeam terram his increpat uersibus:

αὐτὴ γὰρ δύσφρων τὸν σὸν θεὸν οὐκ ἐνόησας
παίζοντα θνητοῖσι νοήμασιν, ἀλλ' ἀπ' ἀκάνθης
ἔστεψας στεφάνῳ φοβερήν τε χολὴν ἐκέρασσας.

21 fore autem, ut Iudaei manus inferrent deo suo eumque interfi-
22 cerent, testimonia prophetarum haec antecesserunt.   apud

Epit.: 4, 18, 18] 41, 2 idem ... acetum   22] 43, 2

Auct.: 2–3 psalm. 68, 22   **5–6** Orac. Sib. 8, 303–304   **8–10** ibid. 6, 22–24

Codd.: 7 *hinc fere coepisse uid.* G *p. 163; u. supra* § *14*

1 quem *om.* HM; quam KS   antequam figerent *eras.* D
figerent ei] eum f. illi H *(illo)* M   2 LIII D, LIIII V, LVII R
escam] es *in ras.?* B   esca mea M   fel *om.* H   3 potum]
potauerunt D   potum ... acetum] potauerunt me aceto HM (-coet-)
ex Vulg.   acetum] m *exp.* P³   §§ *19–20 totas om.* HM
5 χολεν DVKS   κεις διψαν BP (α *pro* δ) KS; και εις δ. DV,
Theosoph. Sib. 10 *l.* 285 *cod.* D', και εις αιαν R; καὶ πιεῖν *codd. Sib.*
ελωκαν BKS   6 αφιλοξενιην D, -νιας, ας *in ras. m.2?*, V
ταύτην] υτ *in ras. m.2?* V; τανην D   διξουσι DV
7 hiis R   uerbis B   8 cυνφρων D, cυαφ- V, αυcφ- P; αφρων KS
τὸν *om.* PKS; των D   9 παιζοντα BR, πεζ- PKS, πεξο- DV;
ἐλθόντα *uel* πταίοντα *codd. Sib.*   θνητοῖσι *edd. ut codd. Sib.*;
-τοις DV, -τοιο *cet.*   νοήμασιν] ἐν ὄμμασιν *codd. Sib.* MGVH
ἀλλ' ἀπ' *edd. ut plures codd. Sib.*, αμαπ P, αμααπ R; αλλμ DV;
αλλα BKS; ἀλλ' ἐπ' *pars codd. Sib.*   ακανθαις B, -θες KS
10 στεφάνῳ *om.* KS   φοβερεν DV   τε] τη DV; δὲ *codd. Sib.*
εκερασας BPK; ερασας S   11 ut *om.* HMKS   deo ... eumque]
deumque KS   suo *om.* P   cumque V¹   interfecerunt P¹, *corr.* P³
12 antecessarunt B¹, *corr.* B²; antecensuerunt *ex* a. P³

Hesdram ita scriptum est: 'et dixit Hesdras ad populum: hoc pascha saluator noster est et refugium nostrum. cogitate et ascendat in cor uestrum, quoniam habemus humiliare eum in signo; et post haec sperabimus in eum, ne deseratur hic locus in aeternum tempus, dicit dominus deus uirtutum. si non credideritis ei neque exaudieritis adnuntiationem eius, eritis derisio in gentibus.' unde apparet Iudaeos nullam aliam spem habere, nisi se abluerint a sanguine ac sperauerint in eum ipsum quem negauerunt. Esaias quoque facinus eorum designat et dicit: 'in humilitate iudicium eius sublatum est. natiuitatem eius quis enarrabit? quoniam auferetur a terra uita eius, a facinoribus populi mei adductus est ad mortem. et dabo malos pro sepultura eius et diuites pro morte eius, quia facinus non fecit neque insidias ore suo locutus est. propterea ipse consequetur multos et

Epit.: 4, 18, 23] 43, 1 apparet . . . negauerunt

Auct.: **1–7** Esdrae locus apocryphus *laudatus a* Iustin. dial. 72, 1; *u. Br ad l. et Wlosok, 1990, 205 sq.; cf. Monat, 1982, 109 sq.* **9** §§ 24–25] *cf.* Cypr. testim. 2, 15 l. 4–12, *sed u. adn. crit.* **9–14** Is. 53, 8–9 *(uers. 7 laudatur § 16); u. Vet. Lat. ed. Gryson* **14–p. 390, 3** ibid. 12

1 hesdram D P R *edd.*, esdr- H, -dran B *ft. recte*, -drā V , esdrā M; -dra K S   hesdra P^{ac}; esdra H M   **3** habemus . . . eum] μέλλομεν αὐτὸν ταπεινοῦν *Iustin.; cf. p. LXVI n. 205*   eum *om.* D V   **4** sperauimus B^1 *(corr.* B^3*)* D V R^1 *epit. cod.* T, Mo; -bis H; ἐλπίσωμεν *Iustin.*   **5** aeternum] ἅπαντα *Iustin.*   dicit *ter* R   **6** ei] et D V, *om.* H M   neque *eras.* D   eius *s.l.* B^3 **7** inde V   **8** se nisi D V; se *om.* H M   sperauerunt H^{ar} M   **9** necauerunt B D V *edd., Br, Mo; cf.* 4, 12, 5 *et Heck, 2000, 601*   eseias B P R   **10** iudicium] um *in ras.* 3–4 *litt. m.2* B   eius] autem e. *plures codd.* Cypr. contra *LXX*   **11** enarrabit P H M R^2, -auit B D V K S R^1 *ut pars codd.* Cypr. contra *LXX, Mo*   uitam H^{ar} a *post* eius *exp.* P^3 **12** abductus H M *ut plures codd.* Cypr., Br dubitanter; *cf.* § 16; *LXX* ἤχθη   **13** diuitem M *ex Vulg.*   **13–14** neque . . . est] n. inuentus est dolus in ore eius D V *proxime LXX (Vulg.* n. dolus fuerit in ore eius*); cf. Br et Gryson ad l.*   **14** ore] ex o. R   est *om.* H M   consequetur] hereditabit D V *(LXX* κληρονομήσει*); u. Br et Gryson ad l.*

fortium diuidet spolia, propterea quod traditus est ad mortem et
inter facinerosos deputatus est, et ipse peccata multorum pertulit
et propter facinora illorum traditus est.' Dauid quoque in psalmo XCIII: 'captabunt in animam iusti et sanguinem innocentem
condemnabunt, et factus est mihi dominus in refugium.' item
Hieremias: 'domine, significa mihi, et cognoscam. tunc uidi
meditationes eorum. ego sicut agnus sine malitia perductus sum
ad uictimam, in me cogitauerunt cogitationem dicentes: uenite,
mittamus lignum in panem eius et eradamus a terra uitam eius et
nomen eius non erit in memoria amplius.' lignum autem crucem significat et panem corpus eius, quia ipse est cibus ac uita
omnium qui credunt in carnem quam portauit et in crucem qua
pependit. de qua tamen apertius ipse Moyses in Deuteronomio
ita praedicauit: 'et erit pendens uita tua ante oculos tuos, et
timebis die ac nocte et non credes uitae tuae.' idem rursus in

Epit.: 4, 18, 29] 41, 4 ... 5 transfixerunt

Auct.: **4–5** psalm. 93, 21–22 **6–10** Ier. 11, 18–19; *cf.* Cypr. testim. 2, 15 l. 12–17 *(uenite ... uitam eius etiam 2, 20 l. 4–5)* **14–15** deut. 28, 66; *cf.* Cypr. testim. 2, 20 l. 6–7

1 traditus ... mortem] tradita e. a. m. anima eius *Cypr. sec. LXX* est *om.* HM **2** facinerosos B^{ac} V^{pc} *(pr.* o *pro exp.* e*)* KS peccata BDV *ut Cypr. sec. LXX*; -tum *cet. ut Vulg., Mo; cf. Br ad l.* **3** et] ei? P^{ac} quoque] etiam B **4** captabant M in *om.* BR, *Mo*; *LXX* ἐπὶ **6** tum B *prob. Br* **7** meditationem K^{ac} ego] e. autem B *sec. LXX, sed* δὲ *om. codd. quidam* malitia] macula B *ut Cypr. cod. R; u. Br ad l.* adductus DV **8** cogitatione HM; cogitatum *Cypr. (LXX* λογισμὸν πονηρὸν*)* **9** pane KS *ut 4 codd. Cypr.* a] e H *(antea 8–10 litt. eras.)* M; de KS *ex Vulg. ut 2 codd. Cypr.* **10** memoriam *plures codd. Cypr.* **11** panem *def. Br (cf. 4, 20, 11)*; -nis H*m, alii* eius *in ras. m.3?* P est] ut HM **12** credunt *om.* KS carne P et *om.* B in *om.* M cruce PKS qua *post* crucem *ex* quam B^3 D^2 V^{pr}, *ex* quae S; in qua R *prob. Br* **13** de quo R; *cf. epit. 41, 3 de cruce Christi* moses KS **14** pendens] p. uidens HM **15** ac] et *epit., Cypr. ut Vulg.* uita tua P^1, *corr.* P^3 item BPHM *epit., prob. Br, sed ex § 27 uel 30*

Numeris: 'non quasi homo dominus suspenditur neque quasi
filius hominis minas patitur.' Zacharias etiam sic tradidit: 'et
intuebuntur in me, quem transfixerunt.' item Dauid in psalmo
XXI: 'effoderunt manus meas et pedes meos, dinumerauerunt
omnia ossa mea; ipsi autem contemplati sunt et uiderunt me et
diuiserunt uestimenta mea sibi et super uestem meam sortem
miserunt.' quae utique propheta non de se locutus est. fuit enim
rex et numquam illa perpessus est, sed spiritus dei per eum
loquebatur, qui fuerat illa passurus post annos mille et quinquaginta. tot enim colliguntur anni a regno Dauid usque ad crucem
Christi. sed et Solomon filius eius, qui Hierosolymam condidit,
eam ipsam perituram esse in ultionem sanctae crucis prophetauit: 'quodsi auertimini a me, dicit dominus, et non custodieritis

Epit.: 4, 18, 30] 41, 3   32–33] 41, 8

Auct.: **1–2** num. 23, 19; *cf.* Cypr. ibid. l. 23–24   **2–3** Zach. 12, 10; *cf.* Cypr. ibid. l. 20–21   **4–7** psalm. 21, 17–19; *cf.* Cypr. ibid. l. 8–11   **13–p. 392, 9** III reg. 9, 6–9 *nonnullis ab LXX alienis; u. Br et Mo ad l.*

1 non] quod neque *(s.l. m.2)* B   dominus] deus *Cypr. sec. LXX, Vulg.*
2 zaccharias B R   tradit B   **3** intuebantur H M   quem] in q. H M
ut fere codd. Cypr.; cf. Br ad l.   idem D V   dauid *om.* H M
4 *ante* XXI *1 litt. eras.* H; XX M   et foderunt *epit. cod. T ut 4 codd.
Cypr.*   meas] meos D^{ac} meos B P H M K S R *epit. ut Cypr. cod. W
et Vulg. sec. LXX cod. A, om.* D V *ut cet. codd. Cypr. sec. cet. LXX*
5 ossa *ex* ossua? B^2 contempla P^1, *corr.* P^2 me et *om.* B; et *om.
epit. ut Vulg. et plures codd. Cypr. sec. LXX*   **6** uestimenta mea sibi
B D V H M R *epit. ut pars codd. Cypr.;* s. u. m. P K S *ut Vulg. et plures
codd. Cypr. sec. LXX*   sortem miserunt B D *(misse-)* P K S R *epit. ut
pars codd. Cypr.;* m. s. V H M *ut Vulg. et plures codd. Cypr. sec. LXX*
7 non *post* locutus *in fine lin.* S^2 **8** et numquam] aetern- P^{ar}
perpessus est illa H M   **9** quae H M   ille P^{ac} mille et
quinquaginta] ·XL· *et in mg.* I̅X̅I̅L̅· *sic* H; L̅X̅L̅· M   **10** colligunt P^1,
corr. P^3 anni ... Dauid] a regis *(sic)* d. anni H M   ad *s.l.* B^3
11 salomon P^{ac} H M K S   hierosolimam D P H M K S R *(*hyer- H, ier-
K S); cf. 4, 13, 24*   **12** eam *om.* K S   parituram D   ultimonem B^{ar}
crucis *s.l.* P^2 **13** custodieritis] ostenderitis D V

ueritatem meam, reiciam Israhel a terra quam dedi illis, et domum hanc quam aedificaui illis in nomine meo, proiciam illam ex omnibus, et erit Israhel in perditionem et in improperium populo. et domus haec erit deserta, et omnis qui transiet per illam admirabitur et dicet: propter quam rem deus fecit terrae huic et huic domui haec mala?   et dicent: quia reliquerunt dominum deum suum et persecuti sunt regem suum dilectissimum deo et cruciauerunt illum in humilitate magna; propter hoc importauit illis deus mala haec.'

19. Quid amplius iam de facinore Iudaeorum dici potest quam excaecatos tum fuisse atque insanabili furore correptos, qui haec cottidie legentes neque intellexerunt neque quin facerent cauere potuerunt?   suspensus igitur et adfixus exclamauit ad deum uoce magna et ultro spiritum posuit. et eadem hora terrae motus factus est et uelum templi quod separabat duo tabernacula scissum est in duas partes et sol repente subductus est et ab hora sexta usque in nonam tenebrae fuerunt.   qua de re Amos propheta testatur: 'et erit in illo die, dicit dominus, occi-

Epit.: 4, 19, 2] 40, 10   3] 41, 5 de . . . lamentationem

Auct.: **18–p. 393, 2** Am. 8, 9–10; *cf.* Cypr. testim. 2, 23 l. 3–5

2 quam *s.l. m.2?* B   **3** hominibus *ex* omnibus R² in inproperium R *epit.*; inprop- *tantum* BPKS; in obprobrium DVHM   **5** illam] eam HM   mirabitur HM   dicent P¹, *corr.* P³   propter] o p. DV   **6** et *s.l.* P²   huic *om.* P; domui huic DV   derelinquerunt *(sic) epit. cod. T, ex Vulg.?*   **7** deum *om.* B   et . . . suum *om.* S   **8** illum] eum DV   pro hoc *epit. cod.* T   **10** iam *om.* HM   facinoribus HM   **11** tunc PKS   atque *ex* ac P²   insanabile M^ac; insatiabili DV   **12** cottidie B *(alt.* t *eras.)* DVHM, coti- PKSR; *u. 4, 6, 8*   quin] qui non B   **12–13** facerent . . . potuerunt] facere canere uoluerunt DV   **13** et *om.* HM   **14** deum] dominum P et *ante* eadem *om.* B   **15** et uelum templi *s.l.* P²; et] ut DV   **16** scisum V^ac   **17** in] ad horam DV   **18** amos *ex* moyses B³ et erit *om. epit.*   in *om.* HM   die *s.l.* P²   occides K^ac S^ac; occidit R¹

det sol meridie et obtenebrabitur dies lucis; et conuertam dies
festos uestros in luctum et cantica uestra in lamentationem.'
item Hieremias: 'exterrita est quae parit et taeduit anima, et 4
subiuit sol ei, cum adhuc medius dies esset, contusa est et ma-
5 ledicta; reliquos eorum in gladium dabo in conspectu inimicorum eorum.' et Sibylla: 5
ναοῦ δὲ σχισϑῇ τὸ πέτασμα καὶ ἤματι μέσσῳ
νὺξ ἔσται σκοτόεσσα πελώριος ἐν τρισὶν ὥραις.
cum haec facta essent, ne prodigiis quidem caelestibus facinus 6 *362*
10 suum intellegere quiuerunt, sed quoniam praedixerat se tertio
die ab inferis resurrecturum, metuentes ne a discipulis subrepto
et amoto corpore uniuersi resurrexisse eum crederent et fieret

Epit.: 4, 19, 4] 41, 6   4, 19, 6 – 21, 5] 42, 1 – 43, 7 *ordine mutato*

Auct.: **3–6** Ier. 15, 9; *cf.* Cypr. ibid. l. 6–9   **7–8** Orac. Sib. 8, 305–306
9 §§ 6–7] Tert. apol. 21, 20–21

Test.: **7** § 5] *u. supra ad 4, 18, 13. 15*

1 sol meridie et] solet medio H M   obtenebratur B[1]; -brabuntur B[2];
-bricabitur R *Mo (sed u. Thes. IX 2, 275, 42);* tenebrabitur D V P
2 festos *om.* K S   fert uestro D[1]   cantica] omnia c. *fere codd. Cypr.
sec. LXX*   lamentatione M *epit. cod.* T   **3** exterritata D V
taediauit, *pr.* a *s.l. m.3,* B   animam B M   et] eius *Cypr. sec. LXX*
4 subibit B H M; occidit D V *ex Vulg.*   ei P K S R *sec. LXX;* et B D V,
om. H M; *uariant codd. Cypr.*   dies *s.l.* B   contusa D V H M K R
epit.; confusa B P S *Cypr. ut Vulg.;* κατῃσχύνϑη *LXX*   est *om.* D V
et *s.l.* B, *om.* H M   **5** gladio D V *ut plures codd. Cypr.*
6 eorum D V P[pr] S[pr] *sec. LXX;* meorum P[ar] S[ar] *cet. (etiam* R; *uariant
Cypr. et Vulg.*   totam § 5 *om.* H M   **7** ναυ P K S   δὲ] ε R
τὸ] τοισατα K (c *eras.)* S   τὸ ... καὶ] τὰ πετάσματα *uel* τὸ
καταπέτασμα καὶ *codd. Sib.*   καὶ] εν B   ημερα μεση K *(post
α 3–4 litt. eras.)* S   **8** αεστευ | B; εσται η K S | κοτοεσσα B;
σκοτος K S   παιλωριος B, πελω | ρος D; φοδρως K *(deinde 3–4
litt. eras.)* S   **9** nec *ex* ne P[3]   prodigiis] p. eorum H M
10 nequiuerunt H M   tertia P K S   **11** a discipulis] ad *(sic)* d. suis
H M   **12** et amoto *s.l.* H[2], *om.* R   ammoto P[ac]   et ante fieret
s.l. P[3]

multo maior in plebe confusio, detraxerunt eum cruci et conclusum in monumento firmiter militari custodia circumdederunt.
7 uerum tertio die ante lucem terrae motu repente facto patefactum est sepulcrum et custodibus quos attonitos obstupefecerat pauor nihil uidentibus integer e sepulcro ac uiuus egressus in Galilaeam profectus est, ut discipulos suos quaereret, in sepulcro uero nihil repertum est nisi exuuiae, quibus conuolutum corpus incluserant.
8 illum autem apud inferos non remansurum, sed die tertio resurrecturum prophetae cecinerant. Dauid in psalmo XV: 'non derelinques animam meam ad inferos neque dabis sanctum tuum uidere interitum.' item in tertio: 'ego dormiui et somnum cepi, et exsurrexi, quoniam dominus auxiliatus est mihi.'
9 Osee quoque primus duodecim prophetarum de resurrec-

Epit.: 4, 19, 6 detraxerunt ... 7 incluserant] 42, 1 8–9] 42, 2

Auct.: **8** illum ... remansurum] *cf.* Cypr. testim. 2, 24 l. 1–2 **10–11** psalm. 15, 10; *cf.* Cypr. ibid. l. 3–4 **11–13** psalm. 3, 6; *cf.* Cypr. ibid. l. 6–7

1 in plebe multo maior D V *(im)* concluso B **2** firmiter in monumento D V custodiam H M^{ar} **3** tertio] certo K S motum D^{ac}; moto H M; motu cum, cum *del. m.2,* K facto *om.* D V **4** sepulcrum V, -chrum *cet.; u. ind. form* obstupefaceret D V **5** nidentibus B^{ac} integer e] intellegere D V sepulcro B V^{ac}, -chro V^{pc} *cet.* ac] et S uiuus *ex* uius B^2 **6** galilea K S sepulcro B, -chro *cet.* **7** repertum] receptum? H^{ac} quiquis D^{ac} inuolutum P **8** autem *om.* K S **9** tertia K S propheta P; -te K S cecinerunt B H M; -rat P K S^1 **10** XV B P *epit.,* quinto decimo K S; XIIII H M R; XXIIII D V relinquens B H M meam *om.* B ad] apud B (-ut) P K S nec P K S *epit. ut 2 codd. Cypr. et plures codd. Vulg.* **11** interitum] corruptionem B *epit. ut plurimi codd. Cypr. et Vulg.* tertio] t. psalmo R; secundo D V H M ego] et R **12** somnium B D V P^{ar} H^{ar} R^{ar} *ut pars codd. Cypr.; cf. § 10* accepi D V; coepi H M exsurrexi B D V K S R (exu- K S) *ut Vulg., Mo;* surr- P *Br;* resurr- H M; *uariant codd. Cypr.* est *om.* B **13** osee *ex* ose P^3 *post* primus *s.l.* de B^3 surrectione P

tione eius testificatus est: 'hic filius meus sapiens, propter quod nunc non resistet in contribulatione filiorum suorum, et de manu inferorum eruam eum. ubi est iudicium tuum, mors, aut ubi est aculeus tuus?' idem alio loco: 'uiuificabit nos post biduum die tertio.' et ideo Sibylla impositurum esse morti terminum dixit post tridui somnum:

καὶ θανάτου μοῖραν τελέσει τρίτον ἦμαρ ὑπνώσας·
καὶ τότ' ἀπὸ φθιμένων ἀναλύσας εἰς φάος ἥξει
πρῶτος ἀναστάσεως κλητοῖς ἀρχὴν ὑποδείξας.

uitam enim nobis adquisiuit morte superata. nulla igitur spes alia consequendae immortalitatis homini datur, nisi crediderit in eum et illam crucem portandam patiendamque susceperit.

20. Profectus ergo in Galilaeam – noluit enim se Iudaeis ostendere, ne adduceret eos in paenitentiam atque impios resa-

Epit.: 4, 20, 1 ... patefecit] 42, 3 ... congregatis

Auct.: **1–4** Os. 13, 13–14   **4–5** Os. 6, 3 (6, 2 LXX); *cf.* Cypr. testim. 2, 25 l. 2   **7–9** Orac. Sib. 8, 312–314   **13** § 1] *cf.* Tert. apol. 21, 22 sq.

Test.: 7 § 10] *u. supra ad 4, 18, 13. 15*

1 eius *om.* HM   quod *om.* D   **2** non *om.* B, *s.l.* M
in] et in V   tribulatione P   **3** aut *om. epit.*   **4** item BDV
uiuificabit B² P³ MKS; -cat B¹; -cauit DVP¹ HR *epit. cod.* T
(*cf.* Heck–Wlosok *ad l. et* 1996, 163) *ut pars codd.* Cypr., Mo
nos] me R   **5** tertia KS   **5–9** et ... ὑποδείξας *om.* HM
5 dixit *ex* fixit B   **6** post ... somnum *om.* B   somnium DVP^par; *cf.*
§ 8   **7** θανατος DV   μυραν DV; μοραν PKS   τελεσε P,
τεαε S   ημα P   **8** τότ' ἀπὸ] τουαπει V   φειμενων KS
εἰς] εν B   φαϲϲ B, φαοοϲ DV   εξει P   **9** καντοις DV,
υλητοις PKS; θνητοις B   χην PKS   υποδιξας DV,
ποδειξας PKS   **10** uitam *ex* uita B³   adquaesiuit B¹, *corr.* B³
11 aliae HM   ni R   crederit P¹, *corr.* P³   in eum *om.* P
12 et *s.l.* P³, *ins.* S², *om.* K   portanda HM   **13** profectus] p. est R
Iudaeis se P   **14** in] ad DV   sanaret DV

naret –, discipulis iterum congregatis scripturae sanctae litteras id est prophetarum arcana patefecit, quae antequam pateretur perspici nullo modo poterant, quia ipsum passionemque eius adnuntiabant.   idcirco Moyses et idem ipsi prophetae legem quae Iudaeis data est 'testamentum' uocant, quia nisi testator mortuus fuerit, nec confirmari testamentum potest nec sciri quid in eo scriptum sit, quia clausum et obsignatum est.   itaque nisi Christus mortem suscepisset, aperiri testamentum, id est reuelari et intellegi mysterium dei non potuisset.   uerum scriptura omnis in duo testamenta diuisa est.   illud quod aduentum passionemque Christi antecessit, id est lex et prophetae, uetus dicitur, ea uero quae post resurrectionem eius scripta sunt, nouum testamentum nominatur.   Iudaei uetere utuntur, nos nouo, sed tamen diuersa non sunt, quia nouum ueteris adimpletio est et in utroque idem testator est Christus, qui pro nobis morte suscepta nos heredes regni aeterni facit abdicato et exheredato populo Iudaeorum, sicut Hieremias propheta testatur, cum loquitur talia: 'ecce dies

Auct.: **5** testamentum] *pro LXX* διαθήκη, *e. g.* Vet. Lat. exod. 19, 5. deut. 5, 2. Ier. *infra § 6; Vulg.* pactum *uel* foedus   **5–7** nisi . . . est] *cf.* Hebr. 9, 16–17 *et Mo ad l.*   **17–p. 397, 5** Ier. 31 (38 LXX), 31–32*; cf.* Cypr. testim. 1, 11 l. 3–8. 3, 20 l. 17–22, *sed u. adn. crit.*

Codd.: **11** *hinc fere coepisse* G *pp. 158 / 157 bis rescriptas, in quibus nihil legit nisi paucas litt. in init. p. 157 (infra § 10), et fere §§ 5–13 exhibuisse computauit Brandt, 1884, 241. 298 sq. (cf. 235 et supra 4, 18, 14); ceterum extant* B DV P HM KS R

1 iterum] igitur H M   sanctas K   litteras] s *in ras.?* B; -reos D[ac]; -ris H M   **2** patefacit R   **3** respici B[1], *corr.* B[3]   **4** adnuntiabat HM; indicabant DV   moses KS   et] ut DV   ipsi *om.* DV; -se M   legem quae] -mque K S[1]   **5** testatur H[ac]   **7** nisi *ex* si P[2]   **8** Christus] scriptus HM   aperire R   **10** dua H   quod *om.* HM   **13** nominantur, ~ *sup.* a, S[2]   ueteri, i *ex* e, B[3]   diuersa non] uniuersa unum B   **14** adimpletio est] -ionẽ, *i. e.* -ionem K S[ar] (n *eras.*)   **15** testatus DV   mortem B[ar]   **16** et *om.* M   exeredato HM   **17** sicuti HM   propheta *om.* HM

ueniunt, dicit dominus, et consummabo domui Israhel et domui
Iuda testamentum nouum, non secundum testamentum quod dis-
posui patribus eorum in die, qua apprehendi manum eorum, ut
educerem illos de terra Aegypti, quia ipsi non perseuerauerunt
in testamento meo, et ego neglexi eos, dicit dominus.' idem
alio loco similiter ait: 'dereliqui domum meam, dimisi hereditatem meam in manus inimicorum eius. facta est hereditas mea
mihi sicut leo in silua, dedit ipsa super me uocem suam, ideo
odiui eam.' cum sit hereditas eius caeleste regnum, non utique
ipsam hereditatem se dicit odisse, sed heredes, qui aduersus eum
ingrati et impii extiterunt. 'facta est' inquit 'hereditas mea mihi
sicut leo', id est praeda et deuoratio factus sum heredibus meis,
qui me immolauerunt sicut pecus. 'dedit super me uocem suam',
id est sententias aduersus me mortis crucisque dixerunt. nam
quod superius ait 'consummaturum se domui Iuda testamentum

Epit.: 4, 20, 7] 43, 4

Auct.: **6–9** Ier. 12, 7–8

Codd.: **15** *a* se *incipere* G *p. 157 bis rescriptam uidit Brandt, 1884, 298 sq. paucis litt. lectis (nos nihil uidimus), unde computauit quae 4, 18, 14 et § 4 notamus*

1–2 domui ... Iuda] domum istrahel et domui iudae B; domum is- et domum iuda HM; *uariant codd. Cypr.; utroque loco LXX* τῷ οἴκῳ, *Vulg.* domui   **2** nouum ... testamentum *om.* DV   **3** qua] quo HM ut *ex* et P² (D *inc.*)   **4** qui HM   permanserunt *Cypr.*
5 in] hoc DV   testamentum KS   meo DV, *om. cet., Mo;* in t. meo *Cypr. sec. LXX*   et *om.* B   ego *om.* HM   eos] eorum *fere codd. Cypr. sec. LXX* ἠμέλησα αὐτῶν   dixit PKSR   idem BR; item *cet.*   **7** meam *ante* in *s.l.* P²   in *s.l.* H²   manu BDV *ut Vulg.; LXX* χεῖρας   **8** supra P   suam *ex* meam? V²   ideo *codd. ut Vulg., Mo;* idcirco *epit., Br ft. recte; LXX* διὰ τοῦτο   **9** odi P   **10** ipsa KS¹ heredes] es *in ras.* 3–4 *litt. m.*2 S   eum *om.* K, *s.l.* S²
11 mihi hereditas mea HMKS   **12** *post* meis *eras.* 6–7 *litt.* H
14 sententia P¹; -am P³ HM   mortis *om.* HM   **15–p. 398, 1** se ... nouum *om.* H

nouum', ostendit uetus illud testamentum quod per Moysen datum est non fuisse perfectum, id autem quod per Christum dari
11 haberet consummatum fore. domum autem Iuda et Israhel non utique Iudaeos significat, quos abdicauit, sed nos, qui ab eo conuocati ex gentibus in illorum locum adoptione successimus et appellamur filii Iudaeorum. quod declarat Sibylla, cum dicit:

Ἰουδαίων μακάρων θεῖον γένος οὐρανιώνων.

12 quod autem futurum esset id genus, Esaias docet, apud quem pater summus ad filium loquitur dicens: 'ego dominus deus uocaui te in iustitiam, et tenebo manum tuam et confirmabo te, et dedi te in testamentum generis mei, in lucem gentium, aperire oculos caecorum, producere ex uinculis alligatos et de domo
13 carceris sedentes in tenebris.' cum igitur nos antea tamquam caeci et tamquam carcere stultitiae inclusi sederemus in tenebris

Epit.: 4, 20, 12] 43, 7

Auct.: **2** dari haberet] Cypr. testim. 1, 10 l. 1. 11 l. 1–2   **7** Orac. Sib. 5, 249   **9–13** Is. 42, 6–7; cf. Cypr. testim. 2, 7 l. 10–14, sed u. Wlosok, 1990, 207 n. 27 et Vet. Lat. ed. Gryson

1 uetus *bis* D *(pr. exp.)* V *(pr. eras.)*   mosen K   **2** perpetuum H M   **3** domum *codd. (etiam* P R*), def. Br (cf. 4, 18, 28); domus edd.* autem *om.* R   iudam P; -dae H M   et *om.* H M   **4** abdicat B¹, *corr.* B³   **5** congregati H M *ex § 1*   adoptiones Rᵃʳ; -nemque P; cf. Le ad l.   **6** appellamus D¹ V¹   quod] quae H M   sibylla declarat D V   **6–7** Sibylla ... οὐρανιώνων *om.* H M   **7** ιουδων P μακαρων R; -ριων B; -ριον *cet. (ante* ον *fere* 5 *litt., ft.* ονθει *eras.* K)   θειων B (D *inc.*), *om.* K *(eras.?)* S   ουρανιωνων D V P *codd. Sib.;* -νιων K S R; -νιον τε B *Geffcken*   **8** esset] fuisset H *(t s.l. m.2)* M   id] ad Dᵃᶜ   apud] per B   **10** in] ad P, *om.* H M   iustitia H *(ante* tia 2 *litt. eras.)* M *ex Vulg., sed ut Cypr. (nisi quod 5 codd.* -am*) sec. LXX; cf. Gryson ad l.*   et] ut *plures codd.* Cypr. teneam Cypr.   confortabo M *ut codd.* Cypr.   **11** et *ante* dedi *om. epit.*   lucem] lumen *fere codd.* Cypr.   **12** producere] et p. S ex] a *fere codd.* Cypr.; *LXX* ἐκ   uinclis H M   alligatos] uinctos Cypr.   **13** sedentis R¹   **14** in tenebris sederemus R   *post* tenebris *repet.* inclusi D V ignorantes deum et ueritatem, inluminati ab eo sumus, qui nos testamento suo adoptauit et liberatos malis uinculis atque in lucem sapientiae productos in hereditatem regni caelestis adsciuit.

21. Ordinata uero discipulis suis euangelii ac nominis sui praedicatione circumfudit se repente nubes eumque in caelum sustulit, quinquagesimo post passionem die, sicut Daniel fore ostenderat dicens: 'et ecce in nubibus caeli ut filius hominis ueniens usque ad uetustum dierum peruenit.' discipuli uero per prouincias dispersi fundamenta ecclesiae ubique posuerunt facientes et ipsi in nomine magistri dei magna et paene incredibilia miracula, quia discedens instruxerat eos uirtute ac potestate, quo posset nouae adnuntiationis ratio fundari et confirmari. sed et futura illis aperuit omnia. quae Petrus et Paulus Romae praedicauerunt, et ea praedicatio in memoriam scripta permansit. in qua 'cum multa alia mira tum etiam hoc futurum esse'

Epit.: 4, 21, 1 ... 2 confirmari] 42, 3 datisque ... 4 peruenit   2 sed et ... 5 praedixerant] *cf.* 41, 7

Auct.: 4 § 1] *cf.* Tert. apol. 21, 23   7–8 Dan. 7, 13; *u. supra 4, 12, 12* 13–p. 400, 9 *de 'praedicatione Petri et Pauli' cf.* Hennecke–Schneemelcher, *Neutest. Apokryphen II, 1964³, 57 (aliter ac Hilgenfeld, Nou. test. extra canonem receptum IV, 1884², 58. 59. 64)*

2 malos D^ac; mali *Volkmann, Wlosok, 1990, 207 n. 28, Loi, 1970, 257* uinclis H M   2–3 in ... sapientiae] insipientiae P; in luce sapientia K S   3 hereditate D V   caelesti D   adscribit B   4 Ordinata] post o. P; -to H M   suis *om.* V, *s.l.* H²   euangelii R; -lia B D V P; -lio H M; -lica K S   5 circumdedit D V   nube V   eumque] seque D V 6 quinquagesimo R *epit., Mo;* quadrag- *cet.* (-gens- D V), *edd., Br; cf. Heck–Wlosok, 1996, 163*   daniel B V^ac, danihel V^pc *cet.* 7 et *om.* K S   ut *om.* D V H M   8 ⟨et⟩ usque *Br ex 4, 12, 12 et epit., ft. recte*   uetustum] *u. ad 4, 12, 12. 16*   9 aecclesiae B, ęccl- K S facientes *om.* H M   10 ipsi in nomine] ipsius nomen H M; ipsi nomine K S   et] ac H M   11 miracula] m. fecerunt H; mirabilia fecerunt M   qua D V   descendens B H^ac S, discendens K 12 quo R H; qua B D V P K S; que M   ratio] traditio B 13 apparuit D^ac   romam H, *om.* M   14 memoria D V H M

dixerunt, 'ut post breue tempus immitteret deus regem, qui expugnaret Iudaeos et ciuitates eorum solo adaequaret, ipsos autem fame sitique confectos obsideret. tum fore, ut corporibus suorum uescerentur et consumerent inuicem, postremo ut capti uenirent in manus hostium et in conspectu suo uexari acerbissime coniuges suas cernerent, uiolari ac prostitui uirgines, diripi pueros, allidi paruulos, omnia denique igni ferroque uastari, captiuos in perpetuum terris suis exterminari, eo quod exultauerint super amantissimum et probatissimum dei filium.' itaque post illorum obitum, cum eos Nero interemisset, Iudaeorum nomen et gentem Vespasianus extinxit fecitque omnia quae illi futura praedixerant.

22. Confirmata sunt ut opinor quae falsa et incredibilia putantur ab iis, quos uera caelestium litterarum doctrina non imbuit. sed tamen ut refellantur a nobis etiam illi, qui nimium non sine malo suo sapiunt rebusque diuinis fidem detrahunt, argumentis quoque illorum coarguamus errorem, ut tandem aliquando peruideant ita fieri oportuisse, sicut nos ostendimus factum. et quamquam apud bonos iudices satis habeant firmitatis

1 breuem R^{ar} breue tempus] magisterium P   mitteret P
3 sitimque D^{ac} V H M   confectos obsideret] consederet D V; confectus o. M   dum H M   forte D V   **4** consumerentur *ex* -rent R^2; -summer- D, -summar- M   inuicem] se i. B (se *s.l. m.3*) P K S   captiui M, capiti S^{ac} **5** manibus B   ostium H M K S   aceruissime B^1 *(corr.* B^2*)* D V P H (-mae) M   **6** coniuge P^{ac}
7 paruulos *om.* D V   ignis D   ignique ferroque H M; ferro ignique R
8 suis *om.* P   **9** amantissimum] *cf. Br ad l. et Thes. I 1959, 12–24* et probatissimum *s.l.* P^2 probantissimum H   **10** eos] *antea 2 litt. eras.* H; cuneo M   numero B^{ar} interemississet H M
11 uespassianus H M *epit. cod.* T, -pessia- R^{ac} extincxit D H M
12 praedixerunt D V   **13** ut *s.l.* B^3, *om.* D V P   **14** iis R, his *cet.*, Mo   quod H M   quos uera *om.* D V   **15** repellantur K S; -fellatur R^1
illi] ii R   **16** non sine *om.* R   fidem] eid- D V   detrahant D V
17 errore K S   **18** perdeant P^1, *corr.* P^2; pueri uideant H M; credant D V   **18–19** sicut ... factum *om.* H M   **19** apud ... iudices] bonus i. a. D; a. i. b. V   habeant *ex* -eam? B

uel testimonia sine argumentis uel argumenta sine testimoniis, nos tamen non contenti alterutro sumus, cum suppetat nobis utrumque, ne cui peruerse ingenioso aut non intellegendi aut contra disserendi locum relinquamus.   negant fieri potuisse, ut naturae immortali quidquam decederet, negant denique deo dignum, ut homo fieri uellet seque infirmitate carnis oneraret, ut passionibus, ut dolori, ut morti se ipse subiceret; quasi non facile illi esset ut citra corporis imbecillitatem se hominibus ostenderet eosque iustitiam doceret, siquidem id uolebat, maiore auctoritate ut professi dei;   tunc enim cunctos fuisse praeceptis caelestibus parituros, si ad ea uirtus ac potestas dei praecipientis accederet. – cur igitur, aiunt, ad docendos homines non ut deus uenit? cur se tam humilem imbecillumque constituit, ut ab hominibus et contemni et poena adfici posset? cur uim ab imbecillis et mortalibus passus est? cur non manus hominum aut uirtute reppulit aut diuinitate uitauit? cur non maiestatem suam sub ipsa saltem morte patefecit, sed ut inualidus in iudicium ductus est, ut nocens damnatus, ut mortalis occisus? –   refutabo haec diligenter nec quemquam patiar errare. illa enim magna et

Epit.:   4, 22, 3 – 25, 1] 45, 1–5   4, 22, 3–5] 45, 1

2 *ante* alterutro *2 litt. eras.* D; -tros P^{ar} *(etiam* r *ante* o *in ras., ex* e*?)* suppetant HM   **3** peruerse] per|se B   non *om.* S   intellegenti HM   **4** posse HM   **6** seque uellet DV   honeraret R; onerare DVH^{pr}; honerare H^{ar}, honorare M   **7** doloris HM^{ar} ipso K   subiaceret KS^{ar} **8** corporis *ex* cor S^2 **9** uolebant KS; ualebat *ex* uol- R^2 maiorem P^{ar} **10** professi] -ssio HM; praeceptis B deum HM   cunctus M   praeceptos V^{ac} **11** eas P praecipientes M   **12** accederet *s.l.* P^2 **13** inhumilem V^{ar} inbecillemque R   constauit KS^{ac} **14** omnibus PKS adficit H^{ar} M   posset *ex* -se B^2 **15** manibus DV   **16** uitauit] *pr.* ui *in maiore ras. (ex* mu?*) m.2* B; ditauit DV   **17** ipsam DV saltim DVHM   mortem H^{ar} M   sed ut] sicut R   ut *om.* DV   **18** dictus V *(D deest)*   reputabo M   **19** haec] h. omnia R *Mo, sed cf.* Heck, 1972, 189   nec quemquam] nequam K *(*necq-*)* S magna *om.* KS

mirabili ratione sunt facta, quam quicumque perceperit, non tantum mirari desinet deum ab hominibus esse cruciatum, uerum etiam facile peruidebit ne deum quidem potuisse credi, si ea ipsa quae arguit facta non essent.

23. Quicumque praecepta dat hominibus ad uitam moresque fingit aliorum, quaero debeatne ipse facere quae praecipit an non debeat. si non fecerit, soluta praecepta sunt. si enim bona sunt quae praecipiuntur, si uitam hominum in optimo statu collocant, non se debet ipse praeceptor a numero coetuque hominum segregare inter quos agit, et ipsi eodem modo uiuendum est quo docet esse uiuendum, ne si aliter uixerit, ipse praeceptis suis fidem detrahat leuioremque doctrinam suam faciat, si re ipsa resoluat quod uerbis nitatur adstringere. unus quisque enim cum audit praecipientem, non uult imponi sibi necessitatem parendi, tamquam sibi ius libertatis adimatur. respondet itaque doctori hoc modo: non possum facere quae iubes, quoniam sunt impossibilia. uetas me irasci, uetas cupere, uetas libidine commoueri, uetas dolorem, uetas mortem timere, sed hoc adeo con-

---

Epit.: 4, 23, 1–2] 43, 2 qui . . . derogabit

1 rationem B^{ar}   sunt *om.* K S   quae S *(ex* quam *m.2)* R
3 nec H M   potuisse] p. se D V   ipse V^{ac}   4 non *s.l.* K
5 quicum B¹, *corr.* B²   dat *s.l.* V   hominis V   ad] ac K S
6 debetne B¹, *corr.* B²; debeat K S   facere ipse H M   faceret K¹ S^{ar}   praecepit D V H M   8 si *ante* uitam *om.* D V
uita H M   collocat B¹, *corr.* B²   9 se *s.l.* H²   a numerum D¹ V
coeptuque P¹, *corr.* P³; quaetuque H¹ M, quaest- H²   10 segregarentur M   inter *ex* iter *ut uid.* P²; *s.l.* H², *om.* M   agit et ipsi] habitet ipse et ipsi D V   10–11 est . . . uiuendum *om.* P   11 esse] ipse D V
ne si] nisi P¹ *(corr.* P³*)* H M   12 fidem *om.* M   faciat *om.* D V
ipse D   13 nititur H M S *(alt.* i *ex* a*)*   enim] autem B
15 tam H   ius sibi D V   liberatis D¹ *(*tis *deest)* S¹   adimatur R¹
respondit B¹, *corr.* B²   16 iubes] es *in ras.* P³   17 uetas *ante* cupere] a *ex* e? B³   libidinem D V K   18 dolore K, dolere, *pr.* e *in ras.*, S   dolorem uetas *om.* P   uetas] uel D V   adeo *om.* D V

tra naturam est, ut his adfectibus animalia uniuersa subiecta sint; uel si adeo putas repugnari posse naturae, tu ipse qui praecipis fac, ut sciam fieri posse.   cum autem ipse non facias, quae insolentia est, ut homini libero imponere uelis leges, quibus ipse non pareas? prius disce qui doces, et antequam mores aliorum corrigas, tuos corrige. –   quis neget iustam esse hanc responsionem? quin etiam in contemptum ueniet huiusmodi doctor et deludetur uicissim, quia uidebitur et ipse deludere.   quid ergo faciet ille praeceptor, si haec ei fuerint opposita? quomodo adimet excusationem contumacibus, nisi ut praesentibus factis doceat possibilia se docere?   inde euenit, ut philosophorum praeceptis nullus obtemperet. homines enim malunt exempla quam uerba, quia loqui facile est, praestare difficile, utinamque tam multi bene facerent quam multi loquuntur bene! sed qui praecipiunt nec faciunt, abest ab iis fides, et si homines fuerint, contemnentur ut leues, si deus, opponetur ei excusatio fragilitatis humanae.   superest ut factis uerba firmentur; quod philosophi facere nequeunt. itaque cum ipsi praeceptores uincantur adfectibus quos uinci praedicant oportere, neminem possunt ad uirtutem quam falso praedicant erudire ob eamque causam pu-

Epit.: 4, 23, 7–9] 43, 3

1 natura K S¹   ut] et D V   iis *ex* his P   sunt V^{ac} H M S
2 si *om.* H M   putas] potes D V   tu] et *ex* tu P²   qui] quae, e *ex* s*?*, P   **3** autem] aut D V   **5** quid D^{ac} K S; quae D^{pc} H M mories B^{ar}   **6** colligas H M   negat B P H M   iustum H M
7 quis D V H M   *post* ueniet *exp.* et P   ductor D^{ac} V et deludetur] elud-, *pr.* e *s.l. m.2*, P; et lud- H M   **8** qui audebitur D *(ur exp.)* V   ludere M   ego K^{ac}   **9** faciat H M praecepi R¹   si] quia si R   **10** praeeuntibus B   **11** unde P uenit D   **13** difficile] d. est B H M   utinamque] -nam quidem P; -naquae H M (-aque)   **14** qui] quae B   **15** iis K R, eis D V, is S; his B P H M *Mo*   **16** oppenetur B   **17** ut *om.* H   **18** facerent, n *exp.*, M uincuntur H M   **19** praedicam P¹, *corr.* P³   **19–20** oportere ... praedicant *om.* D V   **19** ad uirtute H M   **20** quam] quod H M

tant neminem adhuc perfectum extitisse sapientem, id est in quo
summae doctrinae ac scientiae summa uirtus et perfecta iustitia
consenserit; quod quidem uerum fuit.   nemo enim post mundum conditum talis extitit nisi Christus, qui et uerbo sapientiam
tradidit et doctrinam praesenti uirtute firmauit.

24. Age nunc consideremus, an doctor e caelo missus possit
non esse perfectus. nondum de hoc loquor quem uenisse a deo
negant. fingamus aliquem de caelo esse mittendum, qui uitam
hominum rudimentis uirtutis instituat et ad iustitiam formet.
nemini dubium potest esse, quin is doctor qui caelitus mittitur
tam scientia sit rerum omnium quam uirtute perfectus, ne nihil
inter caelestem terrenumque differat. nam in homine interna et
propria doctrina esse nullo pacto potest; nec enim mens terrenis
uisceribus inclusa et tabe corporis impedita aut comprehendere
per se potest aut capere ueritatem, nisi aliunde doceatur. et si
maxime possit, summam tamen uirtutem capere nequeat et omnibus uitiis resistere, quorum materia in uisceribus continetur.
eo fit, ut terrenus doctor perfectus esse non possit.   at uero
caelestis, cui scientiam diuinitas, uirtutem immortalitas tribuit,
in docendo quoque sicut in ceteris perfectus et consummatus sit

Epit.: 4, 23, 10 – 25, 1 *passim*] 43, 4–5

1 perfectum *om.* R; *cf. epit.* 35, 4 *et Heck, 1972, 189*   id est *om.* K S
in *om.* P   **4** et uerbo] et u. et HM   tradidit sapientiam B
5 doctrina B¹, *corr.* B³; uerba doctrinae HM   praesente B¹ *(corr.*
B²) M   **6** e] ae P^ar, ę S; de HM   **7** de *om.* M   hoc *s.l.* H²
8 tam P¹, ui *in mg.* P²   **9** formetet B^ar   **10** quin is] qui nisi D^ar V;
qui in his HM; quin his K S^ar   **11** tam *om.* HM   sapientia K S
omnium *om.* B   **12** caeleste D V   disserat D V   interna] in terra
P M *(alt.* r *ex* n?)   et *om.* PHM   **13** nullo pacto esse HM
potest] est P   **14** tabes D^ac V   **15** docetur P^ac   **16** tamen summam
B H M   uirtutem *om.* D V   **17** persistere D V   **18** doctor *in maiore
ras.* P   **18–19** at ... scientiam] at si uero cui sc- cael- D V
19 cuius H M   diuinitas *om.* H M   uirtute B¹, *corr.* B³; uirtem P^ac
immortalitatis S¹   tribuet B   **20** ceteros D V

necesse est. at id omnino fieri non potest, nisi mortale sibi corpus adsumat. cur autem fieri non possit, ratio clara est. nam si ueniat ad homines ut deus, ut omittam quod mortales oculi claritatem maiestatis eius conspicere ac sustinere non possunt, ipse
5 certe deus uirtutem docere non poterit, quia expers corporis non faciet quae docebit ac per hoc doctrina eius perfecta non erit. alioquin si summa uirtus est dolorem patienter pro iustitia officioque perferre, si uirtus est mortem ipsam et intentatam non metuere et inlatam fortiter sustinere, debet ergo doctor ille per-
10 fectus et docere ista praecipiendo et confirmare faciendo, quia qui dat praecepta uiuendi amputare debet omnium excusationum uias, ut imponat hominibus parendi necessitatem non ui aliqua sed pudore, et tamen libertatem relinquat, ut et praemium sit constitutum parentibus, quia poterant non parere si uellent, et
15 non parentibus poena, quia poterant parere si uellent. quomodo igitur poterit amputari excusatio, nisi ut qui docet faciat, quae docet, et sit quasi praeuius et manum porrigat secuturo?

Auct.: **8** mortem ... intentatam] *cf.* Verg. Aen. 1, 91

1 at] ad D V R¹   omnino] domino R   fieri *om.* H M
2 adsumat] adim- D V H M   non possit fieri B   potuit D V; posset H M   clara *ex* clausa B²   **3** ab homines D^ac V   ut *ante* deus] sicut H M   ut *post* deus] et D V   omittam] *ante* o *eras.* h, ittam *in ras. m.2,* R   **5** certe] quoque D V   **6** faciat K^ac   quae] quod M
ac] hac V   non *s.l.* D², *om.* V   **7** alioqui K, aliud quoque, iud quoque *in ras. m.2,* S   uirtute P   dolore D^ac V, -lere D^pc
8 et *om.* P H M   intentatam] en *ex* an? *m.*2 B, *post alt.* n *s.l.* p R²; intentam P S², -tenta K (-mta) S¹   non *s.l.* H²   **8–9** non ... inlatam *om.* P   non *s.l.* H²   **9** et] ut D¹ V   ergo *om.* H M   ille doctor H M
10 ita H M   firmare H M   **11** qui] quit? B^ar   excusationem V
12 ut] et D V   uia D^ar   aliquia V^ac   **13** tamen *s.l.* B²
libertate D^ac V H M   et *om.* H M   **14** qua P   non *s.l. m.1 uel 2* B, *om.* H M   nollent H M   **14–15** et ... uellent *om.* D V P
15 poenam B^ar H M   parere *eras.* K   **16** excusatio nisi] -onis D (-ussa-) V R¹ (*antea s.l.* uis R²); -oni·si H M   quae] quod P
17 sit *ex* si P³

quemadmodum autem potest facere quae docet, si non sit similis
ei quem docet? nam si nulli subiectus sit passioni, potest ei
docenti homo sic respondere: uolo equidem non peccare, sed
uincor; indutus sum enim carne fragili et imbecilla. haec est
quae concupiscit, quae irascitur, quae dolere, quae mori timet.
itaque ducor inuitus et pecco, non quia uolo, sed quia cogor.
sentio me et ipse peccare, sed necessitas fragilitatis impellit, cui
repugnare non possum. – quid ad haec respondebit praeceptor
ille iustitiae? quomodo confutabit ac redarguet hominem qui
delictis suis excusationem carnis obtendet, nisi et ipse carne
fuerit indutus, ut ostendat etiam carnem posse capere uirtutem?
contumacia enim redargui non potest nisi exemplo. nam si
habere non possunt quae doceas firmitatem, nisi ea prior feceris,
quia natura hominum procliuis in uitia uideri uult non modo
cum uenia, sed etiam cum ratione peccare, oportet magistrum
doctoremque uirtutis homini simillimum fieri, ut uincendo peccatum doceat hominem uinci ab eo posse peccatum. sin uero
sit immortalis, exemplum proponere homini nullo modo potest.

Codd.: 5 *a* | citur *incipit* G *p. 23 paene tota lecta (pauca mg. dext. parte inf. abscissa perierunt); hinc extant* B G D V P H M K S R

1 autem] semper R   1–2 si . . . docet *s.l.* B² 2 ei *ante* quem *ex* illi V ei *post* potest] et D V   3 quidem H M   4 uimcor B¹, *corr.* B² enim *in mg. (m. rec.?)* P   5 quae concupiscit *om.* P   concupiscitur? B^ar   quae *ante* irascitur *om.* K S   dolet P³ *(ex* -ere*)* H M 6 ita H M   et *om.* D V   7 sentio . . . impellit *om.* D V et *om.* P   8 hoc D V   respondibit B   9 confutauit, *alt.* u *inc.*, G; -fortauit D¹ V, -fortabit D²   ac *ex* hac P³   redarguit B^ac 9–10 qui . . . suis] quicquid et artis D V   10 obtendet] ostenderet D, ostendet V H M, ostendit P; obtendit, i *ex* e *m.2*, R   11 carne H M K S 12 contumaciam H^ar   si *om.* P H M   13 haberi H   firmitate P¹, *corr.* P³   ea] ex ea G   feris R¹   14 naturam H^ar 15 cum uenia] conuenio D V   rationem D V   oportet] o. uero G 16 hominis D V; -num P K S   peccato H M   17 homine S ab eo *om.* K S   sin H M R; si B G P K S; sim V *(D deest)* 18 modo] pacto R *ex § 3*

existet enim constans aliquis ac dicet: tu quidem non peccas, quia liber es ab hoc corpore, non concupiscis, quia immortali nihil est necessarium. mihi uero multis rebus opus est ut tuear hanc uitam. mortem non times, quia ualere in te non potest, dolorem contemnis, quia nullam uim pati potes. at ego mortalis utrumque timeo, quia cruciatus mihi grauissimos inferunt, quos tolerare carnis infirmitas non potest. – doctor itaque uirtutis etiam hanc excusationem debuit hominibus auferre, ne quis quod peccat necessitati potius adscribat quam culpae suae. ergo ut perfectus esse possit, nihil ei debet opponi ab eo qui docendus est, ut si forte dixerit: impossibilia praecipis, respondeat: ecce ipse facio. – at ego carne indutus sum, cuius est peccare proprium. – et ego eandem carnem gero, et tamen peccatum in me non dominatur. – mihi opes contemnere difficile est, quia uiui aliter non potest in hoc corpore. – ecce et mihi corpus est, et tamen pugno contra omnem cupiditatem. – non possum pro iustitia nec dolorem ferre nec mortem, quia fragilis sum. – ecce et in me dolor ac mors habet potestatem, et ea ipsa quae times uinco, ut uictorem te faciam doloris ac mortis. prior uado per ea quae sustineri non posse praetendis; si praecipientem sequi non potes, sequere antecedentem. – sublata omnis hoc

Codd.: **7** *in* itaque *desinit* G *p. 23, seq. p. 24 usque ad* § *16* ecce *maximam partem lecta*

1 constans] contumax *Anon. Brit. (1734; cf. Heck–Wlosok, ed. epit. XLIII) 422 cl.* § *10 et epit. 45, 3; trad. def. Buen cl. e. g. 3, 24, 10* ac] aut V *(D deest)* **2** mortali K S[1] **3** nihil] necesse M **4** in te ualere D V **5** potest H M at] ad D V[1] ego] ergo H[ar]; e. ergo K S **6** quia *om.* P **11** doctus P possibilia D[1] V **12** at *om.* P; et H M carnem H[ar] **13–14** in me peccatum H M **15** quia] quo D V et *s.l.* B[2]; *om.* P **16** est *om.* P inpugno D V **17** iustitiam H[ac] M K[1] fragilis sum *ex* -lissimum S **18** *pr. et s.l.* B[2], *om.* H M ⟨tamen⟩ ea *Br cl. l. 13 et 16, ft. recte* **19** ut] et H[ac] te] e H M prior *bis, pr. del. m.3* P **20** sustineri *ex* susteri P[2] non *s.l.* B[2] possit D[1] V praetendis si] -disti B[1], *corr.* B[2] praecipiente *ex* -ti R[2] **21** potis *ex* potes B[1], -tes *rest.* B[3]; -test D[ac] sublato P **21–p. 408, 1** hoc modo omnis P H M K S

modo excusatio est et fateri hominem necesse est sua culpa iniustum esse qui doctorem uirtutis et eundem ducem non sequatur. uides ergo quanto perfectior sit mortalis doctor, quia dux esse mortali potest, quam immortalis, quia patientiam docere non potest qui subiectus passionibus non est. nec hoc tamen eo pertinet ut hominem deo praeferam, sed ut ostendam neque hominem perfecta doctrina esse posse, nisi sit idem deus, ut auctoritate caelesti necessitatem parendi hominibus imponat, neque deum, nisi mortali corpore induatur, ut praecepta sua factis adimplendo ceteros parendi necessitate constringat. liquido igitur apparet eum, qui uitae dux et iustitiae sit magister, corporalem esse oportere nec aliter fieri posse, ut sit illius plena et perfecta doctrina habeatque radicem ac fundamentum stabilisque apud homines ac fixa permaneat, ipsum autem subire carnis et corporis imbecillitatem uirtutemque in se recipere cuius doctor est, ut eam simul et uerbis doceat et factis; item, subiectum esse morti et passionibus cunctis, quoniam et in passione toleranda et in morte subeunda uirtutis officia uersantur. quae omnia ut dixi consummatus doctor perferre debet, ut doceat posse perferri.

Codd.: **8** *a* |c[essitatem] *incipit* G *p. 124, in qua mg. sup. absciso usque ad finem* § *18 perpaucae litt.,* § *19 usque ad* radicem *plurima, deinde singulae litt. leguntur; ceterum extant* B D V P H M K S R

2 et *om.* H M   **3** mortali D^1 V   qui D V   **4** mortalis *ex* -li R^2 potest] non *(del.* $D^2)$ p. D^1 V   **4–5** quam ... potest *om.* R   **5** subiectis K S^1 *(ut uid.)*   **6** deum M   *post* neque *s.l.* per S^2 **7** perfectam M S *(˜ s.l. m.2);* -tum *ex* perfec R^2 doctrinam, ˜ *s.l. m.2,* S   posse *om.* P   deus idem deus, *pr.* d. *del. m.2,* K   ut *ex* aut P^3 **8** auctoritati H   **9** deum *om.* K S^1, per d. *s.l.* S^2 mortale M   **10** adimpleto D^{ac} constringit K^{ac} **12** plene M^{ac}, -nam S^{ar} et] ac H M   **13** habeatque] nisi habeat P   **14** ac *ante* fixa] et H M   **15** uirtutem R   **15–16** cuius ... est] doctoris P   **16** doceat et uerbis H M   **17** et *post* quoniam *om.* D V   passionem M   **18** uersatur H   **19–20** debet ... perferri] debeat ut do- ipse pe- po- H M   **19** *ante* posse *s.l.* ea S^2

25. Discant igitur homines et intellegant, quare deus summus, cum legatum ac nuntium suum mitteret ad erudiendam praeceptis iustitiae mortalitatem, uoluerit eum carne indui et cruciatu adfici et morte multari. nam cum iustitia nulla esset in terra, doctorem misit quasi uiuam legem, ut nomen ac templum nouum conderet, ut uerum ac pium cultum per omnem terram et uerbis et exemplo seminaret. sed tamen ut certum esset a deo missum, non ita illum nasci oportuit, sicut homo nascitur ex mortali utroque concretus, sed ut appareret etiam in homine illum esse caelestem, creatus est sine opera genitoris. habebat enim spiritalem patrem deum, et sicut pater spiritus eius deus sine matre, ita mater corporis eius uirgo sine patre. fuit igitur et deus et homo, inter deum atque hominem medius constitutus – unde illum Graeci μεσίτην uocant –, ut hominem perducere ad

Epit.: 4, 25, 3–4] 38, 9 ... fieret   5 ... posset] 39, 7

Test.: **13–p. 410, 1** Isid. orig. 7, 2, 29; cf. Zeno 2, 12, 4. Ps. Cypr. idol. 11 p. 28, 10–11

Codd.: **10** *ab* es[t] *incipit* G *p. 123 l. 3; antea et usque ad § 4* matre *nonnulla excid. mg. sup. abscisso; cet. paene omnia lecta*

2 ac *om.* R¹, *s.l.* id est R²   erudiendam] m *eras.* B; -dum R; eruendam V   **3** praecepta *ex* -tis B²   iustitiae] i. suae HM   mortalitatem B¹ KSR; et inmortalitatis B²; immortalitatem DVHM; mortali P *(falsa notat Br, unde* mortalitatem, mortali *Heck, 1972, 175 n. 21, Mo, dubitanter Win)*   **4** mortem P¹, *corr.* P³   iniustitia, in *s.l. m.2,* R   nulla] multa R   **5** terram Bᵃʳ   ut *ex et m.1?* B   **6** concederet KSᵃʳ   ut uerum] uterum H   per omnem *bis, pr. eras.* D   et *om.* BP   **7** uerbo R   et exemplo] exemplo P; et emplo R¹   seminare HM   sed *om.* HM   esset] est et Pᵃᶜ HM   **8** missus DV   **9** uteroque Bᵃʳ   concretis KSᵃᶜ *(ut uid.)*   **9–10** etiam ... illum] illum e. in h. P   **9** in homine] hominem BHM   **10** opere R   habebant M   **11** et *om.* HM   pater *s.l.,* spiritus *exp.* S²   **12** matre] -ter R¹   corpori HM, -pus KS   igitur et] miscetur HM   **13** iter H¹   constitutus] -stituitur x̄p̄s̄ HM   **14** μεσίτην *edd.*; mesiten *codd. (nisi* mestine HM*), sed cf. supra ad 1, 21, 31 et Heck, 2005, 62*

deum posset id est ad immortalitatem, quia si deus tantum
fuisset, ut supra dictum est, exempla uirtutis homini praebere
non posset, si homo tantum, non posset homines ad iustitiam
cogere, nisi auctoritas ac uirtus homine maior accederet. etenim cum constet homo ex carne ac spiritu et oporteat spiritum
iustitiae operibus emereri, ut fiat aeternus, caro quoniam terrena
est ideoque mortalis, copulatum sibi spiritum trahit secum et ab
immortalitate inducit ad mortem. ergo spiritus carnis expers
dux esse homini ad immortalitatem nullo pacto poterat, quoniam
caro impedit spiritum quominus deum sequatur. est enim fragilis
et subiecta peccato, peccatum autem pabulum mortis est. itaque idcirco mediator aduenit id est deus in carne, ut caro eum
sequi posset, et eriperet hominem morti, cuius est dominatio in
carnem. ideo carne se induit, ut desideriis carnis edomitis doceret non necessitatis esse peccare, sed propositi ac uoluntatis.
una enim nobis et magna et praecipua cum carne luctatio est,

2 supra] 4, 24, 11–19

Auct.: 12 mediator] *cf.* Cypr. testim. 2, 10 l. 1–2

Test.: 12 mediator] Ps. Cypr. l. c. Isid. l. c.

Codd.: 16 *in* una *desinit* G *p. 123; hinc extant* B DV P HM KS R
1 possent K¹   1–2 id . . . fuisset *om.* M   1 quia si] quasi Vᵃᶜ H (D *inc.*)   2 dictum] m *exp. m.3?* P   3 possit G   tantummodo non HM
4 congerere Bᵃʳ   ac] et V *(D deest);* aut KS   antecederet P *contra numerum*   enim HM   5 cum *om.* K, *s.l.* S²   ac] et P
spiritu *ex* -tum D; -tum VH   et oporteat spiritum *om.* DVHM
6 [m]ereri G *(spatio indice);* et mer- DV; emendari P   ut] aut Sᵃʳ
aeternis V   7 ideo Pᵃᶜ   spiritum] x̄p̄m̄ HM   8 ducit P
expers carnis DV   9 hominis? Sᵃʳ   poterit, o *ex* a *(sic) m.3,* P
quia DV   11 mortis *ex* mortalis? H²   est *om.* G   12 id est] idē K,
idem S   in *om.* H   13 et] ut BG   13–14 in . . . ideo *om.* P
14 carnem] -ne BGHMKS   carne] in c. B¹ G, et c. B²; -nem DV
induit se DV   16 enim] igitur HM   et *ante* magna *s.l.* M²
et *post* magna *s.l.* P³   est *om.* HM

cuius infinitae cupiditates premunt animam nec dominium reti-
nere patiuntur, sed eam uoluptatibus et inlecebris suauibus man-
cipatam morte adficiunt sempiterna. quibus ut repugnare pos- 10
semus, deus nobis uiam superandae carnis et aperuit et ostendit.
quae uirtus perfecta et omnibus numeris absoluta coronam uin-
centibus et mercedem immortalitatis impertit.

  26. Dixi de humilitate et fragilitate et passione, cur haec 1
deus subire maluerit. nunc ipsius crucis ratio reddenda est et uis
enarranda. quid summus pater a principio disposuerit et quem- 2
admodum cuncta quae gesta sunt ordinarit, non tantum diuinatio
prophetarum, quae in Christum uera praecessit, sed etiam ratio
ipsius passionis docet. quaecumque enim passus est, non fu- 3
erunt inania, sed habuerunt figuram et significantiam magnam
sicut etiam diuina illa opera quae fecit. quorum uis et potentia
ualebat quidem in praesens, sed declarabat aliquid in futurum.
aperiuit caecorum lumina. caelestis uirtus est, lucem non uiden- 4 *378*
tibus reddidisse. sed hoc facto significabat fore, ut conuersus ad
gentes quae deum nesciebant insipientium pectora inluminaret

Epit.: 4, 25, 10] *cf.* 38, 9 ut per ... liberaretur. 59, 1 ... uoluptatem.
62, 4 praemium ... impertit. 68, 5 coronam 4, 26, 1 – 28, 2] 46, 1
– 47, 1 *(pauca aliunde)* 4, 26, 1 ... enarranda] 46, 1 ... crucis

Auct.: 8 §§ 1–3] *cf.* Cypr. testim. 2, 21 l. 1–2

1 infinitate D^{ar} V dominium PHKR; dominum B, dñm *sim.*
DVMS **2** uoluntatibus B¹, *corr.* B³ et *om.* DV mancipata V
(D *inc.*) **3** mortem HM sempiternam HM possimus DV
8 cruci HM uis] bis B^{ac} **9** quae DV sumus S¹
10 ordinaret H¹ M¹ **11** in *om.* R processit BD¹ VHM
miratio DV **12** passionis ipsius R **13** et ... magnam *om.* B¹, *in inf.
mg. signis* hd *et* hs *usa suppl.* B³ **14** opera illa HM uis et *om.* HM
16 uirtus est R *Heck, 2000, 600;* u. et PKS *edd.;* u. *tantum* BDVHM
Br, Mo lucem] uicem V **17** reddidisse BD¹ VR *Br, Mo;* -didit
D² PHMKS *edd.* sed] et PKS *edd. ante Br* significauit P
18 quae] quam P^{ac} nesciebat M^{ac} inluminari B¹ *(corr.* B²*);*
luminaret DV

luce sapientiae et ad ueritatem contemplandam oculos cordis aperiret. ueri enim caeci sunt, qui caelestia non uidentes et tenebris ignorantiae circumfusi terrena et fragilia uenerantur.
6 patefecit aures surdorum. non utique hactenus uis illa caelestis operata est, sed declarabat breui fore ut, qui erant ueritatis expertes, et audirent et intellegerent diuinas dei uoces. uere enim surdos dixeris qui caelestia et uera et facienda non audiunt.
7 mutorum linguas in eloquium soluit. admirabilis, etiam cum fieret, potentia. sed inerat huic uirtuti alia significatio, quae ostenderet mox futurum, ut rerum caelestium nuper ignari percepta
8 sapientiae disciplina de deo et ueritate dissererent. nam qui rationem diuinitatis ignorat, is uero elinguis et mutus est, licet sit omnium disertissimus. lingua enim cum uerum loqui coeperit id est uirtutem maiestatemque dei singularis interpretari, tunc demum officio naturae suae fungitur; quamdiu autem falsa loquitur, in usu suo non est, et ideo infans sit necesse est qui
9 diuina proloqui non potest. pedes quoque claudorum ad officium gradiendi reformauit. laudabilis diuini operis fortitudo, sed figura id continebat, quod cohibitis erroribus uitae saecularis ac deuiae iter ueritatis aperiretur, per quod graderentur homines ad

---

1 cordis oculos H M **2** ueri B¹ D V H M K S R¹ *Mo, Win;* uere B² P R² *Br; cf. Heck, 2000, 601* et *om.* H M **4** actenus P H M uis *om.* H M **5** erat K Sᵃᶜ; erã M ueritates Dᵃᶜ V **7** dixerim B² *(ex* -ris*)* R; -rit D V qui ... audiunt *in mg. inf.* H et *ante* uera *om.* H M non audiunt *in litura rest.* B² audiant Kᵃᶜ **8** multorum Vᵃʳ cum ⟨hoc tantum⟩ fieret *Br; trad. def. Sittl, PhW 11, 1891, 335; cf. Heck, 2000, 601* **9** inherat K S qua H M ostenderat D V **10** praecepta D V **11** disciplinam *ex* -na S² **12** his D uero elinguis B² V Hᵖᶜ M R¹ *Win (cf. Heck l. c. 601);* uere eli- P K S R² *edd., Br;* ueroli- B¹ Dᵃᶜ Hᵃᶜ; uereli- Dᵖᶜ **13** sit *ex* si B², *om.* K S dissertissimus H M K S coeperint Mᵃᶜ **14** uirtuti Vᵃᶜ maiestatem P deo D V tunc D V H S² R *Heck, 2000, 600;* tum B P M K S¹ *edd., Br* **15** fungetur H M falso V H loquetur H M **16** et *om.* H M **17** praeloqui B¹, *corr.* B³ **18** gradiendo Dᵃᶜ; gradi S **19** id] haec H M **20** diuinae B¹, deuii B³ graderentur] ent *in ras.,* ur *s.l. m.3,* P; trad- D V

dei gratiam consequendam. is enim uere claudus existimandus
est, qui caligine ac tenebris insipientiae implicatus et quo tendat
ignarus offensibilibus et caducis gressibus per uiam mortis in-
cedit. item labes et maculas inquinatorum corporum repurgauit.
non exigua immortalis potentiae opera. uerum id portendebat
haec uis, quod peccatorum labibus ac uitiorum maculis inquinatos doctrina eius purificatura esset eruditione iustitiae. le-
prosi enim uere atque elephantiaci debent haberi quos uel infinitae cupiditates ad scelera uel insatiabiles uoluptates ad flagitia
compellunt et dedecorum maculis inustos labe adficiunt sempiterna. iacentia mortuorum corpora erexit eosque nominibus
suis inclamatos a morte reuocauit. quid congruentius deo? quid
miraculo dignius omnium saeculorum quam decursam uitam re-
signasse, completis hominum temporibus adiecisse, arcana mortis reuelasse? sed haec inenarrabilis potestas imago uirtutis
maioris fuit, quae demonstrabat tantam uim habituram esse
doctrinam suam, ut gentes in orbe toto, quae alienae a deo
subiectae morti fuerunt, cognitione ueri luminis animatae ad

---

1 claudis K S^{ac} **2** et] est P H M   quod H^{ar} M   **3** offensilibus K S R; *utraque uox nonnisi hic legitur; u. Thes. IX 2, 496, 21–23*   caducibus P^{ac} uia D^{ac} V   **4** repugnauit D V H M   **5** exiguam mortalis D^{ac} V   inmortalitatis B^1 *(corr.* B^3) H M   potentiae] immo p. B   **6** quod] cui H M   lauibus D *(del.)* V   maculas K^{ac} **7** eruditione] caelestis e. H M   **8** uere *om.* P   elefantia cidebant D V   habere D V R   quod D   **9** cupiditatis R   ad] ac H M   scelera ... ad *om.* D V   insanabiles M K S   **10** decorem D; decorum V S^2; dedecora H, -ram M; de deorum K S^1 maculis] oculis D V   iniustos B^{ar} K S; inuitos D V   *post* adficiunt *del.* sapienti M   **11** erexerit D V   eos D V   nominibus] in omnib- K S   **12** inclamatos *in mg.* H^2 a morte] ad m. K S^{ar}; ad uita M   reuocaret M   **13** dignus B^{ac} omnium *bis, pr. del* R   **14** completis ... adiecisse] completisque omnium temporibus tempora a. perpetua P   abiecisse H M; uitam *(s.l. m.2)* adiec- R   archanam H M   **15** enarrabilis P^1, *corr.* P^3 **17** suam] eius R   *post* gentes *add.* quae S^2 orbo R^1 toto orbe D V   toto quae] t. qui H M; totoque K S^1 alieno D V

15 immortalitatis praemia peruenirent. eos enim recte mortuos
aestimaueris, qui datorem uitae deum nescientes atque animas
suas a caelo in terram deprimentes in laqueos aeternae mortis
16 incurrunt. quae igitur tum faciebat in praesens, imagines erant
futurorum, quae in laesis adfectisque corporibus exhibebat, ea
spiritalium figuram gerebant, ut et in praesenti uirtutis non terrenae opera monstraret et in futurum potestatem caelestis suae
17 maiestatis ostenderet. ergo sicut opera eius significantiam quoque maioris potestatis habuerunt, ita etiam passio non simplex
18 nec superuacua nec fortuita praecessit. sed ut illa quae fecit
magnam uirtutem ac potestatem doctrinae eius significabant, sic
ea quae passus est odio futuram esse sapientiam nuntiabant.
aceti enim potus ac fellis cibus acerbitates et amaritudines in hac
19 uita sectatoribus ueritatis pollicebatur. et quamquam passio
ipsa per se acerba et amara specimen nobis futurorum tormentorum dabat, quae morantibus in hoc saeculo uirtus ipsa pro-
ponit, tamen illiusmodi potus et cibus in os doctoris nostri
ueniens pressurarum nobis et laborum et miseriarum praebebat
20 exemplum. quae omnia tolerare ac perpeti necesse est eos qui

---

1 mortuos recte H M   **3** suas *om.* P   a] de H M; e R *ft. recte*
terra H M   reprimentes V *(D deest);* depim- R¹   laqueum H M
4 tunc V R *(D deest)*   praesenti D V   **5** in *ante* laesis *om.* V *(D
deest)*   affectis corporibusque M^{ac}   exhibebant B^{ar}, exibebat P;
exigebat V *(D deest);* exhibat R¹, bat *et seq.* ea *del., s.l.* bite R²
6 ut *om.* R   et *in ras.* V²   uirtutis *ex* uirtus? B³; -tes *ex* -tis R²
uirtutis non] nobis H M   terrenae B V *(D deest);* -na *cet.*
7 operam B   monstraret] manifesta- B   potestatem] operę V; *in* D
extat | ra, a *ex* e   **8** sicut *ex* si B²   **9** potestates H   etiam] enim D V
11 magna P   doctrina R¹   **12** futura D^{ac} V   **13** acet D¹ V
potus] o *ex* u P; pectus V   aceruitates B¹ *(corr.* B³) D^{ac} V; -tes *ex*
-tis P³   **15** acerua B¹ *(corr.* B³) D^{ac} V   speciem en H, spetiem in
M; -ciem R   tormentorum *bis, alt. del.,* R   **16** proponit] i *ex* a?
m.3. B   **17** cibis M   **18** praessurā, *deinde 2 litt. eras.,* D
et *post* nobis] ac P K S   et *post* laborum] ac H M   praebebat] nobis p. H M   **19** tolerari B¹, *corr.* B³   eos *om.* D V

ueritatem sequuntur, quoniam ueritas acerba est et inuisa omnibus, qui uirtutis expertes uitam suam mortiferis uoluptatibus dedunt. nam corona spinea capiti eius imposita id declarabat, 21
fore ut diuinam sibi plebem de nocentibus congregaret. corona
enim dicitur circumstans in orbem populus. nos autem, qui 22
ante cognitionem dei fuimus iniusti, spinae id est mali ac nocentes eramus, ignorantes quid esset bonum, et a iustitiae notione atque operibus alieni omnia scelere ac libidine polluebamus.
electi ergo ex dumis et sentibus sanctum dei caput cingimus, 23
quia conuocati ab ipso et circumfusi undique ad eum magistro
ac doctori deo adsistimus regemque illum mundi et omnium
uiuentium dominum coronamus. quod uero ad crucem spectat, 24
magna in ea uis ac ratio est; quam nunc conabor ostendere.
deus namque, sicut superius exposui, cum statuisset hominem 25
liberare, magistrum uirtutis legauit in terram, qui et praeceptis
salutaribus formaret homines ad innocentiam et operibus factisque praesentibus iustitiae uiam panderet, qua gradiens homo et

Epit.: 4, 26, 24–27] cf. 45, 1–5

14 superius] 4, 23, 1 – 25, 10

Auct.: 3 §§ 21–22] cf. Orac. Sib. 8, 294 sq.

Codd.: 7 ab | rantes incipit G p. 106 tota lecta; hinc extant B G D V P H M K S R

1 acerua D^{ac} V M   2 uirtutes P   uolumptatibus D^{ac} V
4 coronam R^{ar} 5 orbe H M   autem] enim P   6 cognationem D^1 V
iniuste P^1, corr. P^3 ac] et P K S   7–8 quid ... notione om. R
7 est H M   et a] etiam G; et D V   notitione G; notionem H M
notione atque] -nemque D^{ac} 8 post atque in fine lin. a dei R^2
omni G H M   polluebamur H M   9 electis P   et sentibus] ex gen-
D V   sancti H^1 10 ad eum] adeo P; ad dominum H M
11 ac] et D V S   doctore D^{ac} V P   12 expectat H M
13 conamur P^{ac} 14 superius sicut D V   cum constituisset D V
15 legauit ex lig- P^3 terra H M   16 formet P^{ac}, -maet H
16–17 factisque praesentibus om. P   17 presenti H   penderet B^1,
corr. B^3 quae D^{ac} V   dragiens B^{ac}; rediens D V

26 doctorem suum sequens ad uitam aeternam perueniret. is igitur corporatus est et ueste carnis indutus, ut homini, ad quem docendum uenerat, uirtutis exempla et incitamenta praeberet.
27 sed cum in omnibus uitae officiis iustitiae specimen praebuisset, ut doloris quoque patientiam mortisque contemptum, quibus perfecta et consummata fit uirtus, traderet homini, uenit in manus impiae nationis, cum et uitare potuisset scientia futuri quam gerebat et repellere eadem uirtute qua mirabilia faciebat.
28 sustinuit ergo cruciatus et uerbera et spinas. postremo etiam mortem suscipere non recusauit, ut homo illo duce subactam et catenatam mortem cum suis terroribus triumpharet.
29 cur autem summus pater id potissimum genus mortis elegerit quo adfici eum sineret, haec ratio est. dicat enim fortasse aliquis: cur si deus fuit et mori uoluit, non saltem honesto aliquo mortis genere adfectus est? cur potissimum cruce? cur infami genere supplicii, quod etiam homine libero quamuis nocente uideatur indignum?
30 – primum, quod is qui humilis aduenerat, ut humilibus et infimis

Epit.: 4, 26, 29–30] 46, 1 ne ... 3 imitandi

Auct.: **17–p. 417, 1** *cf.* Orac. Sib. 8, 257 *(supra 4, 16, 17)*

Codd.: **9** in etiam *desinit* G *p. 106, seq. p. 105, in qua usque ad § 29 adfectus et inde a § 32 eius plurima leguntur*

1 aeternam uitam R   perueniret aeternam HM *numero optimo* is BPKSR, his G, *om.* DVHM   **2** et] ut HM   induti M ut *om.* HM   **3** exempla] et e. P   incitamenta] incita, in *eras.*, H   **4** sed *om.* DVHMR   speciem G   **5** ut] et ut HM doloribus G; -ris *ex* -res P³   mortique D¹ V; -rtis P   quibus] cui *ex* q. H²   **6** fuit DV; sit HSR   **7** et *s.l.* S   scientiam S^ar futuri *ex* -ra B³ (G *inc.*)   **8** qua] quam VP¹ *(corr.* P³*)* **9** et *ante* uerbera] ac P   uespera D¹, aspera D²   mortem] *alt.* m *exp.* P³   **10** recusabit G   **11** triumpharent S^ar   **12** mortis *om.* DV quo *ex* quod P³   **14** saltim DVHM   inhonesto KS^ar aliquid D¹ V   genere] cernere P^ac   **15** adfectus ... genere *om.* DV suplicii B   **16** homini DVHM   nocenti DV   **17** is *om.* P; his DV ut] et B   humilis V¹   infirmis B¹ *(corr.* B³*)* DVP

opem ferret et omnibus spem salutis ostenderet, eo genere adficiendus fuit quo humiles et infimi solent, ne quis esset omnino qui eum non posset imitari.   deinde, ut integrum corpus eius   31 conseruaretur, quem die tertio resurgere ab inferis oportebat. nec
5 hoc enim cuiquam ignorandum est, quod ipse ante de sua passione praedicans etiam id notum fecerit habere se potestatem cum uellet deponendi spiritum et resumendi.   suffixus itaque   32 quia spiritum deposuerat, necessarium carnifices non putauerunt ossa eius suffringere, sicut mos eorum ferebat, sed tantummodo
10 latus eius perforauerunt.   sic integrum corpus patibulo detrac-   33 tum est et sepulcro diligenter inclusum. quae omnia idcirco facta sunt, ne laesum ac deminutum corpus ad resurgendum inhabile redderetur. illa quoque praecipua fuit causa cur deus crucem maluerit, quod illa exaltari eum fuit necesse omnibusque gen-
15 tibus passionem dei notescere.   nam quoniam is qui patibulo   34 suspenditur, et conspicuus est omnibus et ceteris altior, crux

Epit.: 4, 26, 31 ... 33 redderetur] 46, 3 praeterea ... 4 reseruauit   33 illa quoque ... 36 suscepturum] 46, 4 his ... 5 conuenirent

Auct.: **6–7** habere ... resumendi] Ioh. 10, 18; *u. supra p. LIX n. 166*

Codd.: **13** *in* deus *desinit* G *p. 105, seq. p. 33 usque ad finem § 33 fere lecta; ceterum extant* B DV P HM KS R

1 ferat *ex* ferret B²   ferret et in *(sic)* omnibus *bis* P   ostendebat *ex* -ret B²   adficiendum KS¹   **2** *post* quo *1 litt. eras.* D; quod P¹ *(corr.* P³*)* K *(et* S¹?*)*   humiles *ex* -lis P³   infirmis, s *exp. m.3,* P; -firmi HM   essent V^ar   **3** posset *ex* -sit P³   **4** obseruaretur HM   quod HM   surgere HMS   ab inferis resurgere B   ne HM   **6** praedicens DVKSR *ft. recte*   faceret M   se *s.l.* B³, *om.* H   **7** cum *s.l.* B³   spiritus BR *ft. recte*   fixus B   **8** quia *in mg.* P, *in ras.* S²; cum DVHM; ex K   spiritum] s. sponte HM   non *om.* HM   potuerunt V   **9** ossua D¹ V   mos eorum] monstrorum DV   ferebant DV *(n s.l.)*   **10** perfoderunt P   sicut BHM   **11** et *ex* e P³   sepulchro *codd.*   **12** ac *ex* ad P³   diminutum BG   **13** praecipue BP, -puae G   **14** extari R¹   **15** is] pro his D^ac *(pro exp.)* V; his MS^ar R

potius electa est, quae significaret illum tam conspicuum tamque sublimem futurum, ut ad eum cognoscendum pariter et colendum cunctae nationes ex omni orbe concurrerent. denique nulla gens tam inhumana est, nulla regio tam remota, cui aut passio eius aut sublimitas maiestatis ignota sit. extendit ergo in passione manus suas orbemque dimensus est, ut iam tunc ostenderet ab ortu solis usque ad occasum magnum populum ex omnibus linguis et tribubus congregatum sub alas suas esse uenturum signumque illud maximum atque sublime frontibus suis suscepturum. cuius rei figuram Iudaei etiamnunc exhibent, cum limina sua de cruore agni notant. deus enim percussurus Aegyptios, ut ab ea plaga immunes faceret Hebraeos, praeceperat his, ut agnum candidum sine macula immolarent ac signum liminibus suis de sanguine eius imponerent. itaque cum Aegyptiorum primogenita una nocte interissent, Hebraei soli signo sanguinis tuti fuerunt, non quia cruor pecudis tantam in se uim gerebat, ut hominibus saluti esset, sed imago fuerat rerum futurarum. agnus enim candidus sine macula Christus fuit, id est innocens et iustus et sanctus, qui ab isdem Iudaeis immolatus

Auct.: **5–6** extendit . . . dimensus est] *cf.* Orac. Sib. 8, 302

Codd.: **19** *ab* innocens *incipit* G *p. 34 tota lecta*

1 potius *ex* -ior B² electus Mᵃᶜ tam conspicuum] cons *in ras.* V²; tamquam spicuum M tamque] que *in ras.* S²; tamquam D V R¹ **2** deum Bᵃʳ **3** ex] et ex H M omni *om.* P urbe K S **4** religio Bᵃʳ P K S **6** passionem Bᵃʳ iam] etiam H M **7** ortus H M **8** tribubus B² D² S² R², tribus B¹ H M K S¹, tribubum D¹ V, tribu R¹; urbibus P **9** signumque] et *(s.l. m.3)* signum P illum R sublimem Bᵃʳ *(˜ a m.2 add. eras.)* **10** regi Dᵃʳ **11** lumina M sua *om.* H M enim] autem B **12** hebraeos faceret immunes R **13** iis P³ *(ex* his*)* R, is H M **15** *ante* una *exp.* uni P **16** fuerant H cruor] *post* u *1 litt. eras.* H; -re Rᵃʳ **16–17** in se uim] uim in eum, in eum *del. m.2,* R **17** gerebatur D V ut] ab V salus Pᵃᶜ **18** futurarum *in mg.* H²; a *ex* o? B² enim *s.l.* M candidus *om.* B christus *s.l.* H² **19** et *ante* iustus *om.* G qui] et qui P hisdem B *(*h *s.l. m.2)* G H M K S immaculatus D V

saluti est omnibus, qui signum sanguinis, id est crucis qua sanguinem fudit, in sua fronte conscripserint. frons enim summum limen est hominis et lignum sanguine delibutum crucis significatio est. denique immolatio pecudis ab iis ipsis qui faciunt
5 pascha nominatur ἀπὸ τοῦ πάσχειν, quia passionis figura est, quam deus praescius futurorum tradidit per Moysen populo suo celebrandam. sed tum figura ualuit in praesenti ad depellendum periculum, ut appareret quantum ueritas ipsa ualitura sit ad plebem dei protegendam in extrema totius orbis necessitate.
10 quomodo autem uel in qua plaga tuti omnes sint futuri, qui signum hoc ueri et diuini sanguinis in summo corporis sui notauerint, in nouissimo libro docebo.

27. Nunc satis est huius signi potentiam quantum ualeat exponere. quanto terrori sit daemonibus hoc signum, sciet qui

Epit.: 4, 27, 1–2] 46, 6 . . . 7 exiguntur. 40, 2 furiatis . . . reponebat

12 in . . . libro] *7, 17, 10–11. 19, 1–5 indicari putat Gloning, 1967 (u. p. LXII n. 185), 295, lb. VII summatim Win ad l.; cf. Br ad l. et 7, 16, 12*

Auct.: 5 pascha . . . figura] *cf. e. g.* Iren. 4, 10, 1. Greg. Naz. or. 45, 10, PG 36, 636 c   13 §§ 1–20] *cf.* Tert. apol. 23, 1–19 *passim*. Min. Fel. 27, 5–7

1 saluti est] est s. est P   qua] quia D V   sanguine B[1] *(corr. B[2])* G
2 fudit *ex* fuit B[2]   suo K S, su R[ac]   concribserint B; cumscr- D; -runt M   enim] autem D V *(sup. a eras. ˜, e in ras.)*   3 limen *in maiore ras.* D; lumen M   *pro* est *1 litt. eras.* S   hominis] hom *in ras.* 4–5 litt. B   signum D V   dilibutum B G R[1]   4 *post* est *del. et* P[3]   iis R, *om.* D V, his *cet.* (G *inc.*), Mo   5 pasca B V[ac] H M ἀπὸ τοῦ πάσχειν *om.* B G, apotupaschin H M   quia] qui R
7 tunc H M; cum D V   ualuit *om.* V *(et* D *spatio indice)* debellandum D V   8 appareat P   ipsa *s.l.* H[2]   9 in *om.* B tutius? R[ac]   10 autem . . . omnes] enim t. omnes *(ex* -is) u. i. q. p. D V in *om.* B G   tuiti? B[ar]; toti P[ac]   omnes *ex* ones B[2], omines P[ac] futuri *ex* -rae B[2]   qui *s.l.* P[3]; et qui B G   11 et] ac R notauerint] non n. D V; -runt P H M   13 potentia P   14 terrore D V, -ris P[ac] K S   sciet signum D V   14–p. 420, 1 qui uiderit] quid erit S

uiderit quatenus adiurati per Christum de corporibus quae ob-
sederint fugiunt. nam sicut ipse cum inter homines ageret,
uniuersos daemonas uerbo fugabat hominumque mentes emotas
et malis incursibus furiatas in sensus pristinos reponebat, ita
nunc sectatores eius eosdem spiritus inquinatos de hominibus et
nomine magistri sui et signo passionis excludunt. cuius rei non
difficilis est probatio. nam cum diis suis immolant, si adsistat
aliquis signatam frontem gerens, sacra nullo modo litant
    'nec responsa potest consultus reddere uates'.
et haec saepe causa praecipua iustitiam persequendi malis regibus fuit. cum enim quidam ministrorum
nostri   *e cultoribus dei*
sacrificantibus dominis adsisterent, imposito frontibus *suis* signo deos illorum fugauerunt, ne possent in uisceribus hostiarum
futura depingere. quod cum intellegerent haruspices, instigan-
tibus isdem daemonibus quibus prosecrant conquerentes profa-

Auct.: 9 Verg. georg. 3, 491

Codd.: 7 *in* suis *desinit* G *p. 34; hinc extant* B DV P HM KS R

1 obsederunt M *contra numerum*   **2** fugiunt BGDVMR *Mo*, fig- H; -iant PKS *Br dubitanter; cf. codd. Cic. fin.* 4, 67 utuntur. *Tusc.* 5, 121 sumus   **3** daemonas PDV¹ HR, -nes BGV² KS, -nęs M; *cf.* 2, 14, 6. 7. *al. epit.* 46, 7.   **8** emotas et] emutasset DV; motas et HM   **4** pristinos] spiritus DV   **5** eodem D^ac; eosdemque P   inquanatos D^ac V   **6** passionis] p. eius HM   cui KS   **7** difficile M   si adsistat] talis existat HM   **9** consultus *ex* -sut- P²; -tas D (*et* V^ac?) uatis, i *ex* e, B²; uoces DV¹   **10** saepe] semper HM   causam M^ar   praecipia D^ac V; -puam M   iustitiam] ad i. R   persequendis B^ar; -dam R   **11** enim *om.* DVHMR   quidam *om.* KS   ministri *ex* -rorumn S²   **12** nostri] e cultoribus dei R *ex retractatione ut uid.; u. Heck, 1972, 189 sq.*   **13** dominis] demoniis KS   frontibus] f. suis HMR *ex retractatione ut uid.; u. Heck ibid.* 184   **15** future H   depungere H^ac   aruspices DMKS   **16** iisdem *ex* isd- P³, hisd- KS; his B   prosecrant BPKSR¹ *Mo*; -secant HM *edd.*, *Br*; consecr- R²; prosequantur D, -sequant V; -secrarant *edd. quidam*, *Buen*; *cf.* 3, 20, 16   consequerentes P¹, *corr.* P³; consequentes KS

nos homines sacris interesse egerunt principes suos in furorem,
ut expugnarent dei templum seque uero sacrilegio contamina-
rent, quod grauissimis persequentium poenis expiaretur. nec 6
tamen ex hoc ipso caeci homines intellegere possunt aut hanc
esse ueram religionem, cui ad uincendum tanta uis inest, aut
illam falsam, quae subsistere aut congredi non potest. sed aiunt 7
hoc deos non metu, uerum odio facere, quasi quisquam possit
odisse nisi eum, qui aut noceat aut possit nocere. immo uero
congruens maiestati fuit, ut eos quos oderant praesentibus poenis adficerent potius quam fugerent. sed quoniam neque ac- 8
cedere ad eos possunt in quibus caelestem notam uiderint nec iis
nocere quos signum immortale munierit tamquam inexpugna-
bilis murus, lacessunt eos per homines et manibus persequuntur
alienis. quos profecto si esse confitentur, uicimus. necesse est 9
enim ueram esse hanc religionem, quae et rationem daemonum
nouit et astutiam intellegit et uim retundit et eos spiritalibus
armis domitos ac subactos cedere sibi cogit. si negant, testi- 10
moniis poetarum ac philosophorum refellentur. quodsi esse et
malos esse infitias non eunt, quid superest nisi ut alios esse

1 adegerunt DV; coeg- HM   suos] ipsos DV   furorem *ex* -re B³
2 expurgarent KS   seque] sed quae Bᵃᶜ   contaminare B¹, *corr.* B²
3 grauissimi KS¹   **6** ullam Dᵃᶜ V   falsam] suam P   **7** deos] d
eras. B   metu ... facere] metuere etiam uerum etiam f. DV
ante uerum *eras.* uerũ? H   quasi] quia si HMᵃᶜ   quasi quisquam
om. R   *post* possit *in fine lin.* uero R²   **8** noceat aut *om.* P
9 ut] aut Bᵃʳ   oderam, n *ex* m *prima hasta exp. (uoluitne* -rant?), P
10 adficerit KS; afic- R¹   fugarent R   **11** iis P³ R, his P¹ *cet., Mo*
12 immortale *(e in ras.)* emunierit B   inexpugnabiles muros HM
13 per *s.l.* H²   et *om.* HM   **14** profecto si] i *in ras. m.2* B; -tos
VHM; perfectos D   uincimus, n *s.l. m.2,* P ; uicibus HM
15 enim *om.* DV   hanc ueram esse HM   **17** ac subactos *om.* P
caedere HM; cad- KS   cogit] nouit DV   **18** refelluntur B¹ *(corr.*
B³) DV   quodsi] quos si DVR *ft. recte*   **18–19** et malos esse
s.l. H²   **19** infitia.sit non M   non eunt *del.* P³   quod HM
ut *om.* DV   esse *om.* KS

11 dicant deos, alios daemonas? exponant igitur nobis differentiam generis utriusque, ut sciamus quid colendum, quid exsecrandum sit, habeantne inter se aliquod consortium an uero inimici sint. si sunt aliqua necessitudine copulati, quatenus eos discernemus aut quomodo utriusque generis honorem cultumque miscebimus? si autem sunt inimici, cur aut daemones deos non
12 timent aut dii daemonas fugare non possunt? ecce aliquis instinctu daemonis percitus dementit effertur insanit; ducamus hunc in Iouis Optimi Maximi templum uel, quia sanare homines Iuppiter nescit, in Aesculapii uel Apollinis fanum. iubeat utriuslibet sacerdos dei sui nomine, ut nocens ille spiritus excedat
13 ex homine; nullo id pacto fieri potest. quae igitur uis deorum est, si subiectos sibi daemonas non habent? at uero idem dae-
14 mones adiurati per nomen dei ueri protinus fugiunt. quae ratio est ut Christum timeant, Iouem non timeant, nisi quod idem sunt daemones quos uulgus deos esse opinatur? denique si constituantur in medio et is quem constat incursum daemonis perpeti et

Epit.: 4, 27, 12] cf. 2, 7 non Iuppiter ... torquebit   13–15] cf. 46, 8

1 dicant ... alios *in mg.* H²   daemonas D V¹ P K S R, -nes B V² H M; *cf.* § 2   exponunt S   differentias K S   2 excreandum S¹, *post* x *s.l.* e S²   3 habentne S¹   4 sint *om.* H M   necessita H; -sitate S   quatinus P; *sup.* q. *m.2 uel quando* R   5 discerneremus D V; decerneremus, re *del. m.2*, R   cultusque B   6 ⟨non⟩ miscebimus *Volkmann, Br*   6–7 daemones ... aut *om.* P   7 di H M   daemones B V² *(ex* -nas*)* M; *cf.* § 2   figurare D   aliqui P   instinctu] insignum D V   8 effertur] et fertur D V K S   9 sanare *om.* R   10 aesculapii B³ P³ K S R, -pi B¹ D V P¹ H M *(esc-* D V K S*)*; *cf. 2, 7, 17*   fanum] templum D V   utriusquelibet Bᵃʳ D V H M   11–12 ut ... homine *in mg. inf.* P²   12 eorum D V   13 si *om.* D V   subiectus Dᵃᶜ V   daemones B V² *(ex* -nas*)*; -nias Hᵃʳ   at] ad Bᵃᶜ D V   idem] idest *plene* D   15 non] autem n. D V   16 demones *s.l.* P²   quod H M   uulgo R   opinantur R   denique *om.* R   si *s.l.* H²; *deinde 1 litt. eras.* V; *sic* Bᵃʳ   17 et is] etisi B, et his M   quem *ex* quae P³   incessum P

Delphici Apollinis uates, eodem modo dei nomen horrebunt et tam celeriter excedet de uate suo Apollo quam ex homine spiritus ille daemonicus et adiurato fugatoque deo suo uates in perpetuum conticescet. ergo idem sunt daemones quos fatentur exsecrandos esse, idem dii, quibus supplicant. si nobis credendum esse non putant, credant Homero, qui summum illum Iouem daemonibus adgregauit, sed et aliis poetis ac philosophis, qui eosdem modo daemonas, modo deos nuncupant, quorum alterum uerum, alterum falsum est. illi enim nequissimi spiritus ubi adiurantur, ibi se daemonas confitentur, ubi coluntur, ibi se deos mentiuntur, ut errores hominibus immittant et auocent a ueri dei notione, per quam solam potest mors aeterna uitari. idem sunt qui deiciendi hominis causa uarios sibi cultus per diuersa regionum condiderunt, mentitis tamen adsumptisque nominibus ut fallerent. nam quia diuinitatem per se ipsos adfectare non poterant, adsciuerunt sibi nomina potentium regum, sub quorum titulis honores sibi deorum uindicarent. qui error discuti potest et in lucem ueritas protrahi. nam si quis studet altius

Auct.: 6 Homero] Il. 1, 222

1 delfiti DV   nomen dei DV   2 tamen VHMR *(D deest)*
excedent DV   de *ex* d R²   3 daemoniacus KS; *cf. 4, 13, 16*
4 perpetuo DV   conticiscet BP¹ *(corr.* P³*)*, contiticiscet R *(cf. Thes.*
III 696, 60–62); uatescit DV   fatetur R   7 alias D^ac
poetis *in mg.* H   8 modo *om.* KS   daemones BDV; *cf. § 2*
modo *in mg.* H   quarum DV   9 *pr.* alterum *ex* alteri *m.3?* P;
alterutrum DV   uerum alterum *om.* DVR   10 ibi] *pr.* i *ex* u BHM
daemones BV² *(ex* -nas, D *inc.)* HM; *cf. § 2*   confitentur] esse c.
DV   11 ut errores] terr- KS   errores *ras. ex* -oribus B
a *ex* ad P³   12 dei ueri DVP   13 homines *(sic)* deiciendi P
13–14 per diuersa regionum PKSR; p. d. religionum B; peruersa r.
DV; p. diuersam regionem HM   14 considerunt DV² *(ex* -siderent*)*
absumptisque H   15 hominibus HM   nam quia] namque KS
per se *bis, pr. del.* S   adfectari B¹, *corr.* B³   16 adsciuerunt *in mg.* H
nomina *ex* omnia P³   17 titulos R   18 potest] non p. B
et *om.* P   luce M   ueritas PKSR; -tatis BVHM *(D deest) contra*
numerum; cf. epit. 1, 1   studeat HM

inquirere, congreget eos, quibus peritia est ciere ab inferis animas. euocent Iouem Neptunum Vulcanum Mercurium Apollinem patremque omnium Saturnum; respondebunt ab inferis omnes et interrogati loquentur et de se ac de deo fatebuntur. post haec euocent Christum; non aderit, non apparebit, quia non amplius quam biduo apud inferos fuit. quid hac probatione certius proferri potest? ego uero non dubito, quin ad ueritatem Trismegistus hac aliqua ratione peruenerit, qui de deo patre omnia, de filio locutus est multa quae diuinis continentur arcanis.

28. Quae cum ita se habeant ut ostendimus, apparet nullam aliam spem uitae homini esse propositam, nisi abiectis uanitatibus et errore miserabili deum cognoscat et deo seruiat, nisi huic temporali renuntiet uitae ac se rudimentis iustitiae ad cultum uerae religionis instituat. hac enim condicione gignimur, ut generanti nos deo iusta et debita obsequia praebeamus, hunc

Epit.: 4, 28, 1 – 29, 15] 44, 1–5   4, 28, 1–2] *cf.* 44, 1 nulla ... secutus. 47, 1 ... cognoscant

Auct.: **8** Trsimegistus] *cf. e. g. 4, 9, 3 et Wlosok, 1960, 210 et n. 78*

1 quibus] in q. B   cieri *ex* cieris? M; uere K S   **2** uulcanum *codd.*; Vol- *Br* B *m.3* uul- *ex* uol- *habere ratus*   **3** patrem D V respondebunt *bis* V   ab *om.* D *(spatio relicto)* V   inferis] s *eras.* D, -ri M   **4** [lo]quentes D   et de ... fatebuntur *in mg.* H   ac de deo R *(repet.* de, *ut secernantur diuersa; cf. quae subaudit Löw, 2002, 122);* ac deo B P H M K S *edd., Br, Mo;* adeos D; ac deos V   **5** euocet B; uocent D V H; uocem M   x̄p̄m̄ *s.l.* P   apparebit] a. illis H M   **6** qui H[ac] K S   haec K S   **7** inferri D V   quiin *ut uid.* D, quam V   **8** hanc, n *s.l. m.3,* B; hoc H M, *om.* R   **8–9** de deo ... de *om.* P   **8** omnia de] omnium ac B   **9** multaque D V[ac] H M S (-ta.que) continetur P[ac]   acarnis K S[1]   **10** habent B K S R *ft. recte* ut *s.l. m.2?* P   **11** alia K   hominis esse D[ac] H M; -minesse R[1] propositum K S   nisi] n. ut P K S *(pr. i ex e m.2)*   **13–14** *post* iustitiae *in fine lin. fere 2 litt. eras., pro* ad *in 3 eras. litt. (ult.* um) *m.3?* et, cultum *om.* B   **14** haec D[ar] V R[ar]   gignuntur H M   **15** generati B   iustam D[ar]   et *om.* H M

solum nouerimus, hunc sequamur. hoc uinculo pietatis obstricti 3
deo et religati sumus, unde ipsa religio nomen accepit, non ut
Cicero interpretatus est a relegendo; qui libro de natura deorum
secundo ita dixit: 'non enim philosophi solum, uerum etiam 4
maiores nostri superstitionem a religione separauerunt. nam qui
totos dies precabantur et immolabant, ut sibi sui liberi superstites essent, superstitiosi sunt appellati, qui autem omnia, quae 5
ad cultum deorum pertinerent, retractarent et tamquam relege-
rent, ii sunt dicti religiosi ex relegendo, tamquam ex eligendo
elegantes, ex diligendo diligentes, ex intellegendo intellegentes.
his enim uerbis omnibus inest uis legendi eadem quae in religioso. ita factum est in superstitioso et religioso alterum uitii
nomen, alterum laudis.'   haec interpretatio quam inepta sit, ex 6

Epit.: 4, 28, 3 . . . accepit] 64, 5 hominem . . . nominatur

Auct.: **4–13** Cic. nat. deor. 2, 71 sq. *(cf. Plasberg–Ax, 1933², ad l.)*

Test.: **1** § 3] *cf.* Aug. uera relig. 307. retract. 1, 12, 13 *(unde pendet* Isid. orig. 8, 2, 2*).* ciu. 10, 3 p. 406, 15–16; *ad §§ 4–13 cf.* ciu. 4, 30 p. 184, 19 – 185, 13; *ad § 12 cf.* uera relig. 310. Isid. diff. 1, 486

1 nouerim K; -ris S   **2** et] *2 litt. eras.* B, *om.* P   obligati B
3 est *om.* HM   relegando HM   qui] q. in *(s.l. m.1?)* B; quo DV
de *om.* DV   **4** solum] m *m.1*, 1 *in ras., so et* u *s.l. m.3?* B
etam, am *exp. m.3*, P   **5** nostris P¹, *corr.* P³   a] ac KS
religionem KS   sperauerunt D¹ V   **6** dies *ex* deos? B³
immolant HM, -bantur K^{ar} sui sibi DVHM   superstites essent
om. HM   **7** superstitiosi *ex* -tio B³   appellati] a. quod nomen patuit
postea latius *Cic.*   **8** pertinent HM   retractarent *om.* P; diligenter r.
Cic.   religerent R   **9** ii R , hii P, hi *cet. (et Non. p. 432, 1), Mo, om.
codd. Cic.*   **9–12** religiosi ... religioso] *nonnullae litt. litura obrutae
in* B   **9** legendo B, relig- R   relegendo ... eligendo] relegendo (r
exp.) tantum P   eligendo BKS, eleg- DVHM; religando R
10 eligantes P *(i s.l.)* KS   deligendo S; eleg- R   ex ... intellegentes *om.* DV; ex *om.* KSR *(B litura inc.);* intellegendo *ex* -ntes S²
11 uerbis] in u. *Cic.*   relegendi HM   eadem quae BPH, -demque
cet.   **12** est] esse DV; est ut H   **13** alterutrum V

re ipsa licet noscere. nam si in isdem diis colendis et superstitio
7 et religio uersatur, exigua uel potius nulla distantia est. quid
enim mihi adferet causae, cur precari pro salute filiorum semel
religiosi et idem decies facere superstitiosi esse hominis arbitretur? si enim semel facere optimum est, quanto magis saepius? si
hora prima, ergo et toto die, si una hostia placabilis, placabili-
ores utique hostiae plures, quia multiplicata obsequia demeren-
8 tur potius quam offendunt. non enim nobis odiosi uidentur ii
famuli qui adsidui et frequentes ad obsequium fuerint, sed magis
cari. cur igitur sit in culpa et nomen reprehensibile suscipiat, qui
aut filios suos magis diligit aut deos magis honorat, laudetur
9 autem qui minus? quod argumentum etiam ex contrario ualet.
si enim totos dies precari et immolare criminis est, ergo et semel; si superstites filios subinde optare uitiosum est, superstiti-
osus igitur et ille qui etiam raro id optauerit. aut cur uitii nomen
sit ex eo tractum quo nihil honestius, nihil iustius optari potest?
10 nam quod ait 'religiosos a relegendo appellatos, qui retractent ea
diligenter, quae ad cultum deorum pertineant', cur ergo illi qui

1 si in hisdem, *pr.* s *s.l. m.1,* inh *s.l. m.3* B   in *s.l.* V P², *om.* H M
hisdem D K S   dis P¹ *(corr.* P²*)* K S   **2** religioso D V
uel] et P   **3** enim *om.* B   adfert B   **4** arbitrentur P
6 ora B D¹ H M   ergo *om.* B; est ergo D V   toto R H *Br, Mo;* tota
cet., edd. ft. recte   ostia Vᵃᶜ H M   **7** ostiae H M *(-ie)*
plurimae D V   qui H M   multisplacata H (ta *s.l. m.2)* M
obsequii D V   deum merentur *ex* demer- R²   **8** offendat H M
ii R, hii P¹, hi P³ *cet., Mo*   **9** famuli *in fine lin. in ras. fere 3 litt.* B³
10 sit] si P   in culpa et] culpae D V   omen P   accipiat H M
11 diligat B   deos] d *eras.* B   magis] satis P   **13** si *om.* D V
totus *(sic)* enim D V   immolari D V   est *om.* B   **14** superstites]
-stitiosi H M; supersticiosi *(si s.l.)* filios subinde *(deinde 2 litt. eras.)*
optare uitiosum *(est om.) in mg. inf.* P²   **15** et *om.* B; est et P; est H M
uitii] *pr.* i *ex* a, *ult.* i *eras. rest.* B³   **16** tractatum, ta *exp. m.3,* P
quod D V   nihil iustius *om.* R   **17** religioso H¹   relegendo] o *in
ras.* B²   **18** pertinent H M   ergo *om.* P   illi P K S, et i. *cet. ex* § 9
qui *om.* D V

hoc saepe in die faciant religiosorum nomen amittant, cum multo utique diligentius ex adsiduitate ipsa relegant ea quibus dii coluntur?   quid ergo est? nimirum religio ueri cultus est, superstitio falsi. et omnino quid colas interest, non quemadmodum colas aut quid precere. sed quia deorum cultores religiosos se putant, cum sint superstitiosi, nec religionem possunt a superstitione discernere nec significantiam nominum exprimere.   diximus nomen religionis a uinculo pietatis esse deductum, quod hominem sibi deus religauerit et pietate constrinxerit, quia seruire nos ei ut domino et obsequi ut patri necesse est.   melius ergo id nomen Lucretius interpretatus est, qui ait 'religionum se nodos soluere'. superstitiosi autem uocantur non qui filios superstites optant – omnes enim optamus –, sed aut ii qui superstitem memoriam defunctorum colunt aut qui parentibus suis superstites colebant imagines eorum domi tamquam deos penates.   nam qui nouos sibi ritus adsumebant, ut deorum uice mortuos honorarent quos ex hominibus in caelum receptos

7 diximus] § 3

Auct.: **11–12** Lucr. 1, 932 = 4, 7; *cf. 1, 16, 1*

Test.: **7** § 12] *u. supra ad § 3*

1 faciunt B *(un in ras. m.3)* H M   admittant D V   **2** itaque B
3 colantur B   quid est ergo mirum H M   est *ex* es P²
est *post* cultus] e. et H M   **4** quod D V   **5** praecedere Bᵃʳ; -care D V;
-ceris H M   **6** superstites D V   nec] in haec D V   a] ad D V;
ac Hᵃʳ   **7** significantia hominum D V   **8** a uinculo] auunc- Pᵃᶜ; ab
incola D V   **9** relegauerit D V   constrincxit D   quia *ex* qua B³
seruire *ex* -ui B²   nos seruire D V   **10** est. melius B V P K S R (D
deest), Le; eo m. H M; est. eo m. *recc., edd. (cf. Hm, Buen, Le ad l.),
Br, Mo*   **11** Lucretius] necesse est D V; *om.* P   est *om.* B H M
12 dissoluere R; exsoluere *(sc. animum nodis)* Lucr.   autem] tamen R   filios] f. suos P   superstitios K; -stitiosos S; *cf. § 16*
13 enim] e. nos M   ii R, hii P, hi *cet., Mo*   **15** superstitibus P
penates] p. colebant H M   **16** adsumebat Dᵃᶜ V   ut] ut in P K S (in
s.l.)   uicem P Hᵃʳ M K S   **17** receptos] raptos B

15 putabant, hos superstitiosos uocabant, eos uero qui publicos et
antiquos deos colerent, religiosos nominabant. unde Vergilius:
'uana superstitio ueterumque ignara deorum.'
16 sed cum ueteres quoque deos inueniamus eodem modo conse-
cratos esse post obitum, superstitiosi ergo qui multos ac falsos
deos colunt, nos autem religiosi qui uni et uero deo supplicamus.
1 29. Fortasse quaerat aliquis quomodo, cum deum nos unum
colere dicamus, duos tamen esse adseueremus, deum patrem et
deum filium. quae adseueratio plerosque in maximum impingit
2 errorem. quibus cum probabilia uideantur esse quae dicimus, in
hoc uno labare nos arbitrantur, quod et alterum et mortalem
deum fateamur. de mortalitate iam diximus; nunc de unitate
3 doceamus. cum dicimus deum patrem et deum filium, non
diuersum dicimus nec utrumque secernimus, quia nec pater a
filio potest nec filius a patre secerni, siquidem nec pater sine
4 filio nuncupari nec filius potest sine patre generari. cum igitur
et pater filium faciat et filius patrem, una utrique mens, unus
spiritus, una substantia est. sed ille quasi exuberans fons est, hic

Epit.: 4, 29, 1] 44, 4 ... sunt   3] *cf.* 44, 5 neutrum ... secerni
4 ... 5 separatur] 44, 4 cum ... est

Auct.: 3 Verg. Aen. 8, 187   16 §§ 4–5] *cf.* Tert. apol. 21, 11 sq.

Codd.: 7 §§ *1–3 totas om.* D V; *cf. p. XVII*   **18–p. 429, 8** sed ... § 6
portiones *om.* B¹, *in mg. inf. suppl.* B³ *signis* ·hd· *et* ·hs· *usa; cf. p. XV*
1 et] ut D V   **2** uirgilius D V M K S   **3** ueterum P¹, que *s.l.* P³
5 superstitios K, -stitiosos S; *cf.* § 13   qui multos *in mg.* H
ac] et H M   **6** ueri Dᵃᶜ V   **7** quaerat] qui erat P¹, *corr.* P³
deum *in ras.* R²   **8** duos *ex* deos B³   esse *om.* P   assueueramus Kᵃᶜ
9 adsueratio Bᵃᶜ; et seu- M   impegit B *(inp-)* P   **11** labere *sic ex*
laborare B², -bare *ex* -bere P³; -bore H S   nos *om.* H M
et *post* quod] hunc *ex* hec P³   et *post* alterum *om.* H M
13 docemus B *contra numerum*   non] nec H M   **14** a filio] esse
sine f. P   **16** patri Kᵃᶜ   **17** et *om.* B D V   filium] f. suum D
patrem] fiat D V   utri B; -risque D V; -rimque H M   **18** hic] et
hic B³

tamquam defluens ex eo riuus, ille tamquam sol, hic quasi radius a sole porrectus.   qui quoniam summo patri et fidelis et
carus est, non separatur, sicut nec riuus a fonte nec radius a sole,
quia et aqua fontis in riuo est et solis lumen in radio; aeque nec
uox ab ore seiungi nec uirtus aut manus a corpore diuelli potest.
cum igitur a prophetis idem manus dei et uirtus et sermo dicatur,
utique nulla discretio est, quia et lingua, sermonis ministra, et
manus, in qua est uirtus, indiuiduae sunt corporis portiones.
propiore uti exemplo libet. cum quis habet filium quem unice
diligat, qui tamen sit in domo et in manu patris, licet ei nomen
domini potestatemque concedat, ciuili tamen iure et domus una
et unus dominus nominatur.   sic hic mundus una dei domus est
et filius ac pater, qui unanimes incolunt mundum, deus unus,
quia et unus est tamquam duo et duo tamquam unus.   neque id
mirum, cum et filius sit in patre, quia pater diligit filium, et

Epit.: 4, 29, 8–9] 44, 4 cum . . . 5 uinciatur

Auct.: **6** manus dei] *cf.* Cypr. testim. 2, 4 l. 1   **12** hic . . . est] *cf.*
Min. Fel. 33, 1

Codd.: **9** *a § 7 rursus extant* B DV P HM KS R

1–2 sol . . . a *om.* P   **1** quasi] tamquam DV   **2** a B³ DVKSR; ex
HM *Br cl. Tert.; cf.* Heck, 1972, 183 *n.* 72   porrectus] u *ex* o M, a
euan. sup. u K, us *in ras.* S²   quoniam] quam DV   **3** sicut P, *om.
cet., ft. recte*   **4** quia et] qui et|et H   in *ante* radio *ex* i R²
aequo M   **5** a *post* manus *s.l.* P³   **6** a *post* igitur *om.* V *(D deest)*
manus dei idem D *(extat* dī idem*)* V   dicitur HM   **7** ministra] m.
est VKS *(D deest)*   **8** uirtus est DV   diuiduae P   **9** propiore
DVKS; propriore BPHMR   ut V *(D deest)*   libet] habet M
10 ei] et DV; enim M   **11** ciuili tamen] ciuilitatem V *(in D extat
ciuili)*   iurae VM; iudae H   domo DV   **12** hic *om.* HM
mundus] domus DV   **13** et *s.l.* B³; aut DV   ac] aut DV
unianimes BDV   deus unus] d. u. est KS   **14** qui Pac
et *om.* HM   est *om.* KS   **15** in *om.* HM   patrem DV; -ter HM
diligit *ex* dicit B²; -get DV

pater in filio, quia uoluntati patris fideliter paret, nec umquam
faciat aut fecerit nisi quod pater aut uoluit aut iussit. denique
unum deum esse tam patrem quam filium Esaias in illo exemplo
quod superius posuimus ostendit, cum diceret: 'adorabunt te et
in te precabuntur, quoniam in te deus est, et non est alius deus
praeter te.' sed et alio loco similiter ait: 'sic dicit deus rex Israhel et qui eruit eum deus aeternus. ego primus et ego nouis-
simus et praeter me non est deus.' cum duas personas propo-
suisset, dei regis, id est Christi, et dei patris, qui eum post passionem ab inferis excitauit, sicut ostendisse diximus Osee prophetam qui ait: 'et de manu inferorum eruam eum', tamen ad
utramque personam referens intulit: 'et praeter me non est deus',
cum posset dicere 'praeter nos'; sed fas non erat plurali numero
separationem tantae necessitudinis fieri. unus est enim, solus,
liber, deus summus, carens origine, quia ipse est origo rerum et
in eo simul et filius et omnia continentur. quapropter cum

Epit.: 4, 29, 10–12] *cf.* 44, 3   13–15] *cf.* 44, 2 qui . . . uoluit. 5 . . . uinciatur

4 superius] 4, 13, 7   **10** diximus] 4, 19, 9

Auct.: **4–6** Is. 45, 14   **6–8** Is. 44, 6   **11** Os. 13, 14

Codd.: **14–15** *in frustulo* A *(fol. 1^r col. sin. 2 supremis lin. in media parte mutilis) extat* | dinis fieri . . . ipse | ; *u. p. LVIII*

1 pater in filio] p. diligit f. K S^1, -trem diligit filius S^2 **2** ferit R^1 aut *ante* uoluit *om.* P   **3** tam] quam K S^1 eseias B R^1, -aya– K
4 possumus M, posumus K, possuimus R   **4–5** et . . . precabuntur *om.* D V; et interpraetab- K^{ac} S   **5** depraecabuntur, *pr.* a *del.*, B
alius deus B D V H M R *Mo*, d. a. P K S *Br*; *u.* 4, 13, 7   **6** simpliciter D V   ait *om.* P R   deus] dominus deus *(s.l. m.3)* B
rex *om.* B R   **7** eum] deum B^{ar} et *ante* ego *om.* P R
8 et *ante* praeter *om.* P   **9** *ante* regis *s.l.* et R^2 **10** Osee] et P
propheta S   **11** manu] domo D V   **12** utraque D V   est *om.* R
13 nos] nos non est deus R   plurali] li *m.2 in ras. 2 litt., post* i *eras.* n, B   **15** origionem B^{ac}, -ginem D^{ac} V H^{ar} M   **16** cum] non R^1

mens et uoluntas alterius in altero sit uel potius una in utroque, merito unus deus uterque appellatur, quia quidquid est in patre, ad filium transfluit, et quidquid est in filio, a patre descendit. non potest igitur summus ille ac singularis deus nisi per filium coli. qui solum patrem se colere putat, sicut filium non colit ita ne patrem quidem. qui autem filium suscipit et nomen eius gerit, is uero cum filio simul et patrem colit, quoniam legatus et nuntius et sacerdos summi patris est filius. hic templi maximi ianua est, hic lucis uia, hic dux salutis, hic ostium uitae.

30. Sed tamen, quoniam multae haereses extiterunt et instinctibus daemonum populus dei scissus est, determinanda est nobis ueritas breuiter et in suo proprio domicilio collocanda, ut si quis 'aquam uitae' cupiet haurire, non ad 'detritos lacus' deferatur 'qui non habent uenam', sed uberrimum dei nouerit fontem, quo irigatus perenni luce potiatur. ante omnia scire nos conuenit et ipsum et legatos eius praedixisse, quod plurimae sectae haberent existere, quae concordiam sancti corporis rum-

Auct.: **13–15** *cf.* Ier. 2, 13. Ioh. 4, 13–15; *u. supra p. LIX n. 166*

Codd.: **17–p. 432, 2** *in frustulo* A *(fol. 1ʳ col. dextr. lin. supremis 6 ualde resectis) extant partes textus* concordiam ... luctari; *u. p. LVIII*

1 uoluntas ... sit] uolunptas, n *eras.,* | *in init. lin. 6 litt.* (patris?) *eras., seq.* alterius (ius *ex* um? *m.3*) in filio sit (filio sit *eras.?),* | *inter columnas m.2* filius | patre, *sed eras.* | altero (o *in ras. m.3*) sit (*sup.* a. 2, *sup.* s. *1 lineolae ordinis signa eras.*) B   **2** merito ... uterque *om.* P appellantur K S   **3** ad] a V^{ac} est *om.* H M   **4** ille *om.* K S **5** coli ... filium *om.* P   colere se R   **6** nec H M   quidem] q. colit D V   **7** et *post* simul *s.l.* H   **8** et *ante* sacerdos] ac P est *ex* et P^3 **9** *ante* ianua *eras.* item B   **10** tamen H M R *Heck, 1972, 183 n. 76, Win, om. cet., edd., Br, Mo*   quia R   multi B^1, *corr.* B^2 haereses, *tert.* e *ex* i *m.2,* R, her- *cet.*   **11** dei scissus] disciscius *ex* -sum P^3; dei scissum K S^{ac} **12** breuiter *om.* H M; intuitur K S collocandam K S^{ar} **13** cupit H M   aurire H M K^{ac} **14** habent *ex* -beat *m.2?* S   ueniam P^1, *corr.* P^3 **15** irigatur D V *post* nos *exp.* non P^3 **16** quo R   **17** sectae] s. et hereses H M haberent *om.* D V   concordia D^{ac} V   corporis] corp *in ras.* B^3

perent, ac monuisse ut summa prudentia caueremus, ne quando in laqueos et fraudes illius aduersarii nostri cum quo nos luctari deus uoluit incideremus;   tum dedisse certa mandata, quae in perpetuum custodire debemus; quorum plerique immemores deserto itinere caelesti uias sibi deuias per anfractus et praecipitia condiderunt, per quas partem plebis incautam et simplicem ad tenebras mortemque deducerent. quod quatenus acciderit exponam.   fuerunt quidam nostrorum uel minus stabilita fide uel minus docti uel minus cauti, qui discidium facerent unitatis et ecclesiam dissiparent.   sed ii quorum fides fuit lubrica, cum deum nosse se et colere simularent, augendis opibus et honori studentes adfectabant maximum sacerdotium, et a potioribus uicti secedere cum suffragatoribus suis maluerunt quam eos ferre praepositos quibus concupierant ipsi ante praeponi.   quidam uero non satis caelestibus litteris eruditi cum ueritatis accusatoribus respondere non possent, obicientibus uel impossibile uel incongruens esse ut deus in uterum se mulieris includeret nec caelestem illam maiestatem ad tantam infirmitatem potuisse de-

---

Codd.: **18–p. 433, 2** *in frustulo* A *(fol. 1^v col. sin. lineis supremis 4 ualde resectis) extant partes textus* infirmitatem ... atque; *u.* § 2

1 ac monuisse *om.* HM prouidentia B^{ar} PA *(extat* prou*)* **2** aduersari D^{ac} V quos P^{ar} dei luctari D^{ac} V; deus l. D^{pc} KS **3** inciderimus R^1 tunc HM quae] quod KS **4** deberemus, re *in fine lin. m.2,* B deserto] o *ex* u *ut uid.* P **5** diuias H; diuitias M amfractus B^1 *(corr.* B^2*)* P^3, emfr- P^1 **6** quam P^1 *(corr.* P^3*)* HMKS^1 plebem HM incautum D^{ac} **8** fide *ex* -dem P^3 **8–9** fidem ... cauti] f. u. m. c. u. m. d. HM **9** docui B^1, docte B^2 uel minus *ante* cauti *om.* B uanitatis M et *s.l.* B^2, *om.* DV **10** ecclesias P ii R, hii B P^1, hi P^3 *cet.,* Mo **11** nosse se] non se D^1, nosse D^2 V similarent DV^{ac} augendis] auidis, *pr.* i *s.l.,* S **13** quam] nam B^1, nec B^2 **14** praepositos] ae *ex* o? B^2 concupierunt HM **15** cum] cur V *(D deest)* **17** se *om.* P mulieris se B mulieris *ex* -res P^3 includeretur *ex* -ret P^3; incluserit R **18** ad] ac HM ad ... infirmitatem *om.* R posse HM

duci, ut hominibus contemptui derisui contumeliae ludibrio esset, postremo etiam cruciamenta perferret atque exsecrabili patibulo figeretur, quae omnia cum neque ingenio neque doctrina defendere ac refutare possent – nec enim uim rationemque penitus peruidebant –, deprauati sunt ab itinere recto et caelestes litteras corruperunt, ut nouam sibi doctrinam sine ulla radice ac stabilitate componerent. nonnulli autem falsorum prophetarum uaticinio inlecti, de quibus et ueri prophetae et ipse praedixerat, exciderunt a doctrina dei et traditionem ueram reliquerunt. sed illi omnes daemonicis fraudibus inretiti, quas prospicere et cauere debuerant, diuinum nomen et cultum per imprudentiam perdiderunt. cum enim Phryges aut Nouatiani aut Valentiniani aut Marcionitae aut Anthropiani seu quilibet alii nominantur, Christiani esse desierunt, qui Christi nomine amisso humana et externa uocabula induerunt. sola igitur catholica ecclesia est, quae uerum cultum retinet. hic est fons ueritatis, hoc domicilium fidei, hoc templum dei. quo si quis non intrauerit uel a quo si quis exierit, a spe uitae ac salutis alienus est. neminem

1 contemptui DVPHM, -mtui B *(i ex e? m.2)* KSR; -mptu | *(non -mptū)* A   contumeliae *om.* P *(et ft.* A *spatio indice);* -lio KS *ante* | ludibrio *add.* et, e *m.2*, t *m.3*, P   esse D^{ac} V   **3** ficeretur HM cum neque] quecumque M   **4** defendere] dere B^1, *corr.* B^3 reluctare HM   uim *s.l.* B^3 rationemque] que *in ras.* B^3; rationem M^{ac} **5** caelestis P   **8** et *ante* ueri *om.* HM   ipse *ex* -sa P^3; -si DVS^1; Christus *uel* Christus ipse *coni. Br, hoc ft. recte*   praedixerant DV   **10** daemonum BS^{pc}; -nes KS^{ac} inpetiti *sic* DV **12** phryges R, fryg- B^3 DVK, frig- PHMS; frug- B^1 nouati DV; donatiani P   Valentiniani] *pr.* ni *in ras.? m.3?* B; -entiani DV **13** marcianitae P, -rtion- MKS   anthropiani R, antr- *cet.*; a. aut arriani HM   alii] aliqui HM   **14** desiuerunt V *(in* D *extat* desi | *)* qui] hi qui HM   nomen DV   humana *om.* DV; -num *ex* -no B^2, -no M^{ac} **15** externum uocabulum, *utrumque* um *ex* o *m.2,* B catolica B; ecclesia *(del.)* catholica ecclesia M   **16** fons *s.l.* P^2 domicium B^{ac} **17** quod BMKS   non] uel D^1 V; *s.l.* non D^2 **18** ab spe HM   salutis] s. aeternae DV

12 sibi oportet pertinaci concertatione blandiri. agitur enim de uita et salute, cui nisi caute ac diligenter consulatur, amissa et ex-
13 tincta erit. sed tamen quia singuli quique coetus haereticorum se potissimum Christianos et suam esse catholicam ecclesiam putant, sciendum est illam esse ueram, in qua est confessio et paenitentia, quae peccata et uulnera, quibus subiecta est imbecillitas carnis, salubriter curat.
14 haec interim paucis admonendi gratia rettuli, ne quis errorem fugere cupiens maiore implicetur errore, dum penetrale ueritatis ignorat; postea plenius et uberius contra omnes mendaciorum sectas proprio separatoque opere pugnabimus.
15 Sequitur ut, quoniam satis de religione uera et sapientia locuti sumus, in proximo libro de iustitia disseramus.

Codd.: **1** *in frustulo* A *(fol. 1^v col. dextr. lin. suprema) extat* sibi ... concertatione; *u.* § 2

1 oportet sibi HM   **2** et] ac DV   consolatur DV; *pr.* u *in ras.* H, *alt. ex* o M   admissa HM   **3** erit] est R   quia] quoniam R   quoque DV   cetus KR   haereticorum SR, her- *cet.* **4** cristianos B   aeclesiam catholicam B; chatol- e. R   **6** quibus] qui D^1 V   **8** retuli DPHM; *u. ind. form.*   maiorem HM^{ar} implicetur] incupetur *sic* DV^{ac} *(in eras.,* hoc *s.l. m.2?)*   **9** errorem HM   penetralem KS   uberius HMR; uerius BDVPKS; *cf. Br ad l. et Heck, VChr 21, 1969, 291 sq.*   **11** pugnauimus D^1 V   **12** satis *ex* sati R^2 **13** *subscriptiones u. p. XXVI, in A periit cum fol. 1^v col. dextr. paene tota; u. p. LVIII*

Bei Fragen zur Produktsicherheit wenden Sie sich bitte an:
If you have any questions regarding product safety,
please contact:

Walter de Gruyter GmbH
Genthiner Straße 13
10785 Berlin
productsafety@degruyterbrill.com